다중스케일 관점에서 본
인천의 공업단지

인천학연구총서 36

다중스케일 관점에서 본

인천의 공업단지

-1960~1970년대 조성과정을 사례로-

박인옥 · 양준호

보고사

1966년 4월 8일 부평지구 청천동 일원에서 부평산업단지 기공식이 거행되었다. 그리고 1968년 4월 주안지구의 폐염전 매립 착공과 함께 5개의 산업단지가 조성되는 등 지난 50여 년 동안 인천에는 총 13개의 산업단지가 들어섰다. 지난 반세기 동안 하나의 도시에 이렇게 많은 산업단지가 조성된 지역은 아마 인천이 유일할 것이다.

산업단지는 산업구조와 노동구조 변화에 신속하게 대응하여 짧은 기간 재편되기 어려운 특성을 갖는다. 특정 공간의 토지와 토지 위에 건조된 구조물은 고정되어 이동할 수 없기 때문에 자본은 기존의 토지와 노동력을 기반으로 성장하기보다 새로운 자원을 동원하여 지리적으로 이동하며 공간 재편에 영향을 미친다. 즉 자본이 기존의 산업공간을 대체할 새로운 산업공간을 조성하기 위해 동원 가능한 자원, 즉 연안의 갯벌과 염전지대, 그리고 값싼 농지와 노동력을 찾아 이동하며 축적공간을 재생산한 결과물이 산업단지인 것이다. 이 같은 경향은 자본의 과잉투자가 초래한 축적위기와 밀접한 관련을 갖는다. 건조환경으로써 붐을 일으키며 확산된 1960-1970년대 산업단지 개발사업은 과잉투자가 초래한 축적위기를 해소하기 위해 자본이 토지를 매개로 수단화하는 과정의 산물로 해석한다.

하지만 산업단지는 자본의 축적위기 해소를 위해 토지, 노동력 등 동

원 가능한 생산요소를 수단으로 하는 집합적 공간으로써 경제적 의미뿐
만 아니라 다양한 사회세력들의 이해와 요구가 반영된 정치적, 경제적,
사회적 의미를 갖는다. 토지이용을 둘러싸고 국가와 지역 스케일의 사회
세력들이 권력관계를 형성하고, 각각의 행위자들은 상이한 이해관계에
서 출발하기 때문에 갈등과 대립, 투쟁, 조정, 합의, 배제 등 다양한 형태
의 정치적 과정을 동반하며, 계급적 이해관계를 반영한다.

개발독재 시기 국가주도의 산업화 과정의 격렬한 노동자 투쟁, 그리고
민주화, 지방분권화를 경험하고, 지금 이 순간에도 진행되고 있는 각종
도시개발 사업들은 해결점을 찾지 못한 채 사회세력들 간 갈등을 빚고
있다. 쓰레기 매립지 문제, 물류기능을 상실한 경인운하 문제, 고철이
된 월미은하레일, 녹지축을 훼손하는 도로건설, 경인고속도로 민자투자
구간 통행료 문제, 승기하수처리장 이전 문제, 송도경제자유구역의 매립
확대 등은 국가와 지역, 주민, 시민단체들 간 해결책을 찾지 못하고 공익
(公益)과 사익(私益), 공익(共益)이 충돌하고 있다.

산업구조가 고도화하고, 인간의 생활수준과 생활방식이 달라졌음에도
갈등의 문제가 해결되지 않는 데는 지역개발에 대한 왜곡된 인식에 기인
한다. 갈등이 중앙집권적 의사결정과 계획 합리성을 기반으로 한 국가와
지역의 개발방식에 대해 시민사회의 이해가 결여되어 생긴 문제라는 왜
곡된 믿음이다. 이 같은 믿음은 지역개발을 둘러싸고 발생하는 갈등을
국가나 지역적 차원의 결과물로 이해하여 주민이나 노동자가 희생을 감
수해야하는 문제로 바라보거나 물리적 동원으로 해결할 수밖에 없다는
식으로 정당화되었다. 이 연구가 주목한 것은 이 같은 믿음을 거부하는
데 있다.

따라서 이 연구는 1960~1970년대 발전주의 시기 국가 개발독재의 그
늘에서 조성된 인천의 산업단지가 자본축적 위기를 해소하기 위한 수단

으로써, 그리고 국가/지역/마을 단위 다중스케일 행위자들의 계급적 이해 – 대통령, 행정관료, 국회의원, 경기도 지사 및 인천시장, 재일교포, 대한염업㈜, 인천상공회의소, 경기도기계공업협동조합, 지주, 주민, 노동자 – 를 반영한 산물임을 규명하기 위해 초기 조성과정을 분석한다. 그리고 향후 산업단지를 어떤 관점에서 이해하고 분석할 것인지 기초를 제공하는 첫 시도라는 점에서 의미를 부여하고자 한다.

이 책을 집필하는 과정에는 많은 분들의 도움이 있었다. 먼저 지도교수인 인천대 이갑영 교수님은 나의 첫 연구 과제를 관심을 갖고 지켜보아 주었다. 연구자로서 첫발을 내딛는데 큰 힘이 되었다는 점에서 감사드린다. 그리고 공저자로서 공업단지 분석의 토대인 다중스케일 방법론에 관심을 갖고 이론적 배경을 집필하여 이 연구를 탄탄하게 받쳐 준 인천대 양준호 교수님에게도 감사드린다. 국가기록원과 신문기사 등 자료 수집과 정리에 도움을 준 인천대경제학과 박사과정의 강철구에게도 고마움을 표한다. 그러나 이 책을 집필하는데 꼭 필요한 자료를 제공해준 인천기계산업단지관리공단의 도움이 없었다면 엄두를 내지 못했을 것이다. 상당수 자료가 50여년이 지나 폐기되거나 분실되었음에도 꼼꼼하게 정리해 놓은 보관자료들을 사용할 수 있도록 흔쾌히 수락해주었기 때문이다. 마지막으로 이 연구가 책으로 출판될 수 있도록 허락해준 인천학연구원의 조봉래 원장님께도 감사드린다.

2017년 2월
박인옥

_ 차례

4장. 결론 / 257

1장 —

서론

1. 연구 배경과 목적

1883년 제물포 개항 후 오늘에 이르기까지 인천의 도시성장과 발전은 도시외곽으로 팽창하며 재생산된 산업공간과 분리하여 설명할 수 없다. 1960~1970년대 고도성장기에 조성된 산업단지는 자본축적 공간으로써, 노동력 착취 공간으로써 인천의 성장 축을 이룬 대표적인 상징물이다.

2015년 현재 인천에는 일반산업단지와 국가산업단지를 포함해 총 13개 산업단지가 입지해 있다.(아래 〈표 1〉) 1960~1970년대 집중적으로 조성된 산업단지는 1964년 영등포 구로수출공단 착공과 함께 1966년 부평수출공단, 1969년 인천기계공단(제1,2,3단지), 비철금속공단, 주안수출공단, 목재공단 등 7개 공단이 동시다발적으로 조성되었다. 이 시기 산업단지는 1950년대 빈곤으로부터 벗어나 경제자립을 위한 국가의 강한 의지를 담은 수출산업공간으로써, 치열한 노동투쟁의 장으로써, 그리고 주변 도심에 산재한 공장을 집단화하는 수단으로써 스펀지처럼 전국의 노동과 자본을 빨아들였다.

산업단지는 산업구조와 노동구조 변화에 신속하게 대응하여 짧은 기간 재편되기 어려운 특성을 갖는다. 특정 공간의 토지와 토지

위에 건조된 구조물은 고정되어 이동할 수 없기 때문에 자본은 기존의 토지와 노동력을 기반으로 성장하기보다 새로운 자원을 동원하여 공간적 재편을 시도한다. 산업구조의 고도화와 함께 도시 외곽으로 새로운 산업공간과 배후지역이 형성된 것은 자본이 기존의 공간을 단기간에 변화시키기 어려운 특성으로 인해 끊임없이 지리적으로 이동하며 공간 변화에 영향을 미친 결과다. 50여 년간 인천에 13개의 산업단지가 조성될 수 있었던 것은 이 같은 자본의 특성에 기인한다. 즉 기존의 산업공간을 대체할 새로운 산업공간을 조성하기 위해 자본은 동원 가능한 자원, 즉 연안의 갯벌과 염전지대, 그리고 값싼 농지와 노동력을 찾아 이동하며 공간을 재편시키는 동력으로 오늘의 도시공간을 형성하도록 한 것이다.

〈표 1〉 인천의 산업단지 현황(2015년 기준)[1]

구분	단지명	면적 (천m²)	위치	입주업체 (가동업체)	노동자수	조성시기	입주 업종
일반산업단지	인천지방 산업단지	1,136	서구 가좌동	457(453)	6,681	1970 ~1973	목재, 종이, 석유화학, 기계, 철강, 운송장비, 전기전자 등
	인천기계 산업단지	350	남구 도화동	167(167)	3,159	1969 ~1971	기계금속, 철강 등
	인천서부 산업단지	939	서구 경서동	258(252)	5707	1993 ~1995	주물업체, 목재, 비금속강물, 조립금속, 전기전자, 기계장비
	하점 산업단지	59	강화군 하점면	15(10)	113	1992 ~1994	목재, 석유화학, 기계금속, 철강, 운송장비 등
	청라1지구 산업단지	194	서구 경서동	28(26)	653	1997 ~2005	비금속, 기계, 전기전자, 운송장비 등
	송도지식정보 산업단지	2,402	연수구 송도동	184(167)	10,820	2001 ~2011	비금속, 기계금속, 철강, 운송장비 등

1 각 산업단지 홈페이지 참조.

	검단산업단지	5,521	서구 오류동	471(370)	5975	2006 ~2014	목재, 화학, 고무, 비금속, 기계 금속, 전지전자, 가구 등
	강화산업단지	1,000	강화읍 월곳리	조성중		2012 ~	신소재, 전기전자, 기계, 철강, 자동차운송, 목재 등
	인천 IHP	1,132	서구 경서동	조성중		2011 ~	고무, 비금속, 기계금속, 정밀기계, 전기전자, 연구개발, 전문서비스, 건축기술, 화물운송 등
	서운산업단지	462	계양구 서운동	조성중		2014 ~	금속, 전기전자, 운송장비 등
국가산업단지	남동산업단지	9,574	남동구 고잔동	7,027 (6,919)	111,723	1985 ~1997	기계금속, 전기전자, 석유화학, 지식산업, 정보통신 등
	부평산업단지	610	부평구 청천동	730(730)	12,598	1965 ~1969	목재, 석유화학, 비금속, 기계 철강, 운송장비, 전기전자 등
	주안산업단지	1,136	서구 가좌동	481(464)	14,539	1965 ~1974	목재, 석유화학, 비금속, 기계 금속, 철강, 운송장비, 전기전자 등
계	13	24,515		9,818 (9,558)	171,968		

하지만 생산수단인 토지는 동원 가능한 요소로써 경제적 의미뿐만 아니라 다양한 사회세력들의 이해와 요구를 반영하며 갈등을 불러일으키거나 조정과 협상 수단으로써 거래, 또는 투쟁의 대상이 되는 사회적, 정치적 의미를 갖는다. 도시공간의 팽창은 도시의 쇠퇴와 함께 진행되며 국가와 지역 단위 스케일에서 다양한 형태의 지역 개발을 강제한다. 지역개발은 특정 공간에 주어지는 것이 아니라 사회적, 정치적으로 복잡한 권력관계를 형성하고, 정치적 동원 수단으로 다양한 사회세력들의 이해를 대변하는 사회적 관계를 반영하는 것이다. 인천에 13개의 산업단지가 조성될 수 있었던 것은 국가와 지역의 다양한 세력들이 권력관계를 형성하며 각각의 이해와 요구를 자신들에게 유리한 방향으로 영향력을 행사한 행위를 반영하는 것이다. 때문에 이 연구가 토지이용을 둘러싼 권력관계가 산업단지 조성과정에 그대로 투영되며 공간 재편에 영향을 미친다는 점을

주목하는 이유다. 즉 특정 공간이 만들어지는 과정은 '장소를 통해서 존재하는 다양한 행위자들 사이의 권력관계 속에서 갈등과 투쟁을 동반하는 정치적 과정을 통해 사회적으로 만들어지는 것'이고, '장소는 장소를 둘러싼 내외부의 다양한 행위자들 의해 형성되는 하나의 과정적 결과물'로 본 것이다.[2]

토지이용을 둘러싼 다양한 사회세력들의 권력관계가 만들어내는 공간은 기존의 공간을 '섬'처럼 고립시키는 문제를 낳는다. 자본이 지속적으로 새로운 축적 공간을 요구하며 권력관계를 형성하고, 지리적으로 이동하기 때문이다.[3] 이와 같은 자본의 특성은 1960년대 이후 도시외곽으로 팽창하며 형성된 새로운 공간이 왜 기존의 산업 공간, 즉 부평산업단지, 주안산업단지, 남동산업단지를 '섬'처럼 고립시키고, 오늘날 이 '섬'들이 도시성장을 저해하는 애물단지로 전락할 수밖에 없는지 설명할 수 있는 근거를 제공한다. 때문에 인천은 '어떤 도시인가' 라는 질문은 이 '섬'들을 '어떻게 바라볼 것인가' 하는 질문과 맥을 같이 한다.

현재 인천은 경제자유구역이라는 새로운 산업공간에 집착하여 기존의 산업공간이 왜, 어떠한 요인에 의해 조성되었으며, 국가와 지역 단위 행위자들이 공단 조성과정에 끼친 영향과 역할은 무엇인지 산업공간의 역사적 변화에는 관심을 갖고 있지 않다. 산업단지를 지리적 입지환경이나 기능적 역할, '노동자 운동'의 투쟁 공간으로

2　박배균·장세훈·김동완 엮음, 『국가와 지역: 다중스케일 관점에서 본 한국의 지역』, 알트, 2014, p.31.

3　Harvey, D. 1982, *The limit of Capital*, Oxford University Oress, ; 최병두 옮김, 『자본의 한계』, 한울, 1995.

이해할 뿐 정치적, 경제적, 사회적으로 어떤 역사성을 갖는지는 주목하지 않는다.

최근 '산업단지 고도화'라는 이름으로 추진되는 인천시나 각 구 단위 산업정책은 도로, 건축물, 공원 등 외형적 도시경관 투자를 핵심으로 기반시설을 구축하는 '산업단지 재생사업'과 다를 바 없어 실질적인 성과를 내지 못하고 있다.[4] 산업단지에 관한 인천의 연구도 수리적, 통계적 측면에서 업종의 특성 및 성장 가능성, 주변 도시와의 연계성, 공항과 항만이 미치는 영향 등 기능적 연구에 초점을 두고 있다.[5] 연구의 범위도 1980년대 이후 변화를 대상으로 하고 있어 정작 산업단지가 왜, 어떤 권력관계를 형성하며, 어떻게 탄생되었는지는 주목하지 않는다.

산업단지에 관한 연구가 공간의 기능적 특성에 집중되어 있는 것

---

4 산업단지의 구조고도화 사업은 조성된 지 오래되어 노후화된 단지를 부가가치가 높은 업종을 유치하여 기업경쟁력을 강화하는 것을 목표로 추진되고 있다. 남동산업단지는 2009년 시범단지로 지정되어 복지 및 편익시설 확충을 위한 사업을 추진했으나 뚜렷한 효과를 얻지 못했다. 부평공단은 총 사업비 1,012억 원을 투입하여 2017년 준공을 목표로 '리치플레인'(근로자 종합복지타운) 건립을 추진했으나 사업자체가 무산되었다. 이 사업은 2014년 한국수출산업공단이 민간사업자를 선정하여 오피스텔, 피트니스센터, 카페, 학원, 문화센터, 음식점, 은행 등 18층 규모의 근로자 종합복지타운을 건립한다는 계획이었다. 하지만 사업자가 경영상의 이유로 사업자체를 백지화하면서 무산되었다.(기호일보, 2016.10.17) 민간사업자를 내세운 국가산업단지의 구조고도화 사업에 대해 2016년 국회 산업위 업무보고에서 손금주 의원은 사업 자체 방향성에 대해 재검토가 필요하다고 지적할 정도로 실제 산업단지 고도화 사업은 '산업단지 재생사업'과 차별성이 없었다.(매일일보, 2016.6.29)

5 이권형, 박종민, 「인천지역 지방산업단지의 실태와 혁신방안」, 인천발전연구원, 2005; 「인천산업단지포럼」, 제1-6차 인천산업단지 포럼 토론자료, 2005-2009; 인천상공회의소, 「인천시 도시구조개선의 과제와 방안: 신흥동 지역 개발을 중심으로」, 1990; 「지역경제성장에 관한 연구: 인천지역을 중심으로」, 단국대 석사논문, 1995; 채진석, 「인천시 도시화와 지역분화」, 경희대 석사논문, 1994.

은 도시기반시설 자체를 고정되어 이미 존재하는 것으로 가정하고, 인천의 지리적 이점을 활용한 경제발전과 도시경관 분석에 초점을 두고 있기 때문이다.[6] 자본주의 발전단계에서 산업단지는 고정되어 이미 존재하는 것이 아니라 지속적으로 생산, 재생산되는 특성을 갖는다. 산업단지의 생산, 재생산은 다양한 사회세력의 이해와 요구가 반영되어 재편되는 과정이라는 관점에서 볼 때 기존의 연구들은 왜 인천에 산업단지가 집중적으로 배치되고, 도시공간 재편에 영향을 미쳤는지, 그리고 공간적 재편을 불러일으키는 근본적인 요인은 무엇인지 설명하지 못하고 있다. 산업단지는 국가와 지역 단위, 더 나아가 글로벌 차원의 다양한 사회세력들이 복잡하게 얽혀 형성되는 '사회적 관계'를 반영한다는 점을 기존의 연구들은 간과하고 있는 것이다.

사회적 관계는 특정 공간을 지배하기 위한 이해세력들이 공간을 축적수단으로 삼아 자신들에게 유리한 방식으로 의사결정과정에 개입하는 전략적 행위와 밀접하게 연관되어 있다. 그래서 이 연구는 누가, 왜, 어떻게 산업단지 조성과정에 영향력을 미쳤는지 사회적 관계를 규명하기 위해 1960~1970년대 발전주의 시기 산업단지의 초기 조성과정에 주목한다. 산업단지를 유치하고 조성하는 과정은 다양한 사회세력들이 자신들의 요구를 반영하기 위해 영향력을 행사하며 상호 연대하기도 하고, 갈등·조정·절충을 통해 목적을 달성해 나가는 행위들의 집합이다. 그리고 산업단지는 사회세력들의

---

6 박인옥, 「인천의 생산구조와 도시공간 변화의 정치경제학적 연구」, 인천대 박사논문, 2015, pp.4~5.

집합적 행위의 결과 형성된 산물인 것이다.

1960~1970년대 조성된 산업단지는 국가의 전략적 생산공간으로 알려져 있다. 그리고 지역의 개발사업은 국가의 리더와 행정관료의 강한 의지, 합리적 판단을 통해 자원의 균등한 분배를 이루기 위한 효율적 공간으로 정당화되었다. 따라서 지역개발 과정에서 발생하는 개인이나 집단 간 긴장과 갈등은 국가의 자립경제와 지역 균등발전을 위해 희생해도 무방하다거나 참고 견디면 구성원 모두에게 이익이 된다는 식으로 설득되었다. 지금 이 시간에도 지역 차원의 각종 개발 사업들 – 갯벌매립으로 건설된 신도시, 공동체 파괴를 불러온 구도심의 도시재생사업, 그리고 열악한 주거환경 지역의 재개발사업, 쓰레기 매립지 문제, 물류기능을 상실한 경인운하 문제, 고철이 된 월미은하레일, 녹지축을 훼손하는 도로건설, 교통주권 선언에도 불구하고 시민부담을 가중시키는 민간투자 고속도로 건설 등 – 은 여전히 갈등을 해결하지 못하고 정치적, 경제적, 사회적 이슈로 확대되고 있다. 갈등은 중앙정부/지방정부, 지방정부/기업·주민, 주민/주민, 기업/주민 간 각각의 이해에 따라 정치적, 경제적, 사회적으로 복잡하게 얽혀 있어 정치권력에 기반을 둔 이데올로기적 세력이나 종종 물리적 힘에 의존할 뿐 해결책을 찾기 쉽지 않다.

위 사례들은 산업구조가 고도화하여 자본축적을 위한 유치산업이 달라지고, 성숙한 시민사회의 개입 기회가 확대되었지만 효율적 자원배분을 명분으로 사회적 갈등을 해결할 수 있다는 것이 얼마나 허구인지 잘 보여준다. 21세기 이 시간에도 여전히 갈등을 해결하지 못한 이유는 1960년대 지역개발을 둘러싼 정치적 갈등 방식이 발전주의 시기의 국가-지방 관계에 그 역사적 기원을 두고 있기 때문이다.[7] 산업구조가 고도화하고, 인간의 생활수준과 생활방식이 달라졌음에도 갈등의 문제가 해결되지 않는 데는 지역개발에 대한 왜곡된 인식에 기인한다. 갈등은 중앙집권적 의사결정과 계획 합리성이 결여되어서 생긴 문제라는 믿음에 근거하고, 그러한 믿음이 국가 주도 개발방식에 대한 과도한 신화를 불러왔다는 것이다.[8] 이 같은 믿음이 지역개발을 둘러싸고 발생하는 갈등을 국가적 차원의 단순한 결과물로 이해하여 불가피하게 희생을 감수해야하는 문제로 바라보거나 물리적 동원으로 해결할 수밖에 없다는 식으로 정당화되었다. 그래서 위 〈표 1〉에 열거된 인천의 산업단지를 지역개발의 효율적 자원배분의 문제로만 해석할 수 없는 이유다.

다중스케일적 관점은 이처럼 지역개발을 통해 형성된 공간의 확대가 국가의 강한 의지나 정부관료의 합리적 판단에 의존해 실현될 수 있는 것이 아니라 지역의 다양한 세력들과 상호 밀접하게 연관되어 각각의 이해를 반영하기 위한 행위들이 서로 영향을 미치는 사회적 관계를 반영하는 연구의 방법론적 기초를 제공한다. 이 방법론에 기초하여 1960~1970년대 인천의 부평산업단지와 인천기계산업단지의 초기 조성과정을 분석하고, 산업단지가 국가/지역/마을 단위의 다양한 사회세력들이 영향을 미치며 획득한 산물임을 규명한다.

다중스케일적 접근법을 활용한 산업단지 연구는 박배균, 장세훈, 김동완 등에 의해 시도되었다.[9] 이들은 국가스케일의 행위자에만 주

---

7 박배균 외 엮음, 2014, pp.13~14.
8 박배균 외 엮음, 2014.

목해온 기존의 연구를 비판하고, 1960~1970년대 한국의 발전주의 시기 산업단지 초기 조성과정을 분석하였다. 박배균 등은 국가와 지역관계에서 지역적인 행위자들의 사회적 관계에 주목하여 국가와 지역 간 관계를 이해할 수 있는 기초를 마련하였다. 1960~1970년대 수출주도공업화 전략에 따라 조성된 산업단지 – 구로산업단지, 창원 기계산업단지, 울산정유산업단지, 구미산업단지 등 – 가 지역의 다양한 사회세력들이 상호 밀접하게 영향을 주고 받으며 형성되던 과정을 들여다봄으로써 '중앙이 다 이루었다', '국가 관료집단의 계획적 합리성을 바탕'으로 고도성장을 이루었다는 신화를 극복하고자 했다. 그러나 이들 연구는 산업단지를 사회세력들의 전략적 행위가 반영된 축적공간으로 바라보고 있음에도 자본축적 위기를 해소하기 위해 수단화한 배경과 과정은 구체적으로 언급하지 않고 있다.

산업단지는 1960년대 수출주도공업화라는 국가의 전략적 정책목표를 달성하기 위해 추진된 공간으로 이해되지만 하비(D. Harvey)는 산업단지를 자본이 과잉축적 위기를 해소하기 위해 수단화된 '건조환경'으로 자본의 잉여창출을 위해 상품화되어 생산–재생산되는 관점에서 파악하였다.[10] 즉 산업단지는 자본의 이동성에 의해 생산, 재생산, 상품화되어 도시공간 재편에 영향을 미치는 핵심적 역할을 하는 것이다. 하비의 '건조환경' 개념은 1960년대 산업단지가 축적위기의 산물임을 규명하는 것에서 더 나아가 2000년대 국가와 지방

---

9 박배균·장세훈·김동완 엮음, 2014.

10 D. Harvey, 1982, *The limit of Capital*, Oxford University Oress ; 최병두 옮김, 『자본의 한계』, 한울, 1995.

자치단체의 도시개발사업 붐을 일으킨 경제자유구역이 자본축적 위기를 해소하기 위해 전략적으로 수단화되었음을 규명하는 이론적 기초를 제공한다. 결과적으로 도시공간은 집합적 소비[11]와 투기를 부추기는 거대한 소비공간으로 전락하고, 계층 간 분리와 지역 간 불균등, 지방부채 증가, 지역 산업자본의 이탈, 구도심 공동화 등 잠재적 도시위기를 은폐하기 위한 자본의 이동성이 가속화하는 등 개발이익에 대한 유혹과 재정위기 해소를 위해 수단화되는 형태로 나타나게 된다.[12] 하비는 이 과정에서 계급 간 갈등과 정치적 투쟁 등 도시사회운동의 확산을 불가피한 것으로 인식하였다. 그러나 하비는 산업단지라는 건조환경이 조성되는 과정에서 형성되는 다양한 사회세력들의 전략적 개입 및 역할에 대해서는 구체적으로 설명하지 않고 있다.

따라서 인천의 산업단지 초기 조성과정에 대한 연구는 기존의 연구가 갖는 한계를 보완하여 산업단지가 1950년대 과잉투자가 불러온 자본축적위기를 해소하기 위해 수단화되는 전략적 산물임과 동시에 국가/지역/마을 단위 다양한 사회세력들이 특정 공간을 둘러싸고 충돌, 조정, 경합, 합의, 배제를 통해 계급적 이해를 반영한 결과물로 인식하는 다중스케일 관점에서 분석한다.

그럼에도 이 연구는 몇 가지 한계를 갖고 있다. 첫째, 조성된 지

---

11 M. Castells, *The Urban Question, : A Marxist Approach*(trans. by Alan Sheridan, Lodon : Edward Arnold, 1977.

12 박인옥, "맑스주의 정치경제학의 도시공간론: D. 하비의 '자본순환과 건조환경'을 중심으로", 「마르크스주의 정치경제학의 최근동향과 쟁점」, 한국사회경제학회 2015년 여름학술대회, 2015.8, pp.289~301.

50여년이 지나 조성과정에 관한 지역 자료들이 분실 또는 폐기되어 초기 연구목적을 충족하는데 어려움이 있었다. 둘째, 관련자 인터뷰는 당시 행위자들의 인식과 역할을 구체적으로 이해할 수 있는 중요한 사료가 되지만 현재 생존자가 없어 생생한 기록으로 남길 수 없는 아쉬움을 남긴다. 셋째, 용어 사용에 있어 혼란을 불어올 수 있다는 문제다. 산업구조가 고도화하고, 다양한 형태의 산업단지가 형성되면서 1960년대 '공업단지'개념은 법률 개정을 통해 좀 더 포괄적인 의미를 갖는 '산업단지'로 개정되었다. 그러나 이 연구는 1960~1970년대 '공업단지' 용어를 그대로 사용하며, 기타 다른 용어를 사용할 경우에도 가능한 이 시기 사용한 용어를 그대로 표기한다. 또 하나 부평공단(물리적 공간)과 ㈜인천수출산업공단(법인체), 기계공단(물리적 공간)과 ㈜인천기계공업공단(법인체)의 용어는 문맥상 분명 다르게 사용된다는 점에서 혼란을 줄이기 위해 그대로 사용한다.

 이 연구의 구성은 다음과 같다.
 우선 분석을 위한 이론적 배경으로 다중스케일론을 살펴본다. 제2장은 인천 공업단지의 다중스케일적 분석을 위해 하비의 관점에서 1960년대 국가가 수출주도공업화 정책을 추진하게 된 배경이 수입대체공업의 자본축적 위기에 있으며, 수출공단이 자본축적 위기 해소를 위해 전략적으로 수단화되었음을 규명한다. 그리고 수출주도공업화 정책 추진과정의 다양한 사회세력들 −국가, 정부관료, 한국경제인협회, 재일교포 등− 을 국가/지역 단위의 다중스케일적 관점에서 분석한다.

제3장은 자본축적 위기를 해소하기 위해 수단화된 부평공단과 기계공단의 초기 조성과정을 다중스케일적 관점에서 분석한다. 효성동, 작전동, 청천동 일대 21만여 평의 부지에 부평수출공단을 유치하는 과정과 공단 조성과정의 국가/지역행위자들의 관력관계, 그리고 이해관계자들 간에 발생한 갈등을 어떻게 조정, 협의해 나갔는지 살펴본다. 그리고 국가주도의 산업화 전략기지로 조성되었다고 평가되는 부평공단과 달리 지역 토착세력들을 중심으로 인천 도심에 산재한 기계공업체의 집단화를 목적으로 조성된 주안지구의 인천기계공단을 분석한다. 인천기계공단은 대한염업주식회사의 염 수급 정책 실패로 인한 자본축적 위기를 해소하기 위해 주안염전 50여만 평 위에 조성된 공간이다. 인천기계공단의 토지매매계약, 공장 유치, 한국수출산업공단으로의 흡수·통합 시도 등 공단 조성과정의 다양한 사회세력들의 행위와 역할을 분석한다. 1960~1970년대 초기 인천기계공단은 제1, 2, 3단지를 통칭하고 있어 일반적으로 알려진 것과 차이를 갖는다. 현재 인천기계공단으로 지칭되는 공단은 초기 조성된 제1단지를 지칭한다. 이 연구에서는 제1단지를 중심으로 분석하고, 내용 전개 상 필요한 경우 제2, 제3단지를 보완적으로 설명한다.

마지막으로 제4장은 분석 결과를 정리하고, 이 연구가 갖는 시사점을 간략히 밝힌다.

2. 연구 방법론으로서의 '스케일' 그리고 '다중 스케일링'

1) '스케일(Scale)' 개념의 정의

이 장에서는 인천의 공업단지 조성에 관한 역사적 사실을 보다 '입체적으로' 논의하기 위해 관련 주제에 관한 기존의 선행연구에서 관철된 연구 방법론과 차별화하는 것을 적극적으로 의식하여, 최근 맑스주의 공간정치경제학 또는 비판적 정치지리학이 지향하고 있는 '스케일(Scale)' 또는 '지리적 스케일(Geographical Scale)'로 불리는 방법론적 개념을 활용하고자 한다. 즉 본고는 역사적 사실로서 인천의 공업단지 조성의 문제를 다양한 차원의 '지리적 스케일'에 초점을 맞춰 논의함으로써 관련 역사적 사실이 갖는 문제 또는 차원의 중층성과 복잡성을 해명하고자 한다. 동시에 본고의 역사적 분석을 통해 얻을 수 있는 '현재'에 있어서의 실천적 함의 역시 중층적이고도 복합적으로 추출하는 것을 목적으로 설정하였기 때문에 이를 가능케 해주는 방법론적 개념으로 '스케일' 또는 '지리적 스케일'에 주목하고자 한다.

이와 같은 개념을 활용한 기존의 공간 또는 도시의 분석 방법론을 Smith(2000) '스케일의 정치 개념에 의거한 공간 분석 방법론'으로 명명하기도 하고,[13] 박배균·김동완(2013)은 '지역 또는 공간에 대한 다중 스케일(Multi-Scale)론'으로 명명하기도 한다.[14] 이와 같은 방법론의 내용을 기존의 명명법으로부터 쉽게 알 수 있듯이 본고 역시 '스케일'이라는 정치적 문제의 중층적인 작용이 공간 또는 도시의 생산에 있어 매우 중요한 요소로 작용하고 있음을 강조하고자 한다. 따라서 본고는 '개발주의' 등과 같은 국가 차원의 패러다임에 초점을 맞춰 지역개발 또는 도시개발을 논의해온 기존의 분석적 시각과는 선을 긋고 다양한 공간 영역 차원의 '스케일'의 정치적 운동을 중층적으로 고려하여 공간의 생산 문제를 논의함으로써 기존의 방법론이 갖는 단선적 성격을 극복함과 동시에 도시 공간 연구를 통한 실천적 함의를 보다 입체적이고도 총체적인 형태로 끌어내고자 하는 것을 목적으로 설정한다.

따라서 이 절에서는 공간 또는 도시의 생성 과정에 관련된 정치를 '스케일'로 불리는 공간적 경향과 연관시켜 인식하는 기본적 시각 또는 분석적 방법론을 소개하고자 한다. 이를 위해서는 먼저 비판적 정치지리학 또는 맑스주의적 공간정치경제학에 있어서의 '스케일' 개념을 정리하고자 한다.

---

13 Smith N., Scale, Ronald J. Johnston, Derek Gregory, Geraldine Pratt and Michael Watts (eds.) *Dictionary of Human Geography 4th Edition*, Blackwell, 2000, pp.724-727.

14 박배균·김동완 엮음, 『국가와 지역: 다중스케일 관점에서 본 한국의 지역』, 알트, 2013.

미국의 지리학자 닐 스미스(N. Smith)에 의하면, 지금까지의 비판적 정치지리학 또는 맑스주의적 공간정치경제학으로부터 다음과 같은 세 가지 '스케일' 개념을 확인할 수 있다[15].

　① 지도학적(Cartological) 스케일: 즉 지도의 축척 또는 해상도
　② 방법론적 스케일: 미시적으로 접근할 것인가, 아니면 거시적으로 접근할 것인가 하는 연구자의 시각
　③ 지리적 스케일: 공간적 확대 경향을 만들어내는 현실에서 사회적 프로세스(변화의 과정)

　①의 '지도학적 스케일'은 지리학에서 그 기초 사항으로 언급되고 있어 지리학자 또는 지리학도에게 매우 친숙한 교과서적인 개념이다. 지도의 축척은 커지면 커질수록 해상도(지도상 표기의 구체성)가 높아지고 또 작아지면 작아질수록 해상도는 낮아진다. 지리학을 전공하는 연구자라면 이와 같은 '지도학적 스케일' 개념이 ②의 '방법론적 스케일'과 밀접하게 연관되어 있는 것임을 쉽게 이해할 수 있을 것이다. 즉 여기서 '방법론적 스케일'이라고 하는 것은 연구자가 연구 대상이 되는 지역 또는 도시를 지표에 접근하여 좁은 시야로 파악하는 즉 미시적 관점으로 고찰한 것인지, 아니면 지표로부터 떨어져 보다 넓은 시야로 파악하는 즉 거시적 관점에 의거하여 고찰할 것인지 하는 문제와 연관되어 있다. 기존의 지리학 일반에서는 ① 또는 ②의 의미를 갖는 '스케일' 개념이 주로 활용되어 왔는데 N. 스미스가 주목하고 있는 것은 이와 같은 전통적인 또 일반적인 차원

15 Smith, N., 2000, pp.724-727.

의 개념과는 전혀 다른 새로운 개념으로서 '스케일'이다.

이와 같이 새로운 차원에서 인식, 활용되고 있는 '스케일' 개념은 '지리적 스케일(Geographical Scale)'로 불리는 것인데, 특정 사물이나 현상이 공간적 확대 경향을 보이며 발생하는 것을 그 전제로 하고 있다. 단, 여기서 '공간적 확대'는 특정 영역과 구획과 같이 명확하게 경계가 지워지는 이른바 '면적인 공간'을 의미할 뿐만 아니라 사람·사물·정보가 유동하는 경로로부터 구성되는 네트워크의 확대 또는 이들이 이동하고 또 상호작용하는 벡터와 궤적의 확대 등의 현상을 포괄해서 의미한다. 즉 '지리적 스케일'이란 특정한 사회적 프로세스를 통해 형성, 구축되는 공간의 단위 및 규모를 의미하는 것이다. 예를 들어 근대화 또는 자본주의 체제의 발전은 사회생활의 공간적 단위(생활권)를 소규모 커뮤니티에서 도시, 도시권, 나아가 국외 공간으로 지속적으로 확대한다. 이와 같은 현상은 지도적 표현이나 연구자의 시각 또는 시점을 의미하는 ① 및 ②의 '스케일' 개념과 이러한 개념에 의거한 연구에서는 충분히 인식되지 못하고 있다. 왜냐하면 연구자가 어떤 사회적 객체나 현상을 지리학적 또는 공간 정치경제학적으로 고찰하고자 할 때 왜 특정 '지도학적' 또는 '방법론적' '스케일'을 선택하게 되는지 하는 문제를 ①과 ②의 '스케일' 개념만으로는 설명할 수 없기 때문이다. 따라서 '지리적 스케일'이라고 하는 것은 지도학적 작업 및 연구자 고찰의 '대상 측에 내재되어 있는 것'으로 개념화될 수 있는 것이다.

이와 같은 개념 규정에 의거하여 이른바 '지리적 스케일'이라는 것이 형성, 구축되는 메커니즘에 관해 고찰해보고자 한다. 이를 위해서는 먼저 사람들의 사회생활을 위한 공간적 단위, 즉 '생활권'을

확대시킬 수 있는 것은 무엇인지를 생각해볼 필요가 있다. 그것은
이동 및 여행에 대한 사회적 자유도 또는 허용도가 높아진 것 때문
일 수 있고, 자유재량소득[16]의 증대에 의해 행락 또는 관광여행 등
비일상적 이동이 활발해진 것 때문일 수도 있으며, 나아가 사람들의
이동을 가능케 하는 교통 및 통신 수단이 발달한 것 때문일 수도
있다. 일반적으로 사회 구성원들은 특정 지역에 거주하며 특정 지역
에서 근로하면서도 비일상적으로는 이와 같은 거주와 근로의 공간
을 넘어서는 경우가 있다. 즉 사회 구성원들의 '생활권'은 거주, 근
로, 비일상적 활동과 같은 복수의 '스케일'로 구성되어 있고, 각 '스
케일'에는 일상생활에 필요한 주택 또는 택지, 상점가, 통근 또는
통학을 위한 교통기관, 그리고 국제교류 및 국제무역을 가능케 하는
네트워크 등의 인프라스트럭처(사회기반)가 형성되어 있다. 따라서
이와 같은 거주, 근로, 그리고 교역 등과 같은 일상적, 비일상적 활
동을 유지할 수 있게 하는 '공간적 확대'의 경로는 거주의 스케일,
근로의 스케일, 그리고 비일상적 활동의 스케일과 같은 복수의 '스
케일'로 계층적, 중층적으로 구성되는 것으로 볼 수 있다. 바꿔 말
해, '사회'라고 하는 것은 이와 같이 지리적으로 분화되어 있는 것으
로 간주할 수 있다.

---

16 여기서의 '자유재량소득'이란 의식주 등의 생활에 필요한 경비, 세금, 사회보험료
    등을 제외한 후에 자유롭게 쓸 수 있는 소득을 말한다. '순가처분소득'으로도 표현할
    수 있다.

〈그림 1〉 사회구성원의 생활권과 복수의 '스케일'

2) '지리적 스케일'의 중층성

본 절에서는 Taylor(2000)에 의거하여 위에서 언급한 '지리적 스케일'의 중층성에 관해 살펴보고자 한다.[17] '지리적 스케일'은 본고의 연구방법론을 규정하는 중요한 개념인 만큼 이론적 논의의 개괄뿐만 아니라 관련 사례도 언급하고자 한다. Taylor(2000)는 공간으로서 세계를 '세계경제(Global)', '국민국가(National)', 그리고 '지역 또

---

17 Taylor, P. J., *Political Geography: World-Economy, Nation-State and Locality*, Longman, 2000.

는 지방(Local)'의 세 가지 층위의 '스케일'로 구성되는 것으로 간주하여 이러한 각 공간적 층위를 '현실', '이데올로기', 그리고 '경험'의 스케일로 규정하고 있다. 그는 '글로벌 스케일'은 자본주의 경제의 운동법칙이 전 지구적으로 기능하는 '현실'의 스케일로서 모든 현상은 바로 이로 인해 발생하는 것으로 인식하고 있다. 또 그는 '로컬 스케일'은 사회 구성원들이 일상생활의 영역에서 직접 '경험'하는 국지적인 스케일로 여기서 '경험'은 '글로벌 스케일'에서 '현실'과는 다른 것임을 강조한다. 왜냐하면 국민국가를 공간적 영역으로 하는 '내셔널 스케일'이 이들 두 차원의 스케일 사이에서 '이데올로기'의 스케일로서 매개하고 있기 때문이다. 여기서 '이데올로기'란 사회가 어떻게 기능하고 또 어떻게 기능해야 하는지에 관한 세계관 또는 이념적 패러다임을 말하는데 이는 간혹 '글로벌 스케일' 차원에서 작용하는 '현실'에 대한 규정을 애매하게 하는 요인으로 작용하기도 한다. 즉, 글로벌한 세계경제에 관철되고 있는 질서로서 '현실'은 각 국민국가의 '이데올로기'에 의한 '여과(Filtering)' 과정을 거쳐 최종적으로 로컬 차원의 도시 및 농촌에서 '경험'된다는 의미이다.

이와 같은 세 차원의 스케일 간 중층적 상호작용에 관해 예를 들어 설명해보자. 일반적으로 한 사회의 구성원들은 전 세계에서 일어나고 있는 일들을 자신이 인지하고 있는 지식의 일부로 간주한다. 이는 세계 각지에서 발생하는 일들이 다양한 형태의 경로를 거쳐 그들에게 전달되고 있기 때문이다. 그렇다면 그와 같은 전 세계 각지의 일들은 어떤 경로를 거쳐 이들에게 전달되고 있는지 생각해볼 필요가 있다. TV, 신문, 잡지, 인터넷 등과 같은 미디어를 통해 지식이 전달되는 것이 가장 일반적이다. 그렇다면 어느 나라의 미디어를 통해 이러한 정보를 접하고 있는지에 대해서도 생각해보자. CNN 등과 같은 외국의 미디어로부터 정보를 확보하는 사람들도 있겠지만, 보통 한국 사람이라면 한국 국내 미디어를 통해 한국어로 된 해당 정보를 접하는 것이 일반적이다. 또 그렇다면, 이와 같은 정보는 국외에서 일어나고 있는 것 그대로 전달하고 있는지를 생각해보자. 실제로 이러한 국외의 정보는 우리나라 미디어에 의한 정보의 취사선택, 편집, 그리고 자의적 해석을 거쳐 정보 수요자들에게 전달되고 있다. 또 정보 수요자 역시 '한국인으로서' 또 '자신의 이해관계에 맞춰' 이와 같은 정보를 각자의 차원에서 수용하고 해석하며 그리고 평가하는 것이 일반적이다. 즉 우리는 전 세계에서 일어나는 일들을 우리만의 거실, 방 등과 같은 로컬 공간에서 '경험'하고 있는데, 이는 국민국가의 언어 및 문화 등과 같은 '여과' 장치를 거친 이후에 이루어지는 것으로 직접적으로 '현실'을 인식하고 있는 것이 아니다.

여기서 국민국가의 '이데올로기'가 발휘하는 작용을 의식하면서 이를 지금까지 언급해온 수직적인 세 가지 층위의 스케일과 연관시켜 보고자 한다. 국민국가의 '이데올로기'로 간주될 수 있는 것들을 다음과 같이 열거할 수 있다.

- 국가는 사회적으로 통일된 국민으로 구성되는 '국민국가'이어야 한다는 발상
- 국가는 단일 민족으로 구성되는 '단일민족국가'이어야 한다는 몽상
- 국어 및 표준어의 절대화, 또는 지역 특유의 방언을 존중하지 않는 획일주의
- 백인 우월주의 및 아리아 인종 지상주의 등과 같은 인종주의

・국경 내부의 경제에 일정 수준의 자기완결성(국민경제)이 있고, 또 세계경제 역시 이와 같은 영역적 완결성에 의해 구성될 수 있다는 상정

위의 예를 통해 알 수 있듯이 국민국가의 '이데올로기'라고 하는 것은 객관적 사실에 의거하지 않는 신념이나 세계관에 불과한 것일 뿐 일종의 행동 및 판단의 규범(참조해야 하는 기준 및 모범 등)을 나타내는 것이다. 실제로 국가는 정도의 차이는 존재하더라도 다양한 인종 및 민족에 의해 구성되어 있고, 인구 유동 및 경제활동 역시 국가의 영역을 초월하여 전개되고 있다. 따라서 세계경제의 '현실'은 국민국가의 '이데올로기'에 의해 왜곡 과정을 거쳐 결국 로컬 공간의 차원에서 '경험'되는 것으로 간주할 수 있다. 이와 같은 맥락에서 도시 또는 지역사회와 같은 로컬 공간의 차원에서 나타나는 현상, 특히 산업단지의 조성과 같은 현상들은 그 고찰의 공간적 영역을 로컬로만 한정시키지 말고, 글로벌 차원, 국민국가 차원, 로컬 차원으로 개별적으로 또 중층적으로 설정하는 것이 다 차원의 '현실'을 보다 객관적으로 파악할 수 있다는 것이다.

3) '스케일' 개념의 실천적 의의

예를 들어 앞에서 살펴본 '지리적 스케일'의 중층성을 강조하는 Taylor(2000)의 논의 및 방법론은 최근 세계 각지에서 발생하고 있는 외국인 이민배척 문제 등을 매우 유효하게 설명할 수 있도록 한

다. 1990년대에 독일에서 대두된 '네오 나치'는 청년 남성 실업자를
중심으로 결성되어 이전의 나치가 표방했던 '아리아 인종 지상주의'
에 의거하여 주로 터키계 이민에 대한 배척 운동을 전개해오고 있
다. 이와 같은 인종차별적 운동은 독일에서는 곧바로 비합법적인 것
으로 금지되었으나 그 이후에 구 동독지역 및 러시아로 확대되었다.
내셔널리즘과 이민배척을 기치로 내건 이와 같은 극우 운동은 유럽
각지로 파급되어 2002년 프랑스 대통령 선거 운동에 관여했던 극우
정당의 당수가 대통령 후보로 지정되고, 선거 최종 국면에 이르기까
지 후보 활동을 했을 정도로 일정 수준의 지지를 받는 등 큰 사회문
제로 발전하기 시작했다.

　극우세력이 대두하게 된 배경으로서는 다음과 같은 네 가지 요인
을 거론할 수 있다. 첫째, 1960년대부터 1970년대까지 유럽(EC제국)
의 적극적인 이민정책에 의해 터키 및 북아프리카 등지로부터 이민
이 크게 증가했다는 점이다. 둘째, 이와 같은 이민의 정주화가 진전
되어 이들 이민 문화와 유럽 문화 간의 마찰이 발생하면서 이슬람
부흥운동이 본격화하기 시작했다는 점이다. 셋째, 1990년대 세계적
차원의 경제 불황에 의해 유럽 각국의 실업률이 크게 증대하면서
유럽 지역 외부로부터의 이민을 억제했음과 동시에 고용 불안이 심
화하기 시작했다는 점이다. 그리고 넷째, 1993년에 EU가 구축됨으
로써 국가 주권의 일부가 EU로 이양되었다는 점이다. 즉 글로벌 차
원의 세계경제의 변화와 노동력 유동에 의한 이민의 정책 및 고용
정세의 악화가 EU와 같은 초국가 연합의 형성에 의한 국가의 퇴장
과 맞물리면서, '로컬 차원의 스케일'에서 외국인 배척 및 내셔널리
즘의 운동이 발생하게 된 것으로 볼 수 있다.

위의 사례를 통해 다음과 같은 주장들이 확인되는데 이러한 슬로 건을 강조하는 집단 및 정당에 대한 지지가 급속히 늘어났다. 이와 같은 현상은 독일을 비롯한 영국, 오스트리아, 프랑스, 네덜란드, 그리고 러시아에서도 나타났다.

- 이민이 취업 기회를 박탈한다.
- 자국민을 우선시하는 고용정책을 펼쳐야한다.
- 이민이 국민 문화를 파괴하고 있다.
- EU는 국가의 권한을 약화시키고 있다.

그러나 고용 정세의 악화는 국민경제 차원의 문제라기보다는 유 럽 전체를 둘러싼 세계경제의 변화에 의한 것으로 이민이 취업 기회 를 빼앗고 있기 때문이 아님은 자명한 사실이다. 또 이민을 국민 문 화의 파괴자로서 규정하는 사고방식 역시 국민 문화를 매우 순수한 것으로 간주하는 이른바 '본질주의' 또는 '순혈주의'의 표출에 다름 없으며, 국가의 규정성 약화에 관한 여러 현상에 대응하고자 국민국 가 차원의 '이데올로기'를 인위적으로 구축, 유지하고자 하는 주장 으로 볼 수 있다.

이와 같은 글로벌화에 따른 외국인 배척 문제는 본 연구에서 활용하 고자 하는 분석적 시각의 키워드 즉, Taylor(2000)가 제시한 '세 가지 층위의 스케일'에 초점을 맞춰 고찰하면 다음과 같이 정리할 수 있다.

① 선진국과 개발도상국 간의 글로벌한 노동력 및 관광객 유동이 세 계경제의 표층에서 발견되는, 즉 '글로벌 차원'의 객관적 '현실'로 서 존재한다.

② 선진국에서의 외국인 노동자, 관광객의 체재 및 정착과 이들의 이민을 수용하는 호스트 사회의 주민 간의 관계가 '로컬 차원'의 '경험'을 구성한다.

③ 이민을 수용하는 호스트 사회의 주민은 '국민국가적 차원'의 즉 '내셔널 차원'의 '이데올로기'를 통해 이와 같은 외국인 이민자들이 초래하는 사회적 '문제' 또는 '병폐'를 인식하려는 경향을 보인다[18].

글로벌화에 따른 외국인의 지역사회 또는 도시로의 유입 현상에 대해 주민 및 지방자치단체는 '내셔널 차원'의 '이데올로기'와 이로 인해 왜곡될 수밖에 없는 '로컬 차원'의 '경험'에 의거하여 그 특유의 반응을 보이게 되는 것으로 볼 수 있다. 이러한 반응은 최근 맑스주의적 정치지리학에서 제기되고 있고, 또 지리적 공간의 양상에 대한 강한 규정성을 갖는 '장소(공간)의 정치'를 구성하는 매우 중요한 계기로 작용하게 된다. 이와 같은 사례에 있어서의 장소(공간)의 정치적 반응은 이를 둘러싼 '중층적인 스케일' 또는 '다중 스케일'로 전개하는 여러 조건과의 상호작용 하에서 발생하게 된다. 또 이러한 상호작용 또는 관계성과 이데올로기화 과정의 작용을 이해하지 않고 이러한 문제가 될 가능성은 낮아질 수밖에 없다. 따라서 '중층적인 스케일' 또는 '다중 스케일'과 '장소(공간)의 정치'와 같은 분석적 시각은 '로컬 차원'의 문제를 해결하기 위한 실천에 있어 매우 중요한 단서를 제공해준다. 바로 이것이 본 연구가 활용하고자 하는 분석적

---

18 환언하자면, 사회적 '문제' 또는 '병폐'를 국가, 국토, 국민과 같은 '국민국가적' 차원의 문제로 규정함으로써, 지방자치단체, 이웃, 지역의 시민사회 등과 같은 로컬 차원의 사회에 있어서 타자와 직접 소통, 교섭하면서 해결할 수 있는 문제로서 인식하지 않게 되는 경향을 의미한다.

개념으로써 '스케일' 또는 '다중 스케일'이 갖는 실천적 의의로 볼
수 있다.

4) '스케일'과 정치

바로 이 지점에서 '지리적 스케일'과 공간적 차원에서의 정치 간
의 관계에 관해 논의해보고자 한다. '정치(Politics)'라고 하는 것에
는 다양한 의미가 포함되어 있는데 본 연구에서는 지극히 일반적인
개념, 즉 '인간 집단에 있어서 질서의 형성 및 그 해체를 둘러싸고
사람이 타자에 대해 또는 타자와 함께 영위하는 대응을 말하며, 권
력, 정책, 지배, 자치에 관한 여러 현상'으로 파악하고자 한다. 그렇
다면 '스케일'이라고 하는 것은 '정치'와 어떤 관계를 맺는지부터 논
의해볼 필요가 있다. 앞에서 언급한 '장소(공간)의 정치'라는 용어가
직접적으로 보여주고 있듯이 정치라고 하는 것은 특정 장소(공간)의
범위 내에서 전개되는 것이다. 여기서 '장소'는 정치가 영위, 행사되
는 영역으로써 일정한 '공간적 확대' 경향을 가지는 것으로도 파악
할 수 있다.

공간 분석에 '스케일' 개념을 최초로 활용한 맑스주의 정치지리학
자 닐 스미스(Neil Smith)는 '지리적 스케일'에는 신체, 집, 커뮤니티,
로컬(Local), 리저널(Regional), 내셔널(National), 그리고 글로벌
(Global)이라는 복수의 차원(Level)이 있는데 중요한 것은 각 '스케일'
차원에서 개별적 형태의 정치가 전개된다고 논의하고 있다(Smith,
2000). '신체'는 묵비, 단식 등과 같은 저항을 위한 가장 작은 단위이

다. '집의 스케일'에서는 형제 간 다툼 등으로 인해 가부장제가 행사된다. '커뮤니티'의 경우 주민자치회 등과 같은 커뮤니티 위원회가 조직되어 아파트 층간 소음 문제 및 쓰레기 처리 등과 같은 이웃끼리의 문제들을 조정한다. '로컬' 이상의 '스케일'에서 정치에 대한 설명은 굳이 추가할 필요도 없을 정도로 이미 '제도화'되어 있다.

'스케일'과 정치 간의 관계를 고찰하는데 있어 중요한 것은 권력, 정책, 지배, 자치에 관한 현상으로써 정치는 항상 동일한 '스케일'을 기반으로 전개되는 것이 아니라 서로 다른 '스케일' 간의 상호작용으로서 전개된다는 점이다. 즉 본 연구의 주제와 연관시켜 표현하면 1970년대 인천 지역의 산업단지 조성과 관련된 권력, 정책, 지배, 자치를 둘러싸고 이루어졌던 정치는 그 영역이 인천지역이라고 해서 '로컬 차원의 스케일'에서만 전개되었던 것이 아니라 당시 발전주의 패러다임에 의거하여 개발독재를 강행하고 있던 박정희 정권의 '내셔널 차원 스케일'의 정치와 당시의 한일관계 또는 한미관계, 나아가 동북아시아 지역 전체의 냉전구조 등과 같은 '글로벌 차원 스케일'의 정치가 맞물리며 또 그 정치들 간의 상호작용을 통해 중층적으로 이루어진 것으로 인식해야 한다는 것이다.

또 다른 예를 들어 정치가 서로 다른 '스케일' 간 상호작용의 형태로 전개된다는 점을 설명할 수 있는데 페미니즘 운동과 미군의 활동 '스케일'에 적용해서 논의해보고자 한다. 페미니즘 운동을 여성을 옹호하는 여성의 운동으로 간주하게 되면, 차별 및 억압의 대상이 되는 것은 여성의 '신체'이며, 그 운동 주체의 최소 단위 역시 직접적으로 저항 행위를 하는 여성의 '신체'가 된다. 미군은 미국을 방위하기 위한 군사조직임에도 불구하고 '패권국가'를 명분으로 전 세계에 군사 기지를 배치하여 글로벌한 전개 능력을 보유하고 있다. 그러나 페미니즘 운동도 또 미군도 하나의 '스케일' 차원으로 수렴될 수 있는 것이 아니다. 페미니즘 여성끼리는 물론이거와 남성 협력자까지 확보하여 운동의 네트워크를 확대함으로써 '내셔널 차원 스케일'의 조직에서부터 '글로벌 차원 스케일'의 조직까지 구축해내고 있다. 반면에 용산, 동두천, 의정부 등에 주둔하고 있는 미군은 '로컬 차원의' 장소에 출현하여 여성의 '신체'에 위협을 가하기도 한다. 미군기지 문제는 이와 같은 여성에 대한 성폭력의 문제가 포함되어 있는 것이다. 즉, 페미니즘 운동과 미군은 '로컬 차원의 스케일'과 '신체의 스케일' 간의 접점에 있는 것으로 간주할 수 있다는 것이다.

'여성'이건 '미군'이건 각 영역의 '정치'를 영위하는 주체의 활동 '스케일'이 존재하는 것이다. 따라서 정치 주체 간의 대립은 주체가 활동하는 '스케일' 간의 대립으로 발전할 수도 있게 되는 것이다. 이른바 '걸프전쟁'에서 이라크는 쿠웨이트를 침공했는데 이에 미국을 중심으로 하는 다국적군이 쿠웨이트의 '해방'을 위해 참전하면서 결국 이라크는 패전하기에 이르렀다. 그러나 이는 쿠웨이트가 이라크에 승리한 것이 아니라 다국적군이 전쟁에 관여함으로써 이라크를 넘어서는 더 큰 범위의 '스케일'이 형성된 결과로 간주할 수 있다. 그 이외에도 좁은 국토 면적의 이스라엘이 자국을 둘러싼 이슬람 제국에 대항하기 위해 군비를 증강하고, 미국의 군사적 지원을 요청했던 것과 냉전기에 소련, 중국, 북한에 대해 일본이 미군의 물리적 억지력에 의존해왔던 것 역시 단순한 국제 '관계'가 아니라 서로 대립하는 동맹 그룹 간의 '스케일(의 확대)'과 그 공간적 긴장관계라는 지정학적 관점에서부터 해석될 수 있는 것이다.

　스미스는 '지리적 스케일'은 이처럼 '스케일의 정치(The Politics of Scale)'로써 일련의 '권한 부여(Empowerment)'에 있어서도 또 구역의 경우에 있어서도 활용될 수 있음을 강조하고 있다. 예를 들어 1980년대의 영국 노동당은 일부 대도시권 지방정부를 그 세력 하에 두어 마거릿 대처가 이끌던 보수당의 중앙정부에 대항하기 위한 정치적 기반을 구축했다. 또 이에 대응하기 위해 대처 정권은 대도시권 지방정부를 폐지하는, 즉 노동당의 저항을 무력화시키기 위한 수단으로써 대도시권 지방정부의 '지리적 스케일'을 제거하는 조치를 취한 바 있다.

　'스케일'을 둘러싼 대립은 인근 국가인 일본에서도 나타났다. 1960년대 후반에서 1970년대 초반까지 진보적 성향이 강한 이른바 '혁신 지자체'가 급증하였다. 일본의 '혁신 지자체'는 한 국가, 즉 '내셔널 차원'의 고도 경제성장 정책이 초래한 주택·토지·공해 등과 같은 '로컬 차원'의 여러 문제를 해결할 것을 요청하던 주민운동 또는 시민운동의 연속선상에서 지속적으로 탄생하였다. 이는 일본 사회 전체가 '지방의 시대'로 불리는 정치 국면을 맞이할 수 있게 한 중대한 계기로 작용했다. 그러나 그 후 '내셔널 차원' 즉 국정을 둘러싼 정당 간의 대립이 '로컬 차원'의 '혁신 지자체'들의 공동 투쟁 체제를 불안정하게 하였고, 지역경제의 글로벌화에 대한 더딘 대응은 주민 또는 시민의 '혁신 지자체'로부터의 이반을 초래하는 등 저성장 시대에 진입한 이후 '로컬' 정부의 보수화 또는 중도화 현상이 현저하게 나타나기 시작했다.

　영국과 일본의 사례는 '국가(내셔널) 차원의 스케일'과 '지자체(로컬) 차원의 스케일' 사이에서 나타날 수 있는 정치적 힘을 보여주고 있는 것으로 해석할 수 있다.

'스케일의 정치'가 갖는 특징은 '스케일의 점프(Jumping Scales)'에서 찾을 수 있다. '스케일의 점프'란 정치권력을 행사하는 중심적 수단이자, 하나의 '지리적 스케일'로 확립된 정치적 요구 및 권력이 또 다른 '스케일'로 확장되는 것을 의미하는 개념이다. 영국 노동당이 주도권을 쥐게 된 대도시권 지방정부 및 일본의 '혁신 지자체'가 급속하게 늘어난 것은 개별 현상으로 '로컬 차원의 스케일'로 표출되는 것이지만 그러한 현상이 전국적으로 확산되면 '내셔널 차원 스케일'의 영향력을 발휘할 수 있게 된다. 이에 대해 보수적인 중앙정부 및 보수정당이 정치적 반격을 가함으로써 '로컬 차원'의 정치 기반을 탈환하게 되면 '내셔널 차원의 스케일'에서 '로컬 차원의 스케일'로 영향이 미치게 되는 것이다. 이와 같이 서로 다른 '스케일'로 전개되는 '스케일의 정치'는 매우 복잡한 형태로 병존하며 또 교착하게 되는 것이다.

5) '다중 스케일링'의 접근 방법

지금까지 논의했던 것처럼 '정치적인' 것들은 '지리적 스케일'이라는 개념을 적극적으로 활용하여 '스케일'로 불리는 공간적 확대 경향을 현실적인 정치적 프로세스, 이데올로기 및 정치의식, 그리고 정치적 실천이 교착되는 장(場)으로써 간주할 수 있게 되었다. 또 '스케일'을 중층적으로 파악, 인식하는 것을 통해 '로컬 차원'에서 발생하는 문제라 할지라도 그 이외의 '스케일'과 연관되어 있는 것을 확인할 수 있었다. '로컬 차원'에서 발현되는 정치적인 것들을 '다중 스케일링(Multi-Scaling)'의 관점에서 고찰하고자 하는 접근 방식 및 분석적 시각이 매우 유효해진다.

따라서 이 연구는 '로컬 차원'의 사실 또는 경험으로서 인천 산업 단지 조성에 관한 역사가 다양한 '스케일', 즉 '세계적 차원의 스케일'(글로벌 차원의 스케일)과 '국가적 차원의 스케일'(내셔널 차원의 스케일)과 밀접한 연관을 가지고 있음을 전제로 1960~1970년대 인천 의 산업단지 초기 조성 과정을 둘러싼 의사결정 과정 및 정책 기획-수립 과정 등이 정치적, 경제적, 사회적으로 상호 밀접하게 연관되 어 나타나는 '다중 스케일링' 관점에서 고찰하도록 한다.

따라서 이 연구는 '스케일' 또는 '다중 스케일링'으로 불리는 시각 을 강조하는 비판적 정치지리학의 실증적 대상을 외연적으로 확대 함으로써 이 개념의 분석적 유효성을 증명하는 작업일 뿐만 아니라 지역 또는 공간 문제에 대한 기존 역사적 연구가 갖는 경제주의적 경직성과 방법론적 단순함을 해소하여 산업단지 형성 과정의 도시 화 또는 지역 공간의 다양한 문제에 대해 보다 '입체적으로' 접근할 수 있는 이론적 단서를 마련해주는 것을 연구 방법론의 목표로 설정 하였다.

지금까지 검토한 여러 사례들의 성격을 고려하면 지도학적(Carto -logical), 방법론적 '스케일'이라는 관점에서 지도화의 척도 및 연구 자의 시점으로서만 인식되어 온 '스케일'의 개념을 연구 대상 그 자 체가 갖는 '스케일'의 중층성이라는 관점으로 치환하여 고찰해야 할 필요가 있다는 것을 파악할 수 있다. 또 연구 대상이 '스케일'의 중층 성이라는 관점에 서기 때문에 연구자의 지도학적, 방법론적 '스케일'

역시 유연하게 확장하고 또 이전시키는 것이 필요해진다. '지역적 스케일'(로컬 스케일) 차원에서 완결되는 정치적인 것들도 존재한다. 그러나 글로벌화가 급속히 진행되고 있는 현대 사회에 있어서는 '로컬 차원'의 현상, 사건, 경험, 그리고 '정치'를 '세계'라고 하는 공간적 맥락에서 그 위치와 위상을 설정하여 고찰하는 것과 중층성을 띠는 지역 또는 공간의 '정치'를 연구의 대상으로 설정하는 것, 이는 비단 비판적 정치지리학의 영역뿐만 아니라 공간정치경제학의 영역에 있어서도 적극적으로 활용되어야 할 연구 방법론적 과제로 간주할 수 있다.

6) 보론 : 국가의 '리스케일링(Rescaling)'에 관하여

(1) 오사카의 '도(都)구상'을 중심으로

위에서 언급한 연구 대상이 갖는 '스케일'의 중층성이라는 맥락에서 최근 비판적 정치지리학 또는 맑스주의적 공간정치경제학은 '스케일'이 갖는 중층적 구조의 재편, 즉 '리스케일링(Rescaling)' 개념을 적극적으로 활용하고 있다. 글로벌화 및 복지국가의 후퇴에 따른 '국가의 규정성 약화' 현상에 따라 세계경제와 지역경제(또는 지역사회)가 직접 연관되는 '글로컬화(Glocalization)'가 진행된 결과 국가가 활용해온 이전의 통치기구(국가, 지자체 등)는 그 형태와 기능을 변화시켜 도시 공간의 관리시스템의 재편을 촉진시켰다. Swyngedouw(1997)과 Brenner(2003)는 이와 같은 변화를 '스케일'의 중층적 구조를 의미하는 '리스케일링'으로 부른다.[19] 그리고 국가의 리스케

일링 과정에 있어서 주목되고 있는 것이 글로벌화와 연결되는 '세계
도시'이다. 왜냐하면 글로벌한 경제 경쟁이 격화함에 따라 '세계도시'
는 국가와 지방의 경제발전에 기여하는 '성장 엔진'으로 인식되어
각국의 대도시는 새로운 통치기구로서 또 경제적 주체로서 재구축되
고 있기 때문이다.

예를 들어 일본 오사카부의 '오사카도(都) 구상'은 '오사카 유신회'
로 불리는 지역 정당에 의해 2010년에 제시된 오사카부 지역을 기
반으로 하는 새로운 대도시를 구축하기 위한 비전이다. 이 구상의
핵심은 오사카부 지역을 계승하여 신설될 '오사카도'가 광역 행정
(성장전략)의 권한을 독점하여 오사카부 내의 '조례지정도시(조례로
지정되는 인구 50만 이상의 도시)' 제도를 폐지하고, 그 행정 구역을
통합 재편하여 만들어질 '특별자치구'가 선거를 통해 임명될 구역장
의 지휘 하에서 기초자치단체로서의 기능을 발휘하게 한다는 것이
다. 바꿔 말하자면 기존의 도(道), 부(府), 현(縣)과 동일한 권한을
갖는 '조례지정도시'의 '스케일'을 해체하고, 그 기능을 상위 층위의
'스케일'인 도(都)로 승격시켜 하위 층위의 '스케일'인 구(區)를 분권
화하는 두 가지 층위의 통치기구를 구축하고자 하였다.

따라서 도식적으로 보면 오사카의 도(都) 구상은 수직적인 '리스
케일링'을 지향하는 것에 다름없다. 그러나 이 구상을 기획한 하시

---

19 Swyngedouw, E., 'Neither Global nor Local: "Glocalization" and the Politics
of Scale', in K. Cox (ed.) *Spaces of Globalization*, pp. 137-66. New York:
Guilford Press, 1997.
　Brenner, N., "Glocalization as a State Spatial Strategy", Remaking the Global
Economy, London and Thousand Oaks, 2003.

모토 도오루 전 오사카부지사와 정치적으로 대립했던 히라마스 구니오 전 오사카시장은 간사이 지역 내 '조례지정도시' 간의 수평적 연대를 강조하고 나서면서 양자의 대도시 구상의 비전은 상호 대립하는 양상을 보였다. 지역 정당 '오사카 유신회'는 도(都) 구상의 실현을 위해 2011년 4월의 지방선거에서 오사카부의회, 오사카시의회, 오사카부 사카이시의회, 오사카부 스이타시의회의 의석수를 크게 늘이는 등 대약진하며 오사카 지역의 유권자로부터 광범위한 지지를 얻었다. 하시모토 오사카부지사의 사임과 그의 오사카시장 선거 출마에 의해 실시된 2011년 11월 27일의 선거에서도 '오사카 유신회'가 압승하고 또 하시모토가 오사카시장으로 당선되었다.

이러한 정치적 상황을 배경으로 '오사카도(都) 구상'은 탄력을 받게 되었는데 이 구상은 일본의 '대도시 제도'의 개혁에 의한 국가 통치기구의 재편으로 볼 수 있는 '국가 리스케일링'의 전형이다. 이 구상이 기획한 통치공간의 구도는 보다 입체적이다. 즉 '오사카도(都) 구상'이란 동북아시아, 일본, 간사이 지역, 오사카부, 오사카시, 그리고 시내 행정구와 같은 중층화된 공간을 둘러싸고 전개되는 권력과 권한에 관한 비전이다. 또 선거를 통해 하시모토와 '오사카 유신회'로 집약되는 권력(민의)을 활용하여 탑 다운으로 통치공간을 개혁하고자 하는 정치 전략인 것이다.

〈그림 2〉 '오사카도(都) 구상'의 '리스케일링' 비전

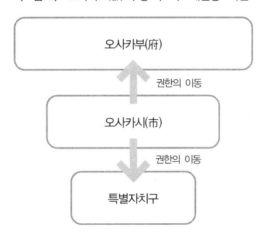

〈그림 3〉 '간사이 지역 조례지정도시' 구상의 '리스케일링' 비전

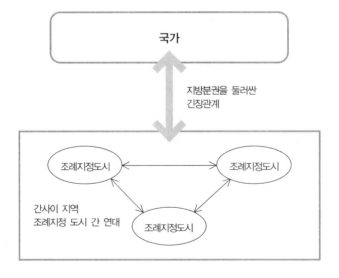

(2) 공간적 케인즈주의 전략 vs 글로컬화 전략

'국가의 리스케일링'의 개념과 이론의 요점은 국가는 자본주의 체제 하에서 나타나는 자본축적의 구조적 위기에 대응하고 또 국가 통치의 정당성을 확보하기 위해 정책 적용의 '공간적' 범위를 조정한다는 것이다. 브레너는 독일과 네덜란드에 대한 실증적 연구를 통해 1970년대를 전후로 하여 서유럽의 지역개발 정책이 '공간적 케인즈주의 전략'에서 '글로컬화(Glocalization) 전략'으로 그 기조가 선회한 것에 주목하고 있다. 전자는 인구, 산업, 그리고 인프라 투자를 일국의 국토 전체에 분산시켜 국토 공간의 동질화와 지역 균등 발전을 유도함으로써 자본주의 체제 하에서의 자본축적의 위기, 즉 지리적 불균등 발전을 극복하고자 하는 것을 목적으로 설정한 전략이다.

그러나 이러한 전략은 경제의 글로벌화에 의해 국경을 넘는 자본 이동이 증대하고, 전후 복지국가가 재정위기로 인해 지속 불가능해지면서 그 유효성을 상실하게 되었다. 이에 반해 '글로컬화 전략'은 경제의 글로벌화 현상과 함께 도시 또는 지역 경제의 역할이 커지는 로컬화가 동시에 진행되는 점을 적극적으로 인식하여 양자 간의 상호작용에 초점을 맞추는 전략을 말한다.

이와 같은 '공간적' 전략의 개념을 활용하여 경제실태, 즉 '축적체제' 측면 뿐만 아니라 제도 및 정책, 즉 조절양식에 관해 고찰하고 있는 논자로는 에릭 스윙거도우(Erik Swyngedouw)가 대표적이다. 그는 지금껏 국가와 동일한 차원의 공간적 스케일로 작동되어 온 경제 제도 및 조절양식의 일부는 EU와 같이 '초국적(Transnational) 차원의 스케일'로 상향 적용되는 반면에 또 다른 도시 및 지역 등과 같은 '로컬 차원의 스케일'로 하향 적용되고 있음을 지적하고 있다.[20]

즉 위에서 언급한 '글로컬화 전략'은 후자에 해당되는데 이는 생산능
력과 인프라 투자를 글로벌한 차원의 경쟁력을 갖춘 도시 또는 지역
으로 집중시켜 목적 달성을 위한 최적의 행정제도 및 사회적 조정
장치를 통해 지원하는 전략이다. 이와 같은 전략을 적용한 결과 국
가 차원의 공간을 기준으로 기획된 정책은 특정 도시의 특정 지역을
대상으로 적용되는 것으로 선회하기 시작했다. 선진 자본주의 제국
의 대도시에서 공통적으로 나타나고 있는 글로벌 도시(Global City)
의 지향성, 메가 리전(Mega region) 차원의 경제정책, 높은 용적률의
도심부 개발 등은 바로 이와 같은 맥락에서 해석될 수 있다. 바꿔
말해 경제의 글로벌화로 인한 자본축적의 공간적 스케일의 확대는
국민국가 스케일의 제도 및 정책의 조정 기능과 효력을 상실함으로
써 도시 및 도시권 스케일의 조정을 모색하는, 즉 '국가의 리스케일
링'이 이루어지게 된 것이다.

결국 자본주의 체제의 위기에 대응하는 수단으로써 국가 정책 적
용의 '공간적' 범위를 조정한다고 주장하는 N. 브레너 등 비판적 정
치지리학자들은 맑스주의적 문제의식에 그 원점을 두고 있으며, '공
간적 케인즈주의' 및 '글로컬화 전략'과 같은 도시 또는 지역의 축적
체제에 규정성을 갖는 조절이론과 강한 연속성을 갖는다. 다만 지리
적 '스케일'의 문제를 적극적으로 인식함으로써 도시 또는 지역단위
공간의 시간적 변화에 대해 입체적으로 논의하고 있다는 것은 정치
경제학적 방법론과 지리학적 방법론 간의 이른바 '발전적' 단절성으
로 간주할 수 있을 것이다.

---

20 Swyngedouw, E., 1997.

⟨표 2⟩ 전후 서구의 공간정책과 조절양식의 변화[21]

	'공간적 케인즈주의' 전략	'글로컬화' 전략
시대	포드주의 축적체제기 (1945년~1970년대)	포스트 포드주의 축적체제기 (1980년대 이후)
경제지리적 배경	국민경제 기반 경제성장 케인즈주의 정책	경제의 글로벌화 진전 지역집적 기반 경제성장
공간정책의 주요 대상	국민경제	성장하는 도시 및 지역 경제
공간정책의 목적	국토 균형 발전 국토 전체의 인프라 정비 인구 및 산업의 분산화	국토의 선택적 발전 특정 지역의 인프라 정비 지역 간 경쟁의 촉진
주요 정책수단	기업입지 조성 지역적 복지정책 재분배적 지역정책	규제완화 정책 복지정책 축소 기업주의적인 지역정책
전략 슬로건	국토개발 균형 발전	'글로컬화(Glocalization)' 도시/지역 간 경쟁
조절양식	독점적 조절양식	경쟁적 조절양식(신자유주의)

---

21 Brenner(2003), Table 12.3을 필자가 수정 보완하였음.

2장

국가수출공단 조성과
다중스케일적 과정

1. 경제성장과 공간 정책

1) 자본축적 위기와 산업화 전략의 수정

1960~1970년대 한국은 쿠데타로 권력을 장악한 박정희 정권이 수출주도공업화 정책을 통해 빈곤을 극복하고, 자립경제 달성을 위해 국가 주도의 공업화를 추진한 시기이다. 한국이 1945년 해방과 6·25 한국전쟁, 그리고 1960년대 4·19 혁명, 5·16 쿠데타 등 정치적 혼란을 거치며 세계가 놀랄 만한 눈부신 성장을 이룩할 수 있었던 것은 국가의 강력한 의지와 수출주도공업화 정책이 성공요인이라는 것은 잘 알려져 있다. 생산측면에서 1954년 11.8% 비중을 차지하던 제조업은 1966년 18.6%, 1976년 27.2%로 2차 산업이 급속히 성장하였다. 도로 및 고속도로, 철도, 항만, 공업단지 등 건조환경 투자도 늘어 1954년 5.3%에 불과하던 것이 1966년 10.3%, 1971년 13.3%, 1976년 11.9%로 높은 비중을 차지했다.[1] 정부가 1973년 중화학공업화를 선언하면서 중화학공업은 1976년 45.9%, 1979년

1 한국산업은행, 『한국의 산업』, 1984, p.15.

52.3% 비중을 차지했으며, 수출은 1965년 1억7천만 달러에서 1977
년 100억불 수출을 달성했다.

〈그림 4〉 한국의 사회경제적 변화[2]

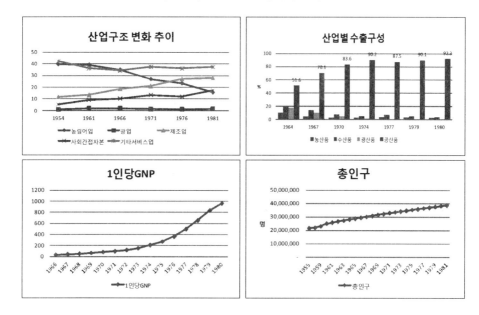

중화학공업의 성장이 눈에 띄기는 하지만 수출품목에선 경공업
중심의 수출이 증가하여 전체 수출품목 중 공산품이 1964년 51.6%,
1974년 90.2%, 1980년 92.3%를 차지했다. 1인당 국민소득도 1954
년 88달러, 1976년 2천7백 달러에서 1979년 5천4백 달러로 껑충
뛰어올랐다. 1960~1970년대 발전주의 시기 이 같은 놀랄만한 실적
을 두고 국가의 의지가 반영된 수출주도공업화 성장전략이 성공할

---

2 통계청.

수 있었다고 강조되는 이유다. 국가의 수출주도공업화로 전환은 농촌노동력의 도시이동을 촉진하였고, 도시는 값싼 노동력 공급 창구 역할을 하는 등 급격한 인구 증가로 이어졌다. 1960년 2천5백여만 명에서 1970년 3천2백여만 명으로 약 1.2배 증가하였고, 1980년에는 약 1.5배 이상 증가하였다.

〈표 3〉 한국의 공업구조 변화[3]

(단위:%)

구분	1954	1962	1966	1971	1976	1979	1981
경공업	78.9	71.4	65.9	62.5	54.1	47.7	48.9
중화학공업	21.1	28.6	34.1	37.5	45.9	52.3	51.1
합계	100.0	100.0	100.0	100.0	100.0	100.0	100.0

국가의 수출주도공업화 정책은 인천의 성장을 크게 하였다. 생산 측면에서 제조업이 1965년 30.7%, 1975년 59.1%, 1980년 62.3%로 높은 성장세를 보였고,[4] 중화학공업은 1964년 56.4%에서 1981년 58.4%로 전국평균 51.1%를 상회하였다. 수출도 크게 증가하여 전체 수출액 중 공산품이 1971년 53.4%에 불과하던 것이 1975년에는 98.3%, 1980년 97.5%를 차지했다.[5] 1965년 전국대비 5.1%에 불과했던 인천의 수출은 1975년 11.8%로 두 배 이상 비중이 높아졌으며 이후 감소추세를 보이고 있기는 하지만 평균 8%대를 유지했다.[6]

---

3 한국산업은행, 『한국의 산업』, 1984, p.19.
4 인천시, 「인천도시기본계획(안)」, 1991.9; 『지역경제백서』, 1990; 인천상공회의소, 『인천상공회의소 120년사』, 2005.
5 인천시, 『인천시정백서』, 각 년도.
6 인천시, 『인천시정백서』, 각 년도; 관세청, 『경제통계연보』, 1990.

1965년에서 1970년 연평균 28.3%, 1970년에서 1980년 30%로 같은 기간 전국평균 28.1%, 29.5% 성장을 앞서는 것이었다.[7] 전국 평균 성장률을 초과하는 인천의 경제성장은 곧 인구 증가로 이어졌으며, 늘어나는 인구는 부두와 산업단지 주변에 주로 밀집하여 값싼 노동력 공급처 역할을 하였다.

<그림 5> 인천의 사회경제적 변화[8]

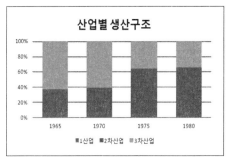

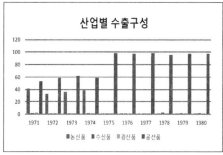

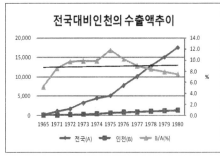

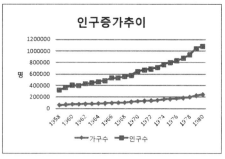

---

7 경제기획원, 주요통계지표: 인천시, 『지역경제백서』, 1990.

8 인천시, 『인천통계연보』, 각 년도.

〈표 4〉 인천의 공업구조 [9]

(단위: 명. %)

구분	1964		1974		1981	
	고용자수	비중(%)	고용자수	비중	고용자수	비중
경공업	7,074	43.6	38,027	58.9	83,543	41.6
중화학공업	9,157	56.4	26,502	41.1	117,492	58.4
화학	2,929	18.1	8,585	13.3	13,160	6.5
금속	3,660	22.5	6,822	10.6	104,332	51.9
기계	2,568	15.8	11,095	17.2		
총계	16,231	100	64,529	100	201,035	100

　　그렇다면 국가는 왜 1950년대 수입대체공업화 정책에서 수출주도 공업화로 공업화 전략을 수정하고, 수입대체공업이 어떻게 수출주도 공업화의 기초를 마련하였는가 하는 점을 밝혀야 한다. 1960년대 공업화 전략의 수정은 1950년대 수입대체공업의 자본축적 위기와 밀접한 관련이 있다. 전후 1950년대 미국 등 선진제국의 무상원조는 생산재 생산부문보다 소비재 생산부문에 투자 비중을 크게 하는 문제를 안고 있었다.[10] 과잉생산물 처리 성격을 갖는 외국원조에 의존하여 소비재 생산 부문 설비규모를 경쟁적으로 확장해온 1950년대 수입대체공업은 원조가 감소하면서 조업 중단 및 축소, 실업의 증가 등 한계를 드러내기 시작했다. 원조물자는 최종수요형태가 소비재와 중간재 및 원자재로 구성되어 1953년 92.8%, 1958년 83.5%, 1963년 81.6%, 1970년 66.7%로 그 추세가 감소하였지만 원조물자 중 투자재는 10%대에 머물러 한국의 생산재 생산부문의 성장을 약화시키거나 저해했

9 　인천상공회의소, 『인천상공명람』, 1966, p.313.; 『인천경제현황』, 1974, p.112; 1982, p.73.

10 　A. O. 그루거, 전영학 역, 「무역, 外源과 경제개발」, 한국개발연구원, 1980, p.87.

다. 1950년대 전 기간에 걸쳐 소비재 생산부문의 시설투자는 기존 설비시설을 갖추고 있는 대기업체에 우선하여 배정한다는 원칙에 따라 원조물품을 할당받기 위해 경쟁적으로 이루어졌다. 국내 직접 원료생산이 취약한 상황에서 대기업들은 원조물자를 더 많이 할당받기 위해 정치권력과 결탁을 하여 기존의 시설을 더욱 확장해나갔다. 하지만 시장규모를 고려하지 않은 설비시설의 과잉투자는 축적위기를 가속화하는 요인으로 작용하게 된다.

〈표 5〉 1953~1960년간 원조액 최종수요유형별 수입구조[11]

(단위: %)

구분	1953	1954	1955	1956	1957	1958	1959	1960
소비재	70.4	59.2	34.3	34.8	40.5	36.5	23.6	24.6
중간재 및 원자재	22.4	21	39.5	43.4	41	47	48.5	49.6
투자재	3.4	13.6	16.8	11.1	9.6	9.7	13.7	11.7

국가는 정책적으로 원조물자의 독점적 배당 및 시장에서의 판매 독점, 외국산 제품의 수입금지, 저금리와 외국자본의 특혜 등을 추진하면서 수입대체공업의 특정산업에 대한 투자를 증대했다. 섬유·화학·제당·제분·철강 및 기계금속부문 등에 집중 투자된 원조물자는 1953년 총원조액 중 59%, 1956년 86%, 1958년 84.9%에 달할 정도였다.[12] 대기업 중심의 설비 확대는 미약하지만 생산재 생산

---

11 A. O. 그루거, 전영학 역, 『무역, 외원과 경제개발』, 한국개발연구원, 1980, p.87.

12 A. O. 그루거, 전영학 역, 1980, p.83; 한국은행, 『경제통계연보』, 1960, 1974. 이 같은 수입구조를 형성하게 된 배경에는 남한의 경제력을 고려한 측면과 정치적 측면이 복합적으로 작용한 것으로 보인다. 단순히 수입구조의 문제가 한국경제의 미국에 대한 수입의존도를 높였다는 한국의 경제적 해석과 비판에서 정치적으로 한국이 자력

부문을 담당한 중소영세자본의 내생적 성장을 약화시켰다. 그 결과
는 소비재 생산부문의 과잉생산을 초래하였으며, 기업의 조업 중단
및 축소, 기업의 통폐합, 그리고 영세한 중소규모 공장들의 도산 및
업종 전환 등 경제 전반의 위기를 불러왔다.

시장의 독점과 과잉생산으로 인한 위기상황은 인천의 산업 전반
에서 두드러지게 나타났다. 전국의 시장을 독점해온 철강 및 기계금
속공업, 섬유공업, 식료품공업부문에서 심각하게 나타났다. 인천에
는 총 62개의 철강 및 기계금속업체가 밀집해 있었는데 그 중 한국
강업, 조선철강, 대동철강, 인천철강 등 4개 공장이 1956년 전국 철
근 생산의 1/2를 생산했고, 1966년 철강생산의 40% 이상을 생산했
다.[13] 대한중공업, 조선기계제작소, 이천전기, 대한전선 등 자본규
모가 큰 기업이 전체 노동자의 약 50% 이상, 한국 총생산의 31%를
생산하는 등 소수 대기업에 설비투자가 집중되어 국내시장을 독점
하고 있었다. 화학부문의 생산을 독점해온 한국화약은 가동률에 심
각한 타격을 받아 1959년 5종 생산물의 평균 가동률이 25%, 1961년
평균 50%에 불과했다.[14]

섬유공업부문은 동양방적과 흥한방적 등에 설비투자가 집중되었

으로 경제성장을 달성할 수 있는 가능성이 희박하다는 판단이 우선하였을 것이다.
즉 미국 측은 원조의 목표가 일정기간 경과 후 한국경제의 자립적 성장을 가능케
하는 것인지 아니면 원조의 가능한 목표가 생활수준을 높일 수 있어 지속적으로 지원
을 해야 하는 것인지 명확한 판단을 하지 못했다는 배경으로 설명되기도 한다. (A.
O. 그루거, 전영학 역, 1980, p.92)

13 인천상공회의소, 『인천상공회의소 110년사』, 1995, p.244; 한국산업은행조사부, 『한
국의 산업』(상), 1966, p.664.

14 한국산업은행조사부, 『한국의 산업』, 1962, p.529.

는데 이 두 개 공장은 전국의 50여개 방적공장 총생산량의 1/10을 차지할 정도로 원조물자를 독점적으로 할당받아 시장을 지배하였다.[15] 하지만 설비시설의 과잉투자는 1958년 두 방적공장의 설비가 동률을 각각 79.6%, 57.7%로 떨어뜨렸다.[16] 식료품공업부문도 과잉투자로 인한 타격을 받았다. 1954년 79.3%이던 제분업의 가동률은 1959년 23.3%, 1961년 26.7%로 거의 조업을 중단한 상태였다.[17]

제재공업은 전국 최대 규모의 공장을 갖추고 있는 대성목재 등 30개가 넘는 공장이 입지했을 정도로 인천의 주요 성장 업종이었다. 다른 업종에 비해 시설규모가 비교적 단순하여 소액의 자본으로도 공장운영이 가능하기 때문에 군소공장이 난립하고, 설비시설 투자를 증대하면서 제재공업 역시 공장가동의 어려움을 겪었다. 인천의 목재생산은 1962년 전국 원목소비량의 27.5%를 차지할 정도로 비중이 크지만 생산능력의 66.6%만 가동하였음에도 전국의 평균 가동률 58.2%를 여전히 상회할 정도였다.[18] 이처럼 주요 산업부문에서 발생한 과잉설비투자는 조업중단 및 축소 등으로 심각한 경영위기를 불러왔고, 이는 곧 실업의 증가로 이어졌다. 인천의 실업률은 1961년 62.3%, 1963년 59.3%에 달했다.[19]

1950년대 국가의 수입대체공업 육성을 위한 원조자본의 우선 할

---

15 임숙신, 「1950년대 한국자본축적에 관한 연구: 섬유공업을 중심으로」, 숙대석사논문, 1992, p.42.

16 인천상공회의소, 1995, p.250.

17 한국산업은행조사부, 『한국의 산업』, 1962, p.178.

18 인천시, 『인천통계연보』, 1962; 한국산업은행조사부, 『한국의 산업(하)』, 1966, p.187.

19 인천시, 『인천통계연보』, 각 년도.

당으로 짧은 기간 시장을 독점하며 성장한 대기업의 과잉투자 결과
는 대기업과 중소기업의 상호 연계된 분업화·협업화를 어렵게 하
고, 중소기업의 성장기반을 약화시키는 요인으로 작용했다. 뿐만
아니라 1960년대 정치적 혼란, 상품시장 확보의 어려움 등이 겹치
면서 국가는 새로운 산업화 전략으로 전환하지 않으면 안 되는 상황
에 처하였다.

군사쿠데타로 권력을 장악한 박정희 정권은 기존의 수입대체공
업화 전략을 토대로 시멘트, 비료, 제철, 정유 등 기간산업을 육성
하여 국제수지를 개선하고, 자립경제의 기반을 구축하는 것을 내용
으로 제1차경제개발5개년계획을 마련했다.[20] 쿠데타 정권은 외자
조달이 어려운 환경에서 부정축재자 처리와 통화개혁을 통해 내자
를 동원하고, 민간기업 대신 국가가 투자 주체로서 경제개발 과정에
직접 나서는 '지도받는 자본주의' 노선을 추구했다.[21] 그러나 미국이
한국의 국가주도 경제개발에 부정적 입장을 취하고, 민간기업들이
정부주도의 수입대체공업화에 소극적 입장을 취하면서 개발계획은
추진 단계에서부터 발목을 잡혔다. 기업들이 정부의 시장개입에 부
정적인 반응을 보인 것이다. 해외차관의 원리금 상환부담은 커지
고, 통화개혁은 투기수단으로 전락하여 실패하는 등 대내외 환경의
어려움은 국가의 힘만으로는 내자동원을 어렵게 했다. 국내 자본축
적기반이 빈약하고 국내저축률이 낮은 상황에서 외국자본 유치는

20 이상철, 「1960~70년대 한국 산업정책의 전개: 위계적 자원배분 메카니즘의 형성을
    중심으로」, 『경제와 사회』 제56호, 2002, pp.110~137.
21 박배균·장세훈·김동완 엮음, 2014, p.52.

불가피해 보였다.

그러나 외자도입법은 있지만 이를 관리할 법은 마련되지 못한 상황이었다. 이러한 때 재벌기업 중심으로 구성된 대한상공회의소와 한국경제인협회가 민간교섭단을 구성하고, 외국자본을 유치하기 위해 미국, 영국, 이탈리아, 일본, 서독 등을 수차례 방문하게 된다. 그러나 투자유치는 기대에 미치지 못했다. 민간교섭단의 투자유치 활동과 국가의 외자도입의 필요성은 비단 삭감된 원조를 대체하는 차원만이 아니라 비료, 시멘트, 정유, 합성섬유 등 소재산업의 진출을 위한 기자재 도입 등 새로운 투자에 있었다.[22] 이에 관한 구체적인 배경과 활동은 뒤에서 살펴보겠지만 외자유치활동은 애초 내수를 확대하려는 것이 아니라 원조에서 외자도입으로 전략을 수정한 것에 불과하였다. 내수를 증대하려는 것이나 외자를 유치하려는 것이나 공업화 전략은 어려움에 처할 수밖에 없었다.

결국 1961년 재벌기업이 주축이 되어 재일교포자본을 유치하여 수출전용 공단을 조성해야 한다는 내용의 전략적 수정안이 박정희에게 보고되고, 1962년 하반기 경제관료를 중심으로 경제개발계획의 수정 및 보완을 위한 방안을 모색하기 시작한다.[23] 이 시기 뜻밖의 경공업 제품의 공산품 수출 증가도 전략적으로 수출공단 조성에 유리하게 작용하였다. 과잉생산으로 상품 판매시장 확대가 절실했던 대기업들에게 값싼 노동력을 기반으로 한 경공업 부문의 가공수

---

22 이효영, 「한·미·일간 삼각가공무역관계 형성의 배경과 행위주체에 관한 연구」, 『경영경제』 제23집, 개명대학교 산업경영연구소, 1991.1, p.323.

23 이병천, 「박정희 정권과 발전국 모형의 형성」, 『경제발전연구』 제5권 제2호, 한국경제발전학회, 1999, pp.141~187.

출은 외화획득을 보장하는 실마리로 유용한 가치를 지니는 것이었다. 이로써 수입대체공업화를 토대로 수출주도공업화로 전환하기 위한 국가와 재벌기업이 연합세력을 형성하게 된다.

결과적으로 1960년대 초 경제개발 전략이란 1950년대 과잉설비 투자로 인한 축적위기를 해소하기 위해 외자도입을 기본 축으로 값싼 노동력이 동원되는 경공업 중심의 단순가공 상품 수출전략으로 수정, 전환하는 것이었다. 수입대체공업화에서 수출주도공업화 전략으로 전환하는 과정에서 경제자립에 필요한 투자재원 확보는 사실상 국가의 강력한 의지가 반영되어 일사분란하게 추진된 것이 아니라 한국경제인협회라는 대기업 중심의 자본가 요구를 반영하며 그 정당성을 얻게 된다.

2) 전국으로 확산되는 공업단지 개발

한국전쟁 후 경제 성장은 파괴시설을 복구하고, 국토종합개발계획에 따라 광범위한 지역개발을 추진하면서 이루어졌다. 국가는 경제자립을 위해 외국자본에 의존하여 건조환경, 즉 고속도로, 철도, 항만, 공업단지 등 대규모 건설투자에 집중함으로써 물적 성장을 달성하기 위한 전략을 성공시켜야 했다. 그리고 지역개발이 성공하기 위해서는 지역단위의 개발계획이 국가차원의 개발계획에 기여하는 것임을 정당화할 필요가 있었다.

1963년 정부는 국토의 종합적, 효율적 이용을 위한 「국토건설종합계획법」, 1964년 「수출산업공단개발조성법」(이하 수출공단조성법)

제정으로 공단 건설을 위한 부지 선정과 공업개발기반을 확충하고
자 했다. 특히 수출공단조성법에 근거한 공단 개발은 수출주도공업
화 목적을 달성하기 위해 해외교포, 특히 재일교포 중소기업가 자본
을 유치하고, 수출공단 지정과 조성은 지역자원의 효율적 이용을 위
해 특정지역을 개발대상으로 하는 거점도시를 선정하여 자본과 노
동을 집중시키는 방식으로 추진되었다. 정부는 국토건설종합계획
에 따라 1965년 1월 11일 대통령령 제1호로 서울(구로), 인천(부평,
주안)을 특정지구로 지정하여 공업입지 및 기반을 조성하고, 1966년
7월 대통령령 제6호로 울산을 특정 공업지역으로, 같은 해 10월 제
주도를 특정지역으로 지정했다. 곧이어 정부는 서울과 수도권에 밀
집한 공업의 지방분산과 국민경제의 균형발전을 도모하는 것을 목
적으로 1970년 「지방공업발전법」을 제정하는 한편 '공업개발장려
지구'를 지정하였다. 1975년에는 중소기업과 대기업의 계열화와 전
문화를 촉진하기 위해 「공단관리법」을 제정했다.(〈표 6〉) 1960~
1970년대 제정된 이들 관련법은 지방자치단체들이 경쟁적으로 공
단조성에 뛰어들도록 함으로써 투기적 토지 매입 및 미분양 사태를
불러일으켰다.

〈표 6〉 산업단지 개발 및 관리 관련법률 연혁

법령명	제정일 (폐지일)	주요내용	관련부처
수출산업공단 개발조성법	1964. 9.14 (1997.12)	-공단의 조성 및 운영 -공단개발공단의 설립	상공부
지방공업개발법	1970.1.1 (1990.1.13)	-공업의 적정한 지방분산 및 촉진으 로 지방간 균형발전 -공업개발장려지구의 지정 및 지구 내 공장 설치	건설부

산업기지개발촉진법	1973.12.24 (1990.1.13)	−중화학공업의 중점육성위한 산업기지, 인구 및 산업의 균형배치를 통한 국민경제 발전 −산업기지개발구역지정 및 산업기지 개발사업	건설부
공단관리법	1975.12.31 (1990.1.13)	−공단관리에 관한 기본사항을 정하여 합리적 운영을 기함	상공부
공업배치법	1977.12.31 (1990.1.13)	−공업의 합리적 배치와 적정한 공장 입지조성 −유치지역의 지정 및 지역 내 공단 조성	상공부
공업배치 및 공장설립에 관한 법률	1990.1.13 (2003.6.30. 명칭변경)	−공업의 합리적 배치 유도 및 공장의 원활한 설립지원으로 공업입지 및 산업입지의 관리	산자부
농어촌발전특별조치법	1990.4.7	−농림어업의 구조개선 −농어촌의 소득원 확충	농림부

아래 〈표 7〉과 〈표 8〉의 공단 지정현황을 보면 정부는 1960년대 부산, 대구, 인천, 성남 등 12개 지구를 선정하여 경공업 위주의 공단을 조성하였으며, 1971년 도시계획법이 제정되면서 법적 근거를 마련했다. 제3차경제개발5개년계획의 중화학공업 육성정책을 기본 방향으로 1970년대 전반기는 대구, 전북, 경남 등 13개 지역에, 후반기는 경북, 경남, 전남, 전북, 경기, 광주 등 전국에 걸쳐 24개 지구에 공단이 지정, 조성되었다. 1964년 공포된 수출공단조성법에 근거해 1965년에 부평지구가 공단으로 지정되었고, 1966년 4월 8일 기공식을 가졌다. 이 시기 집중적으로 건설된 경인고속도로, 철도, 항만, 통신, 공업용수, 공업용 전력 등 건조환경은 공단 개발과 함께 도시발전의 중요한 기반을 이루게 되고, 지역균형발전을 명분으로 국가주도의 수출주도공업화 정책 추진을 가속화하는 계기가 되었다.

〈표 7〉 1960년대 공단 지정현황

(단위: 천m²)

지역	단지명	지정연도	총면적	공장용지	조성근거법
서울	한국수출산업공단 1,2,3단지	1965-73	1,980	1,531	수출산업공단 개발조성법
부산	사상공업지역	1965	,9739	4,453	도시계획법
대구	대구제3공단	1965	1,094	968	도시계획법
대구	성서공단	1965	7,270	7,270	도시계획법
대구	검단공단	1965	790	724	도시계획법
인천	한국수출산업공단	1965-1972	1,744	1,464	도시계획법
인천	인천공단	1965	1,136	999	도시계획법
인천	경인주물공단	1965	263	263	도시계획법
인천	인천기계공단	1965	350	291	도시계획법
경기	성남공단	1968	1,823	1300	도시계획법
강원	춘천공단	1968	494	326	지방공업개발법
전남	여수공단	1967	18,130	14,271	산업기지개발촉진법

〈표 8〉 1970년대 공단 지정현황

(단위: 천m²)

지구	단지명	지정연도	총면적	공장용지	조성근거법
서울	영등포기계공단	1975	155	132	도시계획법
대구	대구염색공단	1974	790	622	도시계획법
대구	서대구공단	1975	2,417	1,871	도시계획법
광주	광주본촌공단	1979	188	152	지방공업개발법
광주	광주송암단지	1979	927	763	지방공업개발법
경기	안성공단	1977	15,205	7,958	산업기지개발촉진법
경기	반월공단	1979	668	453	도시계획법
대전	대전공단	1973~75	1,256	1,028	지방공업개발법
강원	원주공단	1970	397	301	지방공업개발법
강원	강릉중소공단	1976	164	127	공업배치법
전북	전주제1단지	1973	1,683	1,326	지방공업개발법
전북	이리수출자유지역	1973	319	292	수출자유지역설치법
전북	이리공단(지방)	1973	3,306	2,582	지방공업개발법
전북	이리공단(직할)	1976	1,107	866	지방공업개발법

전북	군산공단	1978	5,356	3,594	지방공업개발법
전북	정주중소공단	1979	202	152	공업배치법
전남	순천공단	1977	583	439	지방공업개발법
전남	나주중소공단	1979	323	248	공업배치법
전남	여수오천공단	1979	222	133	공업배치법
전남	목포공단	1970	459	358	지방공업개발법
경남	창원기계공단	1974	26,635	18,167	산업기지개발촉진법
경남	마산수출자유지역	1970	803	607	수출자유지역설치법
경남	울산석유화학공단	1970	3,839	3,839	산업기지개발촉진법
경남	양산공단	1974	17,036	13,627	산업기지개발촉진법
경남	죽도산업기지	1974	3,034	3,034	산업기지개발촉진법
경남	목포산업기지	1974	4,563	4,563	산업기지개발촉진법
경남	울산미포공단	1975	40,076	36,081	산업기지개발촉진법
경남	양산공단	1977	1,562	1,271	지방공업개발법
경남	진주상평공단	1978	2,135	1,531	지방공업개발법
경남	칠서공단	1979	3,640	3,640	지방공업개발법
경북	구미수출산업공단	1977	17,478	13,758	산업기지개발촉진법
경북	포항공단	1975	11,087	7,942	산업기지개발촉진법
경북	논공공단	1979	4,106	2,408	지방공업개발법
경북	왜관공단	1979	1,656	1,130	지방공업개발법
경북	금천농기계공단	1979	121	85	지방공업개발법
경북	경주용강공단	1975	1,196	902	도시계획법
경북	현풍공단	1978	265	265	도시계획법

1960~1970년대 공단이 조성된 지역들은 급격하게 인구가 증가하며 도시발전의 근간을 이루었다. 대규모로 건설된 공업단지는 수출자유지역, 수출산업공단, 지방공단으로 조성되었는데 다음과 같은 설치목적을 갖는다.[24] 수출자유지역은 수출의 진흥, 기술의 향

24 김길동, 「지역개발을 위한 공업입지정책과 공단조성에 관한 연구」, 『대전공업전문대

상, 고용의 증대, 지역사회개발에 초점을 두고 있으며, 수출산업공
단은 수출산업의 효율적 육성, 수출의 진흥, 국민경제의 균형 있는
발전을, 지방공단은 공업의 적정한 지방분산, 고용기회의 확대, 지
방 간 불균형한 소득격차의 개선, 지역 간 경제적인 격차의 완화 등
을 목적으로 조성되었다. 특히 지방공단 중 추가관리계획에 의해 조
성되었다는 인천기계공단과 영등포기계공단이 민간주도로 조성되
었다. 그러나 국가가 추가관리계획에 포함시켰다고 한 것은 1970년
대 공단관리를 일원화하는 과정에서 이루어진 것이지 초기 조성단
계에서 결정된 것은 아니다.

　국가주도로 조성되었다는 정부의 국토종합개발계획은 토지의 효
율적인 이용과 산업의 적정지구 배치 및 인구분산을 전제로 추진되었
으며, 대도시를 중심으로 전국에 공단을 지정, 개발하는 방식으로
진행되었다. 공단 건설을 위한 관련 법률들은 단순히 공단의 지역적
분배를 통해 서울의 인구 및 기업의 분산정책을 지원하는 것뿐만
아니라 자본과 상품의 이동, 노동력 재생산을 위한 물적 토대를 구축
하기 위한 환경과 조건을 마련할 수 있도록 했다. 국가가 심혈을 기울
여 투자한 건조환경은 지역 기초산업의 성장을 고려하여 이루어졌다
기보다 급속한 경제성장과 국토개발을 위한 정치경제적 힘에 의해
규정되거나 또는 중앙집권화된 정치권력에 압도되어 권위주의적 관
료에 의해 일방적으로 주도되었다.[25] 박정희 정권이 수출주도공업화
성과를 대내외에 과시할 필요가 있었기 때문이다. 1960~1970년대

　논문집』 제19집, 대전공업전문대학, 1977, p.247 재인용.
25 최병두, 『근대적 공간의 한계』, 한울, 2004, p.100.

국가주도의 일방적 개발정책, 특히 인천을 비롯해 전국에 조성된 공단이 수출주도공업화 전략을 성공으로 이끌었다는 인식되는 배경에는 이처럼 정부관료의 합리적 판단, 대통령의 의지 등이 반영된 결과로 알려져 오랫동안 홍보되었다.

그러나 지역개발이 성공할 수 있었던 배경에는 지역에 뿌리를 둔 토착세력들의 적극적인 행위가 있었다는 인식은 거의 주목하지 않고 있다. 그들은 지역개발을 통한 공단건설과 공장 유치가 국가의 자립경제정책에 부응하는 것이라 홍보하고, 다양한 지역 세력들을 끌어들이는 주도적 역할을 했다. 지역토착세력들은 해방 전 식민지 공업화 과정의 제조업 성장에 따른 장소의존적 이해관계를 갖고 있어 자신들의 네트워크를 활용하여 자원을 동원하였다. 역사적으로 식민지 산업화의 경로의존적 특성을 갖고 있었던 것이다. 인천을 비롯해 부산, 마산, 군산, 목포, 대구, 울산 등 지역에 공업단지가 조성된 것은 지역경제의 균등성장을 반영하였다기보다 식민지 공업화의 경로의존적 성장에 기반을 둔 지역의 토착세력이 자기기반을 확대재생산하기 위한 계기를 마련하기 위한 것이었다. 인천의 부평과 주안지구에 대규모 공업단지가 조성될 수 있었던 것 역시 경로의존성이 반영된 제조업이 상대적으로 발달하고, 지역토착세력들이 다른 이해집단에 비해 영향력을 행사할 수 있을 만큼 목소리를 낼 수 있었기 때문이다. 인천상공회의소가 대표적인 장소의존적 행위집단이고, 인천상공회의소를 중심으로 지역의 다양한 사회세력들이 연대/연합함으로써 부평과 주안지구 공단 조성과정에 영향력을 행사 하였다.

아래 〈표 9〉는 1960~1970년대 인천에 조성된 공단을 정리한 것

이다. 총 154만8천8백여 평에 8개의 공단이 조성되었고, 400여개
가 넘는 기업을 입주시킨다는 계획 하에 추진되었지만 재원부족, 기
반시설 미흡 등의 문제로 공단 조성 초기 기업입주 실적은 기대에
미치지 못했다.

〈표 9〉 1970년 인천공단조성계획(1973년까지 추진사업분)[26]

(단위: ㎡, 평)

구분	업체수(개)		공업부지	업종	비고
수출 공단	제1단지	45	697,520	섬유, 기계, 식품 등	부평지구
	부평		211,000		
	제2단지	50	677,690	정지작업공사 30%	주안지구
	북가좌		205,000		
기계 공단	제1단지	51	327,470	주물, 선반용기계, 산업용기계, 정밀기계	주안지구
	주안염전		99,060		
	제2단지	100	691,000	정지작업공사 30%	주안지구
	북가좌염전		209,026		
	제3단지		654,900		
	도화동염전		198,109		
비철금속공단 (남구주안동)		48	321,210	신입업체 48개 100% 매립공사작업 80%	
			97,167		주안지구
한국제재공단 (북구가좌동164-1)		30	692,470	나왕제재 18개(준공8개)	
			209,470	미송제재12개(준공2개) 기초공사10%	
경인에너지 (북구, 원창, 석남동)			1,057,860	화력 18%	서곳지구
			320,000	정유 38%	
계		424	5,120,120㎡	–	–
			1,548,832평	–	–

---

26 인천시, 「인천시종합개발계획보고서」, 1970.8, 인천시.
입주업체 예정 수는 인천시와 각 관리공단의 계획 및 조성과정에서 계속 변경되었다.

2. 국가수출공단 조성의
다중스케일적 과정

1) 재벌의 연합과 권력관계의 형성
: 한국경제협의회와 한국경제인협회

수출공단은 국가의 강한 의지를 반영한 국가주도형 개발의 산물로 알려져 있다. 수출공단이 국민을 빈곤으로부터 해방시키고, 수출을 통해 자립경제를 달성하는데 있어 국가의 의지가 없었다면 실현가능하지 않았다는 것이다. 그리고 재벌은 국가정책의 추진과정에서 필요한 정보를 제공하는 보조적 역할을 하는 것으로 이해되었다. 국가가 수출공단 조성을 주도하였다는 이런 관점은 공단이 입지선정에서부터 부지 조성 및 운영, 재원확보 방안, 입주업체 결정 및 관리 등을 둘러싸고 다양한 사회세력들이 의사결정과정에 개입하고, 다양한 방식으로 긴장과 갈등관계를 형성하였다는 공간적 특성을 간과한 것이다.

공단 조성은 수출산업 육성을 위해 특정지역의 토지이용을 극대화하는 과정이다. 1960년대 구로와 부평지구의 수출공단 지정 및 조성은 상공계가 전략적으로 개입하며 구상단계에서 실현에 이르기까지 주도적 역할을 담당했다. 수출주도공업화는 1950년대 말 수입대체공업화를 통해 설비규모를 확대하여 시장을 지배해온 재벌기업의 축적위기와 1960년대 정치적 혼란 속에서 선택할 수 있는 전략이었다. 수입대체공업을 기반으로 자본을 축적해온 재벌기업들은 과잉축적 위기를 해소하기 위해 공익(公益, 경제발전, 자립경제)을 표방한 사익(私益, 축적위기 해소, 이윤 창출)을 추구하는 방법으로 수출주도공업화 정책을 주도했다. 재벌들이 자신들의 시장을 영역화하고 보호함으로써 공간적으로 절대화하여야 할 필요성을 크게 하였기 때문이다. 이 과정에서 재벌기업들은 국가정책의 주요 행위주체로서 의사결정과정에 개입하고, 수출공단 조성을 둘러싼 다양한 사회세력들 간 갈등관계를 형성하며 세력화하였다.

군사쿠데타로 정권을 잡은 박정희는 1961년 5월 31일 국가주도의 기본경제정책을 발표한다. 기본정책은 대내외적 장애를 극복하기 위해 재정적인 측면에서 소비지출을 최대한으로 억제하여 산업개발에 활용하고, 민간투자와 더불어 국가재건을 위한 장기개발계획을 수립, 차관 외 원조획득과 외자도입을 통한 사회개혁 및 경제개혁을 추진하고자 했다. 금융 면에서는 특혜와 독점을 배제하고, 공익성을 강조한 금융체제로 재편하며, 농어촌 고리채 정리의 단계적 해결을 위해 농산물 가격의 적정화 및 유지를 위한 농촌경제 진흥책, 그리고 부정축재자의 신속한 처리 등을 주요 내용으로 했다.

그러나 개발계획을 추진하는데 필요한 재원을 마련하는 일은 쉽지 않았다. 외국의 원조가 줄어들고 차관 상환 만기일이 돌아오면서 국가는 재원확보의 어려움을 겪고 있었다. 쿠데타 직후 국가재건최고회의[27]는 「부정축재처벌법」[28] 공포로 부정축재자의 재산을 전액 환수하여 경제개발에 필요한 재원을 확보하고, 통화개혁을 통해 내자를 동원하고자 하였으나 목적을 달성하는데 실패한다. 통화개혁은 투기성 자본으로 전락하여 제대로 환수하지 못했고, 「부정축재처벌법」이 경제질서를 바로 잡기 위한 부정축재자의 공명정대한 처리가 지나쳐 기업활동을 위축시키거나 후퇴시킬 소지가 있다는 여론이 형성될 정도였다.[29]

이 같은 여론은 국민들 사이에서 형성되었다기보다 부정축재자로 지목된 재벌들의 요구가 반영된 결과였다. 부정축재자로 지목되어 일본에서 귀국하자 마다 연금된 상태였던 이병철 등은 1961년 7월 18일 박정희 의장과 재계 대표 30여명이 참석한 간담회를 회고하며[30] "과거의 정치나 세법 등 각종 법규가 탈세나 부정을 하지 않을 수 없게 되어 있다. 다른 사람들이 양보해서 14등 이하로 처진 것이 아니라 노력은 했지만 그때의 상황이 그렇게 돌아갔다는 점을 이해해야 한다."고 말했다. 그리고 박정희에게 "경제를 살리려면 기업인들을 잘 활용하여 새로운 국가재건에 이바지할 기회를 주어야 한다. 국가재건을 하려면 공장을 짓고 해야 할 텐데 그 때에 역량

---

27 5·16 군사쿠데타 직후인 군사혁명위원회는 5월 19일 국가재건최고회의로 개칭하고, 박정희를 의장으로 선출하였으며, 6월 1일 기본 경제정책을 발표했다.

28 1961년 6월 14일 공포된 「부정축재처리기본법」은 은행에 대해서는 주식으로 징수하고, 그 밖의 기업체에 대해서는 현금이나 현물로 징수할 것을 규정하고 있다. 그러나 징수된 금액을 어떻게 사용할 것인가에 대해서는 별도의 규정을 두지 않아 논란이 될 소지가 컸다.

29 경향신문, 1961.8.5.

30 전국경제인연합회, 『전경련 20년사』, 1983, p.395.

있는 기업인들을 잘 활용해야한다"며 13명의 기업인들이 부정축재자로 지목된데 대해 억울함을 호소했다. 재벌들이 갖고 있는 현금을 벌금으로 납부하고 나면 기업경영을 할 수 없다는 논리였다. 결국 국가재건최고회의는 부정축재자 기업인 모두를 석방하고, 정치자금 공제액에 대해 세액의 5%의 벌과금을 적용하여 징수하는 것은 물론 기타 조세나 벌과금은 일체 부과하지 않는다고 결정한다.[31]

하지만 대내외적 경제여건의 악화는 국가재건최고회의가 수입대체공업화 노선을 토대로 한 경제개발정책을 추진하는 것을 사실상 불가능하게 했다. 7월 재계와 박정희 의장과의 간담회 직후 이병철은 중앙정보부로부터 경제인 중심의 경제단체를 구성할 것을 제안받는다.[32] 이때 탄생한 것이 한국경제인협회의 전신인 '경제재건촉진회'다. 경제재건촉진회는 이병철이 부정축재자로 지목되어 5월 31일 검거된 후 두 달도 채 되지 않은 7월 14일 부정축재자로 지목된 재벌대표들이 모두 출감하면서 재벌기업 13인이 발기한 조직이다. 이들은 "군사혁명당국으로부터 경제재건에 대한 혁명정부의 계획과 시책을 듣고 이에 대한 주요 기업인의 헌신을 요청받았다"고 밝혔다. 그리고 이정림, 최태섭, 허정구, 이동준 등은 창립 예비회담을 가진 후 17일 창립총회 개최했다.[33] 경제재건촉진회는 군사정권의 임시과도기구로 잠정 출발한 1개월 시한부 조직이었다. 창립총회에서 경제재건촉진회는 회장에 이정림, 부회장에 조성철을 선

31 경향신문, 1961.8.10.

32 전국경제인연합회, 1983, p.396.

33 전국경제인연합회, 1983, pp.169~170.

임하고, 나머지 11인을 이사로 선임했다.[34] 1961년 8월 16일 임시총회를 개최하여 정관을 개정, 명칭을 '한국경제인협회'로 변경하고, 회장에 이병철, 부회장에 조성철을 선임하였으며, 1968년 8월 28일 '전국경제인연합회'로 변경, 오늘에 이른다. 이들이 1960년대 초반 수출산업 육성을 통한 경제자립 단계에서 공업단지 조성의 전 과정에 개입하며 국가영역의 다중스케일 행위자로 역할을 하게 된다.

쿠데타 이후 한국경제인협회의 조직구성이나 특성이 군사정권 세력에 의해 수동적으로 구성된 것처럼 보이지만 자신들의 이해와 요구를 반영하여 시장 확대와 축적기반을 마련하기 위한 세력화 시도는 쿠데타 이전부터 존재했다. '한국경제협의회'가 그것이다.

1960년 4·19 직후 혼란스런 사회적 분위기 속에서 몇몇 재벌기업들은 10월부터 대한상공회의소와 공동으로 가칭 '한국경제협의회' 창립을 준비하고, 그해 12월 간담회를 개최한 후 1961년 1월 10일 주요기업체 대표 78인을 회원으로 창립했다.[35] 회장에 김연수(삼양사)를 추대하고, 김항복(평안섬유), 김용완(경방), 전택보(천우사), 이한환(대한제분), 최태섭(한국유리), 심상준(제동산업) 등 20인이 이사로 선임되었으며, 참여한 전 회원을 분과위원으로 구성했다. 재벌 중심으로 구성된 한국경제협의회는 해방 후 자유당 정권하에서 정치세력과 결탁하여 자본을 축적하고, 정치자금을 제공하는 등 '몰가치적 이윤추구에 몰두한 기업인'[36]이라는 비난을 받았다. 이 같은

34 이정림, 조성철 외 이병철(삼성), 박흥식(화신), 설경구(대한산업), 정재호(삼호), 이한환(대한제분), 남궁련(극동해운), 홍재선(금성방직), 이양구(동양시멘트), 최태섭(한국유리) 등이고, 감사에 김지태(조선견직), 성창희(동립산업)을 선임하였다.

35 전국경제인연합회, 1983, pp.167~168.

비난을 의식한 것인지 그들은 창립총회에서 사회 전반의 비난에 대해 스스로 반성하고, 경제윤리를 확립하여 민간경제의 구심점을 이루겠다고 결의하였다.

한국경제협의회는 창립총회에서 재벌기업들은 "정치와 관권의 지배로부터 벗어나 자주경제자립을 확립 수호하고, 정계와 경제계 간 과거와 같은 부조리가 발생하지 않도록 정치자금규제법 추진, 공업화를 통한 고용증대와 농어촌 부흥에 총력하며, 경제계의 경험과 지식을 집결하여 경제정책 및 경제외교에 적극 반영시켜 국가경제 정책면에 신경지를 개척하고, 기업인들의 눈을 경제사회로 적극 진출하여 민간경제외교의 본영이 되도록 힘쓴다."는 기본이념을 목표로 출발하였다.[37] 기본이념을 바탕으로 그들은 ▲국민경제 및 기업의 안정적 기반을 마련하고, ▲기간산업개발과 국제경제협력에 있어 국제화의 역군이 되도록 한다는 점, ▲자본과 기술을 총동원하여 경제 강국을 만드는데 만전을 기하고 전 국민의 생업유지와 안정에 기여한다는 것, 그리고 ▲정치 및 사회 안정과 행정의 쇄신이 경제성장의 기본조건임을 확신하고 정쟁(政爭)의 중지, 서민백반(庶民百般)의 일대 혁신을 호소하는 4개항의 결의문을 채택했다.[38] 1950년 대 정치권력과 결탁하여 원조물자를 기반으로 시장을 독점하며 부를 축적해온 대표적인 재벌 기업들이 스스로 일벌백계(一罰百戒)를 외치며 부정축재자라는 정치적, 경제적 오명을 거두기 위해 반성하

---

36 전국경제인연합회, 1983, p.166.

37 전국경제인연합회, 1983, p.167.

38 전국경제인연합회, 1983, p.168.

였지만 그리 오래가지 않았다.

이들은 4·19 직후 제정된 '부정축재자특별처리법'이 비합리적이라며 자신들의 입장을 옹호하였다. 그들은 경제계에 미칠 파급을 고려해 국회 등 정부의 조직과 기관들을 통해 적용범위를 축소할 것을 요구하는 등 영향력을 행사하였다. 정치권력과 밀착하여 시장을 독점하고 이득을 취한 것은 당시 상황에서 만부득이한 일로 시대의 불가피한 기업행위였음을 스스로 정당화하고자 하였다. 재벌들의 항의에도 불구하고 한국경제협의회는 설립 반 년 만에 군사정권에 의해 강제 해산된다.

정치적, 경제적 격변기를 거치는 과정에서 국민경제 안정과 발전, 혁신을 외치며 창립한 '한국경제협의회'나 경제재건의 시급성을 요구받고 있는 쿠데타 정권에 의해 설립된 '경제재건촉진회', 그리고 그 인맥을 그대로 이어 조직된 '한국경제인협회'가 특별히 다르게 평가되어야 할 이유는 없다. 분명한 것은 이들이 시대에 따라 정권의 권력과 결탁하여 정치적, 경제적으로 세력을 확장하고자 했다는 점이다.

쿠데타 정권에서 조직된 한국경제인협회는 다양한 영역에서 독점적 영역을 구축해 나갔다. 구체적인 경제개발정책이 부재한 군사정권에 그들은 국가의 주요 기간산업 건설, 경제개발에 필요한 외국자본 투자유치, 특히 재일교포 자본 유치 등을 제안하였다. 한국경제인협회는 군사정부의 제1차경제개발5개년계획 중 민간기업에서 할 수 있는 1차 사업으로 기간산업건설계획안을 국가재건최고회의를 비롯한 관계 부처에 제출하고, 개별적이고 산발적인 투자방식을 지양한 공동투자형식의 기간산업 건설계획안을 제안하였다.[39] 이들이 제출한 제안서는 비료공장, 시멘트공장, 종합제철공장, 정유공장, 인조화학섬유공장 등 5개 분야 7개 기간산업으로 수입대체공업 부문의 공장건설 추진을 내용으로 했다. 재벌들이 제출한 건설자금은 외자 전액과 차관으로 추진하는 것으로 하고, 내자 조달은 은행 융자 또는 자체자금으로 하는 것으로 했다. 더 나아가 제안서는 상당히 구체적이어서 공장설계도에 5개 공장 3개 부문의 건설소요자금, 건설기간까지 명시된 것으로 철저히 시장독점과 영역화를 목적으로 하고 있었다.[40] 재벌들은 건설소요자금 중 내자 동원과 관련해 부정축재이득환수금과 관련이 없다고 강조하였지만 내부적으로 환수금의 적극 활용을 제안한 것으로 알려졌다.[41]

결과적으로 부정축재환수금 사용여부와 관계없이 정치세력을 배경으로 재벌기업의 확대재생산이 가능한 국가 단위의 스케일을 구축하는 것이 그들에게는 중요한 문제인 셈이었다. 국가의 의사결정 과정에서 박정희의 역할을 무시할 수 없지만 한국경제인협회는 국가의 전략과 대규모 프로젝트를 수립하는 역할을 하였으며, 국가 기관과 조직들을 자신들의 요구가 반영될 수 있도록 세력화해 나갔다.

---

39 동아일보, 1961.9.15.

40 제3 비료공장은 삼성물산이 건설기간 1962년에서 1964년까지 규모 30만 톤 생산에 소요자금 외화 6천5백만 불, 원화 100억 환, 시멘트 공장은 건설기간 1962년에서 1964년까지 대한양회(영월공장)가 규모 연 36만 톤, 소요자금 외화 5백만 불, 내자 20억 환, 중앙산업(시흥공장)이 1962년에서 1964년까지 규모 30만 톤에 소요자금 외화 4백만 불, 내자 15억 환, 동양시멘트가 1962년에서 1964년까지 연 20만 톤 생산에 외자 220만 불, 내자 20억 환, 삼화제철이 1962년에서 1964년까지 선철을 연 24만5천 톤, 강회 16만4천 톤 생산에 외자 3천2백만 불, 내자 2백억 환을 투자하여 건설하는 것을 내용으로 하였다.

41 경향신문 1961.9.15.

특히 1960~1970년대 수출공단 입지선정과 건설과정에서는 주도적인 역할을 수행했다.

국가재건최고회의 박정희 의장은 1961년 5·16 쿠데타 직후 9월 18일 한국경제인협회 기업인들과의 자리에서 경제개발5개년계획 목적 달성에 필요한 외자를 얻기 위해 민간이 외자도입활동을 해줄 것을 요청했다.[42] 당시 경제상황이 자본을 축적할 수 있는 기반시설 부족도 문제였지만 기반시설을 충족하기 위한 자금조달 문제가 얼마나 급박하였는지 잘 보여주는 대목이다. 재벌기업들은 이를 계기로 국가산업화 정책의 주도적 행위자로 전면에 나서게 된다.

한국경제인협회는 박정희의 요구를 반영하여 민간자본 투자유치단을 구성하고, 경제기획원은 기업의 투자유치단 활동을 지원하기 위해 외자도입국을 신설하는 등 재벌기업 지원방안을 신속하게 마련했다. 재벌들은 민간기업의 외국자본 유치와 관련해 어떠한 정치적 압력이나 간섭을 받지 않도록 보호해줄 것과 필요한 환경 및 편의를 제공해 줄 것[43]을 요구하는 등 국가의 의사결정 과정에 적극적으로 개입했다. 이병철(삼성)을 단장으로 한 민간교섭단은 이한환(동아상사), 이정림(개풍), 정재호(삼호), 조성철(중앙산업) 등으로 구성하고, 비료공장(이병철), 종합제철공장(이정림), 고급화학섬유공장(정재호), 시멘트(조성철) 공장 건설을 위한 해외민간자본 도입과 투자를 유치하기 위해 미국 및 유럽 등 방문에 나섰다.[44]

---

42 동아일보, 1961.9.20. (이 자리에 동석한 기업인은 조성철, 조홍제, 구인회, 김종희, 김영구, 김용성, 김지태, 박두병, 박흥식, 송대순, 설경동, 우창형, 양춘선, 이봉수, 이정림, 이원천, 이한환, 정재호, 정인욱, 최태섭, 홍재선, 함창희 등이다.)

43 경향신문, 1961.10.19.

〈그림 6〉 정부의 외자도입국 신설과 재벌기업 지원[45]

한편 경제개발정책의 투자 재원 마련에 앞장선 민간교섭단의 활동이 가시화되면서 재계에 미묘한 갈등이 형성되었다. 군사정부와의 권력관계를 둘러싼 재벌기업 간 긴장이었다. 경제재건촉진회를 재편해 구성한 한국경제인협회가 가칭 '한국경제협회'로 새롭게 조직을 구성, 창립을 준비하고 있었다. 1961년 10월 25일 한국경제인협회가 "경제인들이 대동단결함으로써 혼연일치 조국경제의 재건에 이바지한다는 대원칙에 찬동하고, 한국경제협회(가칭) 창립에 합의하였다."고 발표하면서 갈등이 표출되었다. 당시 박태준 최고위원, 천병규 재무장관, 정래혁 상공부장관 등이 참석한 경제인들이

---

44 경향신문, 1961.10.17. 이병철을 단장으로 한 민간유치 사절단의 미국 방문은 성과를 내지 못한 채 귀국하였다.(동아일보, 1961.11.16)

45 동아일보, 1961.9.20.

21명의 창립준비위원을 선출하고 27일 창립총회를 개최하여 기존의 한국경제인협회는 자동적으로 해체, '한국경제협회'에 흡수된다고 발표한 것이다.[46] 이에 대해 한국경제인협회 기존 회장단들이 새로운 협회 창립에 즉각적으로 반발하고 나서면서 가칭 '한국경제협회'의 창립이 연기되는 등 재계가 분열 조짐을 보이기 시작했다. 이와 관련해 언론은 쿠데타 이전에 활동했던 '한국경제협의회'와 쿠데타 이후 부정축재자로 지목된 재벌 중심의 '한국경제인협회' 양대 세력이 무슨 차이가 있느냐며 비판하고 나섰다.[47] 시급히 추진되어야 할 경제개발과 자립경제 달성이 주도권 싸움으로 비쳐지는 것은 바람직하지 않다는 것이었다.

가칭 '한국경제협회' 측이 기존 한국경제인협회 측의 양해를 얻어 기존 방침대로 총회 개최를 강행하려 하자 한국경제인협회 측이 거세게 반발하고 나섰다. 그들은 새로운 협회 창립을 위한 취지문이나 준비위원 등에 관해 사전에 어떠한 교섭이나 연락을 받은 일이 없으며, 응낙한 일도 없어 일부 회원들이 준비위원으로 참여할 경우 이는 개인자격에 의한 것이라 못 박았다.

---

46 동아일보, 1961.10.26. 선출된 준비위원 명단은 이병철(제일모직), 조성철(중앙산업) 송대순(대한 증권), 이한환(대한제분), 남궁련(극동해운), 박흥식(화신산업), 김용성(대한물산), 김용완(경성방직), 심상준(제동산업), 한용련(신생사), 유창렬(경신산업), 김광균(건평실업), 오정수(무역진흥), 신영술(한국철강), 정주영(현대건설), 이도영(일신산업), 박선기(주정협회), 정완규(광업회), 신덕균(동방흥업), 김철호(기아산업), 장기식(삼성광업)이다.

47 경향신문, 1961.10.28.

〈그림 7〉 가칭 '한국경제협회' 창립 준비회의 [48]

〈그림 8〉 가칭 '한국경제협회' 창립을 둘러싼 한국경제인협회 내부 반발 [49]

48 동아일보, 1961.10.26.

49 동아일보, 1961.10.28.

기존 회원들의 반발은 가칭 '한국경제협회' 창립위원 측이 정부관료들과 모종의 결탁이 있는 것은 아니냐는 의문을 갖기에 충분했다. 하지만 창립준비위원들은 정부의 종용을 받은 바 없다는 입장을 고수했다.[50] 창립준비위원들이 새로운 협회창립을 서두르는 배경에는 부정축재자로 지목된 20여 재벌기업 중심으로 경제개발5개년계획을 추진하는 것이 군사정권의 정당성을 의심받을 수 있다는 판단에 따른 것으로 보인다. 하지만 창립준비위를 구성하는 자리에 경제기획원이 아닌 상공부장관, 재무장관 등이 참석하였다는 사실에서 다른 해석이 가능하다. 정부 조직 내 의사결정과정의 입장 차이로 부처 간 개발사업 추진 방식과 추진주체를 둘러싼 시각 차이 등이 존재했을 것이라는 추측이 가능하다.

가칭 '한국경제협회' 창립준비위원인 심상준(제동산업)을 비롯해 정주영(현대건설), 김철활(기아산업), 신영술(한국제강), 이한환(대한제분) 등은 한국경제인협회 측과 만나 이견을 조정, 창립을 검토할 수 있도록 요구했지만[51] 결국 창립을 포기하게 된다.[52] 기존 회원들의 의사를 반영하여 '한국경제협회' 창립준비위원회는 ① 가칭 '한국경제협회'는 새로운 단체를 만드는 것을 목적으로 하기보다 누구나 평등한 기회를 갖고 국가 경제재건에 참여하여 목적을 달성하는 것, ② 한국경제인협회는 가입조건을 완화하고, 기존의 회원가입 조건을 삭제하는 등 창립을 포기할 것 등에 합의했다.[53]

---

50 동아일보, 1961.10.28.

51 경향신문, 1961.10.29.

52 동아일보, 1961.11.1.

53 한국경제인협회의 회원 가입조건은 회원 3인 이상의 추천을 받아 이사회 참석자

한국경제인협회가 회원 참여조건을 완화하기는 했지만 외국자본 유치 및 경제개발 과정에서 균등한 참여를 보장하거나 자신들의 영향력을 축소시킨 것은 아니었다. 민간교섭단 회장인 이병철은 기자들과의 공식회담에서 한국경제인협회가 재벌기업 중심으로 민간교섭단을 구성한 것은 사업인으로서 개과천선하여 최대 목적을 경제재건에 두고 국가사업에 이바지하겠다는 것을 강조했다. 민간교섭단은 경제재건에 필요한 자본 유치의 필요성에 따른 것으로 2~3년 전부터 구상해오던 외국차관을 사비를 들여 교섭하고, 차관으로 공장을 건설한 후에 정부가 지정하는 다른 기업에 줄 것이라는 것이다. 하지만 이병철 회장의 기자간담회 발언에 대해 언론은 "돈 빌려줄 사람은 상대방을 정하지 않고 빌려줄 리 만무한데, '저 사람 같으면 빌려주겠다'고 하는 것은 도대체 무슨 말인지 알아들을 수 없는 일", "무엇을 교섭하러 가는지 어리둥절하기만 하다"[54]고 비판하며 민간교섭단 역할에 의문을 제기했다. 재벌기업들이 사익(私益)을 공익(公益)으로 포장하고 있는 속내를 드러낸 셈이다.

민간교섭단의 역할은 부정축재자로 지목된 재벌기업들이 국가에 지급해야할 벌금과 관련이 있다. 군사정권은 이병철 등 13개 재벌기업들이 석방된 후 벌금을 국가가 필요로 하는 공장을 건설하여 대납할 수 있는 방향으로 관련법을 개정했다. 법 개정에 따라 재벌기업들이 시멘트, 제철, 전기기구, 비료, 섬유 등 10개 기간산업을 하나씩 맡아 건설하게 되면서 민간교섭단의 외자유치 역할과 차관

2/3 이상의 찬성이 있어야 한다는 조항을 삭제하였다.

54 동아일보, 1961.11.2.

실적 및 분배를 둘러싸고 경쟁을 벌였다. 이 같은 상황은 한국 외자 유치를 통한 자본주의 축적 전략을 둘러싸고 글로벌, 국가, 지방 등 다양한 지리적 스케일에서 작동하는 사회적 힘과 행위자들 사이에 벌어진 이해관계의 충돌, 담론적 투쟁 등을 반영한 것으로 이해할 필요가 있다.[55]

1962년 2월 박정희 국가재건최고위원회 의장은 민간자본 유지를 위해 유럽 방문에 앞서 최고회의를 방문한 이병철, 이정림, 남궁연, 조성철 등 한국경제인협회 4명에게 "정부는 모든 애로를 극복하고 공업건설에 주력하겠다"[56]고 약속하고, 울산제철공장 및 정유공장 건설, 수상기 공급, 포경어업, 수도시설 등 기간산업 구축을 위한 재원을 재일교포 자본 유치를 통해 실현될 수 있도록 정부가 지불보장을 할 것을 약속한다.[57] 박정희 의장의 발언이 공업화, 자립경제 달성이라는 국가의 적극적 의지를 반영한 것으로 해석되지만 뚜렷한 산업정책이나 재원 확보 방안을 갖고 있지 못한 쿠데타 정권이 재벌기업으로 하여금 투자재원 통로를 마련해 줄 것을 기대함으로써 사실상 경제재건을 재벌기업의 손에 맡긴 것이나 다름없다. 내자 동원이 불가능한 상황에서 자립경제에 필요한 투자재원 확보 문제가 재벌기업에 의존해야 할 정도로 시급한 문제였음을 잘 보여준다. 이런 상황에서 1960년대 초 재벌기업 중심의 한국경제인협회가 기간산업 건설과 수출공단 조성을 주도하게 된 것은 어찌 보면 당연한

55 박배균 외, 2014, p.36.

56 경향신문, 1962.2.7.

57 동아일보, 1962.2.14.

수순이라 할 것이다.

2) 한국경제인협회와 재일교포의 결합

재일교포 기업가는 1960년대 공업화 과정에서 경제개발에 필요한 투자재원 공급자로서, 특히 공업단지 조성과정의 주역으로 초국적 다중스케일적 행위자 역할을 수행했다. 한국의 수출주도공업화가 성공할 수 있었던 배경에 대한 기존의 논의는 국제수지 문제, 미국원조의 영향, 동아시아 안보를 염두에 둔 미국의 압력 등에 주목하면서 지정학적 위치의 발전국가의 성공과 실패 그리고 문제점 등에 대해서만 논의해왔다. 이러한 인식은 국가 외의 다양한 수준의 지역, 국제 행위자들의 역할을 간과하는 경향이 있다. 재일교포 기업가들은 일제의 식민 지배과정에서 탄생해서 한국과 일본 사이에 끼어있는 존재로 '외부인'도 아닌 '경계인'들로 논의의 사각지대에 있었다.[58] 재일교포들은 자신들의 입지를 보존하기에 급급한 주변인들이었으며, 한국의 지방적, 혹은 국가적 차원의 이익과 필요를 초국가적 차원의 권력과 자본에 연결시켜주는 지렛대 역할을 수행했다.[59]

일제 식민지기 일본에는 약 2백만 명 이상의 재일교포가 형성되었으며 패전 후 약 150만 명이 한국으로 돌아왔다. 당시 일본에 잔

---

58 왕혜숙·김준수, 「한국의 발전국가와 정체성의 정치−박정희 시시 재일교포 기업인들의 민족주의 담론과 인정투쟁」, 『경제화 사회』 107호, 2015.9, p.246.

59 박배균 외, 2014, p.40.

류한 사람들은 '일본은 임시로 사는 집'이었다. '언젠가는 우리는 한반도로 돌아갈 것이다.'라는 생각을 하고 있었다. 그들에게 일본은 언젠가 떠나야 할 나라인 것이다. 재일교포가 여타 국가에 형성된 교포와 달리 일제의 식민지 지배과정에서 타의에 의한 산물이라는 특성을 고려하면 어쩌면 당연해 보인다. 그들은 일본사회의 소외와 폐쇄성 속에서 멸시와 차별을 받으며 밑바닥에서부터 생활기반을 마련한 사람들이었다. 그 중 일부는 한국전쟁 특수로 일본의 고도성장 과정에서 자본을 축적해 기업가로 성공한 사람도 있었다.

1945년 해방 후 정치적으로 한·일 간 적대적 감정이 사라지기엔 너무 짧은 시간이긴 하지만 재계는 경제재건의 필요성 측면에서 재일교포 등 어떤 자본이 국내에 들어오든 한국 성장을 돕는 것으로 인식하고 있었다. 그러나 재일교포 재산반입 문제는 경제적, 정치적으로 예민한 문제였다.

1961년 군사쿠데타 직전 정부는 외자도입 촉진을 위한 「외자도입촉진법」을 개정하여 외자도입과 차관, 재일교포의 모국투자를 위한 재산반입을 경제성장의 활력소로 삼고자 하였다. 외국원조가 줄어들고 있는 한국의 상황이 외국자본의 투자를 절실히 필요로 했던 것이다. 재계와 의회는 재일교포자본을 적극적으로 유치하여야 한다는 입장이었다. 일본에서 압박을 받으며 기업을 경영하는 것 보다 한국에 돌아와 기업을 경영하는 것이 모국경제에 기여하는 것이라는 논리였다. 하지만 이승만 대통령은 재일교포 자본 도입을 금지하고 있어 재산반입 문제는 쉽게 풀릴 수 있는 문제가 아니었다. 이승만 대통령은 재일교포에 대해 반공의식을 고취하고 한일회담 과정의 갈등으로 인한 재일교포들을 위로하는 선에서 그쳤다.[60] 이를 두

고 당시 민주당은 지나친 배일정책(排日政策)이라며 비현실적이고
비합리적이라 비판했고, 재계는 물론 언론에서 조차 재일교포 재산
반입의 필요성을 적극적으로 제기했다.[61]

〈그림 9〉 재일교포의 모국 투자 희망[62]

국회와 재계, 언론의 재일교포 재산반입 문제에 대한 관심이 커
지고, 반입 필요성이 확산되면서 1960년 재일교포 일행의 모국 방
문이 줄을 이었다. 그들은 언제든 조국으로 돌아와 모국에 기여할
수 있기를 기대하며 교포재산반입과 관련해 '자본금 부족과 세금문
제를 걱정하며 보호책을 마련해 줄 것', 그리고 '재일교포의 우수한
기술자를 불러 산업발전에 기여할 수 있는 기회'를 요구했다.[63] 일본

---

60 왕혜숙·김준수, 2015.9, p.263.

61 경향신문, 1960.7.21.

62 경향신문, 1960.6.11.

주재 공사(公使)도 재일교포 재산의 국내 반입을 개방할 것을 강조
했다.[64] 그러나 경계의 목소리도 적지 않았다. 일본자본의 도입이
"양국 간 경제교류에 있어서 호혜와 평등에 입각한 통상원칙에 기반
하기보다 일방적인 이익추구에만 전념하여 국교정상화가 이루어지
기도 전에 일본자본 도입을 운운하는 것은 너무나도 성급한 행동"이
라는 것이다.[65] 심지어 재일교포의 자본도입이 일본의 재벌들에 의
해 조종되고 있는 것이 아니냐는 의혹이 제기될 정도로 부정적이었
다.[66] 그럼에도 1961년 1월 신년 초부터 민주당 국회의원들이 중심
이 되어 일본 제국주의 전쟁 수행의 주역들인 독점재벌들로 구성된
일본경제시찰단의 한국방문을 주선하고, 환영위원회까지 구성하는
등 일본자본을 유치하기 위한 계획을 추진하였다.[67]

재일교포 재산반입의 필요성을 강조하는 재야의 입장과 달리 윤
보선 대통령은 일본자본 유치를 국회의원들의 이권개입의 행위로
규정했다. 오히려 중농정책(中農政策)을 통해 농촌경제를 향상시켜
야 하고, 외자도입 이전에 정부가 구체적인 계획부터 수립할 것, 그
리고 일본은 한일회담에 성의 있는 태도를 보일 것을 강하게 요구하
였다는 점[68]에서 재일교포 재산반입을 경계했다. 즉 재일교포 재산
반입 문제를 처리하는 것은 내부적으로 반일 감정이 국민들 사이

---

63 경향신문, 1960.6.11.

64 경향신문, 1960.7.8.

65 경향신문, 1960.7.21.

66 경향신문, 1960.11.21.

67 경향신문, 1961.1.15.

68 경향신문, 1961.2.5.

크게 확산되고 있어 정치적으로 쉽게 접근하기 어려운 문제였다.

외부적으로 재일교포의 재산반입은 국내 상황만을 고려할 수 없는 일본 내 관련법령과 관련이 있었다. 일본은 외국위체관리령(外國爲替管理令)과 수출관리령(輸出管理令)에 의해 자기재산이라 할지라도 임의로 타국에 수출이나 재산 반출을 하지 못하도록 규정해 놓았다. 재일교포 재산반출은 곧 일본의 국부를 유출하는 것이나 마찬가지였다. 때문에 한국정부가 재일교포 재산을 반입하기 위해서는 일본정부가 제반 법적제약을 완화할 수 있도록 양국 간 정치적 협상을 통해 우선적으로 해결해야 했다. 국내외적으로 재일교포 재산반입 문제를 해결하기 위해서는 국내 정치적 안정을 통해 외국인이나 재일교포들이 안심하고 투자할 수 있는 제반 여건을 조성하고, 외적으로는 당사국 간 정치적 협상을 통해 원활한 경제협력관계를 구축해야 했다. 하지만 단시간에 해결할 수 있는 사안이 아니었다. 한·일 국교정상화가 이루어지지 않은 상태에서 재일교포 재산반입 문제는 갈 길이 먼 셈이다.

1961년 군사정권이 들어선 후 재일교포 재산반입 문제와 함께 경제개발에 필요한 외국자본 확보는 좀 더 적극적으로 논의되기 시작했다. 박정희는 유럽, 미국, 일본 등의 외국자본 유치를 위해 대한상공회의소, 그리고 한국경제인협회가 주도하는 민간교섭단을 구성했다. 재벌기업 중심으로 구성된 민간교섭단은 경공업 위주의 수출주도공업화를 실현하는데 필요한 재원을 마련하기 위한 것이었다. 재벌기업들은 국가재건최고회의 박정희 의장을 방문하여 정부와 차관도입의 원칙, 교섭범위 및 대상 등을 협의하고, 차관도입 대상을 제철, 비료, 정유, 인견 등 공장건설에 투자할 것, 차관액의

30%에 해당하는 원화를 정부지정기관에 적립하며, 동 차관에 대해 정부가 지불보증을 하는 방식을 검토해 줄 것 등을 요청했다.[69]

이병철(한국경제인협회 회장) 등은 1961년 10월 14일 미주경제이사회에 참가하기 위해 뉴욕으로 출발했고, 이후 자본유치를 위해 서독, 이태리 등 방문 계획을 세워 미국의 개발차관기금(DLF)과 세계은행(WB), 국제통화기금(IMF)의 각 담당 관리들과 회담을 개최했다. 그러나 외국의 민간자본을 유치하려면 안정된 정부가 필요하다는 요구에[70] 민간교섭단 일행의 차관도입 협상은 큰 성과를 얻지 못했다. 세계은행을 비롯한 해외 기관들은 한국의 수출전략이 '무모한 산업육성'이라는 비판적 시각을 보였고, 미국정부는 민정이양이 이루어질 때까지 군사정권에 원조를 제공하지 않는다는 방침을 고수했다.[71]

이처럼 대외적 상황이 외자 조달의 어려움을 크게 하고, 대내적으로는 자본축적 구조가 취약한 상황에서 수입대체공업의 한계를 극복하기 위한 논의가 재계를 중심으로 논의되었다. 박정희 의장이 재계의 요구를 받아들이게 되는데 그 대안이 곧 수출주도공업화 정책이었다. 특히 수출산업 육성을 위해 대규모로 공단을 조성할 것을 제안했다. 수출주도공업화 정책은 재일교포의 재산반입 문제를 국가 차원에서 본격적으로 논의하는 계기를 마련하고, 재일교포 투자는 외국자본 유치 문제를 해결하는데 결정적 기여를 하게 된다. 재

---

69 동알일보, 1961.10.22.

70 동아일보, 1961.11.17.

71 왕혜숙·김준수, 2015.9, p.254.

일교포 재산반입은 일본의 잉여자본 및 기술을 결합함으로써 경제
성장에 기여할 수 있다는 인식을 전제로 수출주도공업화 전략을 실
행에 옮길 수 있도록 했다.

재일교포 자본유치는 대한상공회의소와 한국경제인협회가 주도
하여 추진했다. 양 단체는 재일교포 모국시찰단 일행 초청계획을 세
웠다. 한국경제인협회 등은 재일교포들이 모국의 경제실정을 시찰
하도록 주선하고, 모국에 대한 재산반입 및 투자에 필요한 자료 수
집이 가능할 수 있도록 한국경제인협회 사무국장 김주인 씨를 일본
에 파견했다.[72] 그 결과 재일교포 60여명이 재일 거류민 단장 권일
씨의 인솔 하에 12월 20일부터 4일간 체류 일정으로 모국을 방문하
게 된다. 재일교포 모국방문단 일행은 한국전쟁 특수로 부를 축적한
기업가들로 동양방직, 대한제분, 대한중공업 등 국내 주요산업을
시찰하고, 이병철의 안내로 국가재건최고회의 박정희 의장을 방문
한다. 이 자리에서 재일교포 일행은 경제개발5개년계획 수행에 협
조할 것을 약속했고, 박정희 의장은 '한·일 문제 해결을 위해 성의
를 다할 것'을 전달했다.[73]

1960년대 일본의 경제는 한국전쟁의 특수로 급속히 성장한 기업
들이 일본 내 설비시설의 과잉투자와 임금 상승으로 자본축적 위기
를 맞고 있었다. 한국이 노동집약적인 경공업 중심의 수출정책으로
전환을 모색하고 있었다면 일본은 노동집약적 경공업에서 중화학공
업으로 구조고도화하고, 경공업 부문을 주변국으로 이전을 하고자

---

72 동아일보, 1961.12.19.
73 동아일보, 1961.12.23.

〈그림 10〉 한국경제인협회 주선으로 김포공항에서 환대받는 재일교포 모국시찰단[74]

했다. 1953년에서 1961년까지 일본의 공업은 철강, 석유, 전기, 기계, 차량부문에서 217%, 수출 232%로 급성장하고 있었다. 재일교포들은 한국전쟁으로 특수를 누리며 일본에서 성장기반을 넓혀 일부는 고무, 유리, 피혁, 섬유, 잡화 등의 제조업 분야로 진출하여 경제력을 키웠다.[75] 그러나 호황기 일본의 경제는 물가상승과 높은 임금으로 변화가 일기 시작했고, 값싼 노동력 공급이 어려워지면서 재일교포들은 새로운 투자처를 찾아야 하는 상황이었다. 1961년 12월 재일교포 기업의 모국방문을 두고 '재일한국인상공회'와 '재일한국경제인연합회'가 한국 파견자 선정문제를 두고 충돌한 것[76]은 재일교포 기업인들이 한국 경제환경의 변화를 일본 내 경공업부문의 축적위기를 해결하기 위한 기회로 삼고자 하였음을 보여준다.

74　경향신문, 1961.12.20.; 동아일보, 1961.12.21.

75　박배균 외, 2014, p.54.

76　경향신문, 1961.12.20.

재일교포들의 모국방문은 오랜 타국생활로 고국과 고향에 대한 애착심을 크게 하였고, 그들은 국내의 사회적 관계망을 토대로 모국 진출에 박차를 가하게 된다. 값싸고 풍부한 한국의 노동력을 기반으로 모국경제 기여라는 투자명분을 마련함으로서 새로운 투자처를 찾아 이동할 수 있게 된 것이다. 한국 정부 입장에서는 경제개발에 필요한 내자동원을 기대할 수 없는 상황이었고, 한·일 간 국교 정상화 협상이 답보상태에 있어 일본의 경제협력도 기대할 수 없는 상황이었다. 이러한 때 기술과 자본을 동원할 수 있는 재일교포 기업가의 국내투자는 외화를 끌어들일 수 있는 수단이었다. 때문에 재벌기업 중심으로 구성된 한국경제인협회의 제안에 따라 이루어진 수차례의 재일교포 방문은 국내 투자유인을 크게 할 것으로 기대를 모았다. 재일교포 자본 유치를 위한 방문단 구성과 모국방문 시찰단이 입국하는 등 투자 유치 활동은 점차 탄력을 받게 된다.

1965년 6월 한일국교정상화 협정 전후로 재일교포 기업가의 국내 투자는 두 개의 방식으로 전개되었다. 하나는 일본 내 몇몇 대기업들이 개별적으로 한국정부와 비공식적인 인적 네트워크를 이용하여 투자하는 방식으로 이루어졌다. 1961년 일본의 최대 방적왕인 서갑호가 서울 영등포에 방림방적을 설립하고, 구미에 윤성방적을 설립하였으며, 일본의 나일론 원사를 수입하던 이원만이 1957년 일본 기업과 합작으로 대구에 한국나일론을 설립, 현재의 코오롱 그룹의 토대를 이룬 한국 폴리에스터 공장을 설립하였다. 롯데그룹의 신격호는 한국정부로부터 군수산업 투자를 요청받았으나 거절하고, 한일협정 이후 롯데제과 설립을 계기로 국내에 본격적으로 진출했다. 신일본공기를 불하받아 대기업으로 성장시킨 손달원은 동양중공업

설립방안을 제시하여 마산 임해공단 조성 사업에 활력을 불어넣었고, 곽태석은 정밀전자부품 생산업체인 광양정밀을 설립하여 일본 도시바와 합작으로 1969년 한국도시바의 구미공장을 건설하여 구미공단 조성에 결정적인 역할을 담당하였다. 이들은 한국 진출을 원하는 일본기업과 해외자본 유치를 꾀하는 한국정부를 이어주는 다중스케일적 행위자로서 역할을 충실히 수행했다.[77]

그러나 재일교포 기업의 개별적인 투자유치는 한일협정이 이루어지기 전 한국정부의 비공식적인 네트워크나 특정 정치세력을 기반으로 진행되며 부작용을 초래했다. 재일교포 재산의 세금포탈 의혹, 정치자금 모금을 목적으로 한 재산반입, 교포재산을 명분으로 한 업자들의 부당폭리, 정부와 유기적인 연계 없이 이루어지는 무역 등 교포 재산반입 운영의 불합리한 점이 국회 감사에서 지적되었다.[78] 재일교포기업의 투자유치를 위해 다양한 이해세력들이 개입하면서 각종 의혹들이 불거진 것이다. 1963년 1월부터 1964년 8월 31일까지 재무국의 재일교포 재산반입 품목 자료에 의하면 허가총액과 통관액 중 인기품목인 나일론이 당시 공화당 국회의원이고, 한국나일론 대표이며, 수출공단 조성을 박정희에게 제안했던 이원만과 그 외 서갑호, 박춘금 등에 의해 독점되고 있는 점이 지적된 것이다. 이것이 재일교포재산반입을 둘러싼 정치권과의 밀착의혹으로 밝혀진 삼분폭리의혹(三粉暴利疑惑; 밀가루, 설탕, 시멘트) 사건이다. 수입쿼터제가 엄연히 운영되고 있는 때 재일교포들이 정치자금을

---

77 박배균 외, 2014, p.41.

78 동아일보, 1964.1.24.

내지 않는 한 어떻게 그러한 물건들이 재산반입 형태로 유입되었는지 정치권이 해명을 요구하고 나섰다.

당시 일본은 재산반출 허용이나 재일교포 재산반출에 특혜조치를 인정하지 않았다. 재산반출의 경우에도 국내 법규에 따라 반출되는 상품의 외화대금이 외환은행에 입금되어야만 이를 허가해주었기 때문에 한국이 일방적으로 재산반입 허용 입장을 밝히는 것은 모순이었다. 즉 상대국과 합의 없는 교포 재산반입은 일종의 밀수행위인 셈이다. 언론이 "……대중에 군림하는 집권당과 야당이지만 그들은 또한 영락없이 금력(金力)앞에서 얌전한 시녀노릇을 하는데 있어서도 매일반인 것 같다……"[79]며 맹비난했다. 대기업이 자립경제 달성을 명분으로 정치권력과 결탁하여 비공식적인 네트워크를 이용해 자신들의 영역을 확대해온 재벌기업의 행태를 꼬집은 것이다.

재일교포의 또 다른 투자방식은 재일교포 중소기업가들이 수출전용공단에 입주하는 것이다. 수출전용공단 조성은 이원만이 박정희 의장에게 제안하면서 이루어졌다. 이원만은 정계와 재계, 일본과 한국이라는 서로 다른 스케일을 자유롭게 넘나들며 재일교포 투자 유치를 위한 다리 역할을 수행했다.

국가재건최고회의 박정희 의장은 1963년 1월 8일 정부의 힘만으로 수출주도공업화 정책을 추진하는 것이 어렵다고 판단하여 경제인들과의 신년 간담회를 개최했다. 간담회는 수출주도공업화 전략이 부딪힌 투자재원 조달의 문제 등 힘든 상황을 해결하기 위한 것이었다. 참석자 상당수가 중농정책을 강조하고 있는 자리에서 이원

79　경향신문, 1964.2.4.

만(한국나일론)이 농업 우선 정책을 강조하는 참석자들의 주장을 반박하고 나섰다. 그는 외자도입을 적극적으로 추진할 것과 수출산업을 육성하는 길이 살 길이라 강조하고, 수출주도공업화의 구체적인 실행계획을 제안했다.[80] 또 그는 재일교포의 자본과 기술을 유치하여 한국의 값싼 임금을 바탕으로 생산한 공산품 수출을 목적으로 재일교포기업의 전용 수출공단을 조성하는 것이 살 길이라 주장했다. 이후 이원만의 제안은 즉각 수용되어 수출산업촉진위원회 발족에 기여하고, 재일교포 기업 투자유치를 위한 민간교섭단을 구성하여 일본은 물론 유럽, 미국 등을 방문하는 등 초국적 스케일의 역할을 담당하게 된다.

한국경제인협회가 주도하는 민간교섭단은 일본의 수출산업을 시찰하기 위해 일본을 방문하여 재일교포를 상대로 모국투자를 홍보했다. 민간교섭단은 '일본에서 차별을 받으며 기업 활동을 하는 재일교포들의 애환을 조국재건을 위해 애국할 수 있는 기회로 삼아 모국방문이 금의환향으로 조국에 이바지할 수 있는 길'이라 설득하며 투자를 유인했다.[81] 이원만이 수출을 전제로 모국투자를 제안한 업종은 단추레프레스, 안경테, X-MAS 장식, 낚싯대, 비닐장갑, 밍크, 훈세이 장어양식, 미싱부속품, 구두바닥, 비닐, 금속양식기 등 경공업 중심의 25개 업종이었다.[82] 제안된 수출업종은 일본의 경제구조가 경공업에서 중화학공업으로 재편되어 더 이상 성장 가능성

---

80 이원만, 『나의 정경 50년』, 삼성인쇄주식회사, 1977.

81 경향신문, 1961.12.21.

82 동아일보, 1964.3.4.

을 기대할 수 없는 사양산업이 대부분이었다. 국가주도의 수출주도 공업화 전략이란 1950년대 말 원조자본의 감소와 해외차관의 원리금 상환 부담으로 축적위기에 처한 재벌기업들이 새로운 투자처를 찾고 있는 재일교포 기업과 투자재원을 필요로 하는 정부 간 다리 역할을 하며 특정산업을 영역화, 독점하기 위한 민간주도 전략의 결과인 셈이다.

이로써 한국경제인협회의 재벌기업들은 국가 단위의 스케일에서 '주변인'으로 기업을 운영해온 재일교포 기업가의 자본유치를 위한 역할을 하고, 재일교포기업가들은 구로와 부평지구 국가수출공단 조성과정에 참여하는 초국적 단위의 다중스케일적 행위주체로 역할을 하게 된다. 여기서 주목할 것은 한국경제인협회가 국가수출공단 조성의 법안 제정에도 재벌기업의 이해와 요구를 반영하기 위해 중앙정부의 의사결정과정에 영향력을 행사할 만큼 정치적으로 세력화하였다는 점이다. 한국경제인협회는 정부의 재일교포 자본 투자 보증과 개발기업업체 업무수행에 필요한 자금을 정부가 보조하도록 하는 법안의 국회통과를 위해 영향력을 행사하고,[83] 수출공단 부지 및 업체 선정, 공단 운영, 재원마련 등 전반에 걸쳐 국가 단위 스케일의 행위자로 정부정책에 적극적으로 개입하게 된다.

---

83 경향신문, 1964.2.24. 국회 상공위원회는 정부안을 폐기하고 독자적인 법안을 마련 통과시켰는데 그 내용을 보면 사업주체를 비영리법인으로 구성할 것을 규정하고, 정부는 편의를 제공하도록 하였으며, 입주하는 재일교포 재산반입에 대해 법인세, 영업세, 등록세, 취득세 등의 면제와 보조금 지급을 규정하고, 토지는 정부가 이를 우선적으로 마련해주도록 하였다.(경향신문, 1964.4.15)

3) 국가수출공단 조성 사업을 둘러싼 갈등

1960년대 수출공단 조성과 국가경제개발은 국가가 축적기반을 마련하고, 수출공단 조성과 외국자본 유치도 국가의 주도하에 실현된 것으로 알려져 왔다. 심지어 수출주도공업화는 박정희의 리더십에 의해 추진된 결과로 평가되기도 한다.

그러나 1960년대 초 정치적 혼란을 거치며 정권을 장악한 군부세력은 1962년 최악의 흉작으로 국민이 고통 받고 있는 그해 말 통화개혁을 단행했다. 하지만 오히려 혼란만 초래하는 등 쿠데타 이후 이렇다 할 경제정책이나 산업화 정책을 마련하지 못했다. 제1차경제개발5개년계획 초기 정부의 산업정책은 수입대체공업화에 기반을 둔 것이었다. 정부는 경제기반을 구축할 수 있는 필요 재원을 부정축재상환자금과 통화개혁으로 충당할 계획이었으나 뜻대로 되지 않았다. 더구나 외국원조 감소와 함께 무리하게 도입한 해외차관의 원리금 상환 부담으로 국민경제는 심각한 압박을 받고 있었다.

그럼에도 정부는 경제성장률 연평균 7.1%, 국민총생산 40.8% 증가를 목표로 하고, 1962년 1차년도 대외의존도를 14.1%에서 1966년 목표연도 9.6%로 낮추어 내자를 늘리겠다는 계획을 세웠다. 이 목표를 달성하려면 3조2천억 환의 내자와 7억불에 달하는 외화가 필요했다. 정부는 경제개발에 필요한 재원을 조달하기 위해 미국, 이태리, 서독, 일본의 차관을 도입하여 목표를 달성하겠다고 약속했다. 외국자본의 도입은 자칫 국민의 세 부담만을 증가시킬 우려가 있었다. 그래서 정부는 국민의 소비를 줄이고, 저축을 장려하는 등 투자재원을 동원하기 위해 국민의 허리띠를 졸라맸다. 하지만 저축을 할 수 있을 만큼 국민의 소득이 늘지 않아 내자를 동원하기란 불가능했다. 국민의 내핍을 강요한 나머지 생활필수품 가격까지 인상하는 정부의 고물가 정책에 국민의 불만은 커져만 갔다. 언론은 "'쌀 대신 밀가루를 먹으라는 것인데 350원짜리 밀가루가 1천원이 넘어도 시장에서 마음대로 살 수 없고, 재건을 한다면서 시멘트를 구경할 수 없고, 달러를 벌어들인다면서 정부보유 외환은 밑창이 드러났으니 기가 막힐 수밖에 없다"[84]며 현실과 괴리된 정부의 정책을 거세게 비난했다.

군사정권의 경제정책 실패는 정부관료들로 하여금 제1차경제개발5개년계획의 수정, 보완의 필요성을 크게 했다. 1963년 1월 박정희 의장이 경제단체와의 간담회를 요청하고, 이 자리에서 기업인들의 도움을 요청한 것은 쿠데타 이후 악화된 국내 경제상황을 반영한 정책의 실패를 보완하기 위한 자리였다. 1964년 2월 정부는 제1차 경제개발계획의 수정, 보완계획을 발표하고 국회에 보고했다. 그러나 실제 보완작업은 1962년 통화개혁이 실패한 그 해 말 1단계로 11월에 착수하여 12월말 완료되었고, 1963년 2월에서 1964년 2월 2단계로 1단계 작업 결과 판명된 문제점을 중심으로 조정과 보강을 하여 공표했다.[85] 1962년 경제기획원이 조정한 종합부문 보고서는 정부사업의 축소와 민간부문 역할의 증대, 공산품을 중심으로 한 '수출제일주의'와 수입억제, 그리고 대미협조를 통한 외자도입의 확

---

84 경향신문, 1963.7.30.

85 이병천, 「박정희 정권과 발전국가 모형의 형성」, 『경제발전연구』 제5권 제2호, 한국 경제발전학회, 1999, p.154.

대 등을 주요 내용으로 하고 있었다.[86]

〈표 10〉 1차5개년개발계획 보완계획 수립의 경과 [87]

연도	내용
1962.9.15	보완작업 추진요령과 세부시행계획 작성
1962.11.23	최고회의 지시 재경 1010호 보완작업 실시 지시
1962.11.26~11.28	최고회의 및 행정부 관계관 연석회의
1962.11.29	종합 부문 심의반 회의
1962.12.3~12.27	각 실무 작업반별로 문제점 검토와 보고서 작성(개발체제반, 개발계획반, 기술진흥반, 재정반, 금융반, 국제수지반, 기술진흥반
1962.12.29	종합 부문 종합보고서안 작성
1962.12.31	최고회의와 행정부 관계관 연석회의에 보고
1963.2.4	최고회의 지시 재경 제55호. 제3년차 계획을 포함한 5개년계획의 보완작업을 경제기획원에 지시
1963.8.31	보완작업 완료
1964.2	보완계획 공표와 국회보고

　　개발계획의 수정, 보완은 경공업 제품수출이 뜻밖의 호조를 보이자 실마리를 찾게 되었고, 이를 계기로 정부는 수출지향적 공업화 노선으로 전환하게 된다.[88] 1962년 1월 경제개발계획은 1차산품인 특수식료품과 농·광산물의 비식용원료 등 원료수출의 증가를 핵심으로 했다. 그러나 1962년 2차산품의 공산품 수출이 뜻밖에 증가하면서 노동집약적 경공업이나 수공업 등 가공산업 부문의 수출산업을 육성하고, 개발전략의 기본 기조를 민간부문의 역할 증대와 적극

86　경제기획원, 「제1차경제개발5개년계획(안)」, 국가기록원, 1962.

87　경제기획원, 「종합부문 보고서」, 1962.12.31.;「보완계획」, 1964.2.; 이병천, 1999, p.155.

88　박배균 외, 2014, p.54.

적 활동을 보장하는 방향으로 전환하게 된다.

〈그림 11〉 제1차 경제개발5개년계획안 조정안[89]

하지만 수출산업의 육성이 수입대체공업의 포기를 의미하는 것
은 아니었다. 무역측면에서 산업정책은 수입대체정책을 수출지향
정책과 결합시킨 복선형 산업화 정책[90]으로 두 개의 정책이 공존하
는 수출주도공업화 정책을 기조로 하는 것이었다. 정부가 수정, 보
완한 조정안[91]은 산업진흥 측면에서 합리적 경영정신과 기업가의 질
적 향상, 기술혁신을 위해 외국기술의 도입과 기술자 우대, 주요산
업의 중점개발 및 중소기업의 육성, 농업발전의 구조적 불균형 지양
등을 내용으로 했다. 외국무역 측면에서 수출산업 및 외화획득사업
의 진흥과 특히 수출무역의 다각화, 수입대체산업의 육성과 소비재
수입 억제를 내용으로 하고, 국민생활 측면에서 자본형성을 위한 국
민의 검소한 생활의 고무 및 저축 장려, 근로정신 함양과 경제자립
정신을 진작하는 방향으로 전환했다.

---

89 국가기록원, 제1차경제개발5개년계획 조정안, 1962.

90 이병천, 1999, p.171.

91 경제기획원, 「제1차경제개발5개면계획(안)」, 국기기록원, 1962.

그러나 한국의 설비투자는 수입대체산업과 기간산업에 집중되어 있고, 공산품 생산은 상당수 중소규모공장에 의존하여 산업간 연관성이 부족한 공업구조였다. 1961년 이병철이 박정희 의장과의 면담 후 재벌기업들은 차관도입으로 시멘트, 제철, 전기기기, 비료, 섬유, 화학 등 10여개 기간산업을 하나씩 맡아 건설하기로 하고, 이후 차관도입의 특혜를 통해 공장과 기간산업 투자를 증대하면 관련 산업부문이 발전할 것으로 기대했다. 그러나 외국자본에 의존한 투자전략은 중소기업과의 연관성을 고려하지 못한 대기업 중심의 공급전략에서 크게 벗어나지 않았다. 1962년 산업정책의 수정, 보완은 생사류, 견직물, 도자기, 고무제품, 라디오 및 전기기구, 식품류, 스웨터, 합판, 피혁제품, 공예품, 가발 등을 수출품목으로 선정했지만 재벌기업에 대한 특혜를 더욱 공고히 하고, 1960년대 말까지 수출정책은 수입대체 정책과 유기적으로 결합되지 못한 채 추진되었다.[92]

1963년 1월 8일 박정희 의장은 재벌기업들이 참여한 경제 각료들과의 회의를 개최했다. 이 자리에서 이원만은 서울 변두리 100만평 가량의 토지를 매입, 수출공단을 조성한 후 국가에 기부하는 것을 전제로 이곳에 재일교포 자본을 유치, 보세가공 공단으로 조성할 것을 제안했다. 박정희 의장은 이원만의 제안을 받아들여 참석자 전원이 수출공단의 명칭에 대해 의견을 교환했다. 명칭은 유창순(劉彰順, 상공부 장관)의 제안에 '한국수출산업공단'으로 정하고, 육군이 쓰다 남은 구로동을 첫 수출공단으로 결정하여[93] 수출공단 조성을 구체화

92 이상철, 「한국 화학섬유산업의 전개과정(1961~1979)」, 서울대 박사학위논문, 1997, pp. 93~103.

하기 위한 수출산업
촉진위원회를 구성
하기로 한다.

〈그림 12〉 수출산업촉진위원회가 1963년 3월 7일 재계 및 정부관료 등 300여명이 참석한 가운데 반도호텔에서 발족함.[94]

박정희 의장의 지
시에 따라 한국경제
인협회는 1963년 3월
7일 반도호텔에서 정
재계 인사 300여명
이 참석한 가운데 수
출산업촉진위원회
를 발족하고, 한국나
일론㈜ 사장 이원만을 위원장으로 임명한다.[95](〈표 11〉)

수출산업촉진위원회는 ① 제품수출을 위한 산업개발 및 이에 관
련된 조사연구와 계획수립, ② 개발가능한 수출산업의 업종 및 품
종의 조사검토, ③ 관련자의 해외 파견 주선 및 시장기술 착상의
조사, ④ 기술지도 훈련 방안 추진, ⑤ 수출제품의 품질 향상 및
국제신용의 앙양책 강구, ⑥ 관련 업체 및 기업체와의 긴밀 협조,
⑦ 수출산업 촉진을 위한 권장 및 선전, ⑧ 수출산업 촉진을 위한
대 정부 건의 등을 목적으로 하고, 재일교포 중소기업의 기술도입
및 유치를 주요 사업으로 결정했다.

---

93 이원만, 1977, p.167. 박정희 의장은 구로동에 육군이 쓰다 남은 땅 100만평 가량을
확보할 것을 지시하였다.

94 한국수출산업공단, 『한국수출산업공단 30년사』, 1994.

95 동아일보, 1963.3.7; 한국수출산업공단, 1994, p.142.

그해 8월에 수출산업촉진위원회는 특수법인체를 설립하여 정부
와 국내 경제단체, 수출상사 대표들이 참여하여 기획과 기술, 외자
도입을 위한 해외교포 재산반입과 공단 조성, 수출산업유치 등 4개
의 분과위원회를 구성하고, 재일교포 중소기업체 및 개인의 자력과
기술도입의 주선 및 유치를 위한 교포 모국 투자안내소 설치, 수출
을 위한 시험소 및 수출산업전시센터 설립 등 수출에 관련된 사업
전반을 계획했다.[96] 임원 구성을 보면 결과적으로 수출산업촉진위
원회가 한국경제인협회 재벌기업들의 이익을 대변하는 기구로 변질
될 수밖에 없는 구조다.

<표 11> 수출촉진위원회 임원 구성 [97]

명예위원			
이름	소속	이름	소속
박충훈	상공부 장관	서진수	한국산업은행 총재
장경순	농림부 장관	박동규	중소기업은행장
민병도	한국은행 총재	송대순	대한상공회의소 회장
위원장			
이원만	한국나일론 ㈜		
위원			
이정환	농업협동조합중앙회	한정대	한국물품군납조합
오정수	한국무역협회	박덕신	대한고무협동조합

---

96 경향신문, 1963.8.30; 9.3. 4개 분과위원회는 수출산업유치분과위원회 위원장 상
 공부 차관 외 위원 8명, 공단조성위원회 위원장 건설차관 외 9명, 해외교포 재산반
 입위원회 위원장 재무부차관 외 6명, 법인체분과위원회 위원장 상공부 차관 외 5명
 으로 구성하였다.

97 동아일보, 1963.3.7.; 한국수출산업공단, 1994.

이종구	중소기업협동조합중앙회	이평기	한국수산통조림협동조합
김영호	한국공예협동조합연합회	한기태	한국합성수지공업협동조합
김팔숙	한국앙고라협회	윤명현	원동탄좌업주식회사
권기동	대한잠사회	여상원	동신섬유산업주식회사
이순직	한국피혁공업협회	신영술	한국철강주식회사
최기호	영풍상사주식회사	이동준	천마중석광업주식회사
전택보	㈜천우사	서갑호	판본방적주식회사
현정주	대한요업총협회	김영식	국도건설주식회사
김기엽	한국무역진흥공사	황상근	천양산업주식회사
이도영	일신산업주식회사	김기탁	삼화실업주식회사
길항진	대한수산협동조합중앙회	임문환	조선상선주식회사
조흥제	효성물산주식회사	심상준	제동산업주식회사
김지태	조선견직주식회사	김인득	한국스레트공업주식회사
장영섭	남선목재주식회사	우창형	삼품제지주식회사
오신호	동림수산주식회사	구인회	럭키화학공업사
정형호	대명광업개발주식회사		

수출산업촉진위원회 발족은 국가가 정부의 힘만으로 해결할 수 없는 재원 확보 문제를 민간에 떠넘겨 해결하려는 의도를 갖고 있었다. 재원확보 문제를 해결하기 위해 1963년 6월 22일 이원만(위원장)과 이정림(한국경제인협회 회장)은 박정희 의장을 방문하여 구체적인 방안을 논의하였다. 그들은 서울 근방 광나루나 인천에 약 50만 평의 대지를 확보하여 재일교포의 재산과 기술을 바탕으로 한 비닐, 고무제품 등 20여개의 경공업 중심의 공장을 집단화하고, 미국, 캐나다 및 동남아 등에 제품을 수출하는 수출공단을 건설하여 약 250만 불 수출실적을 올릴 것을 제안하면서 수출공단 조성에 관한 논의를 본격화하기에 이른다.[98] 박정희는 7월 10일 한국경제인협회의 수

출산업촉진위원회를 방문하여 수출산업 시범공장지대로 영등포 구로동의 시유지와 군용지 내 건설을 약속한다.

수출공단 조성계획이 확실시 되면서 한국경제인협회가 주도하는 수출산업촉진위원회는 이정림, 이원만 등을 중심으로 재일교포 기업 투자를 유치하기 위한 산업시찰과 재일교포 기업의 공단 예정부지 방문 등 활동을 본격화한다. 한국경제인협회가 재일교포 투자 유치에 집중할 수 있었던 것은 그들의 인적 네트워크가 상당히 폭넓게 형성되어 있었기 때문이다. 5·16 쿠데타 이전부터 그들은 수차례에 걸쳐 재일교포의 국내 투자를 유도하기 위한 민간사절단을 파견하고, 재일교포 기업인들의 모국방문을 마련하는 등 자신들의 인적 네트워크를 구축해 놓은 상태였다. 한국경제인협회 이병철, 이원만, 이정림, 이한환, 최성철 등이 구축해 놓은 네트워크가 수출공단 조성에 필요한 투자 공급원의 물꼬를 튼 것이다.

재일교포 투자유치의 주도권을 갖게 된 수출산업촉진위원회는 그 기능을 강화하기 위해 박태준(최고회의), 김훈(상공부 장관) 등 정부관료와 이정림, 박흥식, 조홍제, 이원만, 박응철, 홍재선, 심상준 등 재벌기업 40여명을 발기인으로 주식회사 형태의 가칭 '수출산업공업공단' 설립을 추진했다. 그리고 10월 12일 반도호텔에서 수출공단 조성 전반을 전담하기 위한 민간단체, 즉 한국수출산업공단 주식회사(輸出産業公團 株式會社, 이하 한국수출산업공단)를 창립하고 회장에 이원만, 대표이사 겸 사장에 김주인, 상무에 연일수를 각각 선출했다.[99]

---

98 동아일보, 1963.6.24.

한국수출산업공단은 "정부의 재정적, 법적 조치 사항과 공단 조성에 필요한 사항, 해외교포 유치활동 및 재산반입 등이 원활이 추진되도록 정부에 건의하는 한편 사업추진 상황을 조사 지도함을 임무"[100]로 했다. 이후 한국수출산업공단을 대한양회공업, 한국유리공업, 대한제분, 한국철강, 동양시멘트 등 25개 재벌기업이 참여하는 특수법인으로 전환하여 정치적, 경제적으로 국가의 의사결정과정에 영향력을 행사하였다. 한국수출산업공단은 그 첫 활동으로 1963년 11월 5일 '한국수출산업공단법(안)'을 작성하여 정부에 건의했다.

그러나 이 법안은 사회적으로 거센 비판에 직면했다.[101] 한국수출산업공단이 제출한 법안에 대해 언론은 "한국수출산업공단법(안)은 맹점투성이다"[102]란 제목의 사설을 싣고 특정 기업에 각종 특혜를 부여하고, 형평성 측면에서 문제가 있는 법안으로 자신들의 영역을 고착화하려는 재벌기업의 행태를 꼬집었다. 민간기업들이 출자하여

---

99 동아일보, 1963.10.12. 한국수출산업공단은 8월 20일 발족한 한국수출산업공단 육성위원회를 주식회사로 전환하여 재발족한 기구로 공익보다는 특정 조직, 한국경제인협회의 영향력을 확대, 강화하기 위한 조직이라는 점에서 실질적으로 사익을 우선하는 조직이라 할 수 있다.

100 한국수출산업공단, 1994, p.158.

101 법안은 기업에 대한 특혜로 소득세 50% 감면, 수출 및 수출용 중간재에 대한 간접세 감면, 수출산업에 대한 감가상각 인정 등을 담고 있으며, 수출공단의 업무범위에 공단 조성과 운영, 해외교포기업 국내 유치, 정착 및 기술도입 추진, 각종 수출산업진흥에 필요한 부대사업을 할 수 있도록 하였다. 또한 한국수출산업공단이 사채를 발행할 수 있도록 하는 것은 물론 공단의 비용보상을 위해 보조금을 교부하고 필요한 용지 중 국유지, 도 및 시유지의 불하 또는 대여에 우선권을 부여, 공단 및 입주기업체가 필요로 하는 내자의 융자에 편의를 제공할 수 있도록 요구하였다. 각종 특혜를 제공하는 것을 전제로 만들어진 법안은 결국 폐기되었다.

102 산업경제신문, 1963.11.14.

주식회사 형태로 설립한 기구에 공단 건설을 맡기고, 법안이 수출공단 운영에 외국자본유치 및 기술도입, 심지어 사채까지 발행할 수 있는 특혜를 제공할 수 있도록 했기 때문이다.

한국수출산업공단이 제출한 법안에 대한 비판은 이미 예견된 것이었다. 한국경제인협회 내부에서 한국경제인협회가 일부 재벌기업의 이해를 대변하는 조직으로 전락하였다며 조직 내부의 회원들이 지속적으로 불만을 제기하고 있었다. 1963년 3월 수출산업촉진위원회가 발족한 후 4개월 뒤인 7월 한국경제인협회 일부 회원 기업들은 한국경제인협회가 국가건설에 이바지하겠다는 공익의 목표를 일부 기업인들의 이익만을 옹호하려는 것으로 변질시켰다며 탈퇴를 선언하고 나선 것이었다.[103] 일부 재벌기업이 수출산업촉진위원회를 자본규모 확장을 노리는 대외적 진출통로로 변질시켜 정치적, 경제적으로 단체의 본래 목적을 벗어난 것이 아니냐는 의혹을 사고 있었기 때문이다. 이 같은 비판의 배경에는 한국경제인협회 내 기업들이 어떤 형태로든 경쟁관계를 형성하고 있었음을 시사한다. 한국경제인협회가 기업의 규모 확장과 이익을 보장하기 위해 특정집단을 세력화, 영역화하고, 수출산업촉진위원회와 한국수출산업공단이 제출한 법안을 토대로 정치적 입지를 강화하여 자신들의 이익을 극대화하기 위해 수단화하고 있다는 비판을 피하기 어려웠다.

---

[103] 동아일보, 1963.7.10.

〈그림 13〉 재벌기업 중심의 수출산업촉진위원회 활동에 반발한
한국경제인협회 회원들의 탈퇴 선언 [104]

비판적 여론에 밀려 상공부는 한국수출산업공단이 제출한 한국수
출산업공단법(안)을 폐기하고, 「수출산업공단개발조성법」으로 수정
하여 국회에 제출하였다. 수정된 법안은 한국경제인협회가 주식회사
형태로 설립한 한국수출산업공단을 비영리 사단법인으로 운영할 것
과 입주업체에 대해 법인세, 영업세, 취득세, 재산세 면제 및 보조금
지급을 규정하고, 국·공유재산 또는 귀속재산인 토지의 매각 또는
대부를 신청할 때 공익상 특별한 이유가 없는 한 국·공유재산임시특
별법 제5조와 귀속재산처리법 제15조 및 29조의 규정에도 불구하고
대통령령이 정하는 바에 의해 매각 또는 대부할 수 있도록 했다. 법안
을 둘러싼 재계와 여론의 반발이 수출공단 지정 및 조성의 권한과
책임을 비영리법인체로 수정토록 하여 공공성을 강화한 것은 그나마
큰 성과였다.

그러나 재일교포 기업에 각종 특혜를 제공할 수 있도록 규정한

수정 법안은 정부의 지원을 받지 못한 국내 중소규모기업을 소외시키거나 자칫 경합을 불러일으킬 소지를 안고 있었다. 뿐만 아니라 공단부지에 포함된 귀속재산을 소유주의 의사와 관계없이 국가가 강제로 매각 및 대부할 수 있도록 한 규정은 공단조성과정의 충돌을 불가피하게 함으로써 한계를 드러냈다. 뒤에서 상세히 서술하겠지만 구로공단과 부평공단 조성과정에서 토지이용을 둘러싼 이해세력들 간 첨예한 갈등은 대표적인 예다. 토지를 둘러싼 갈등이 예상됨에서 불구하고 수출공단조성법안은 1964년 9월 2일 국회 본회의를 통과하고, 18일 대통령령으로 공포, 시행된다.

1964년 9월 공단조성을 지원하기 위한 관련 근거법이 마련되자 정부는 구로지구를 공단예정지로 지정(1965.4)하기도 전에 1964년 12월 부지 착공부터 시작했다. 구로공단 조성을 적극적으로 추진했던 수출산업촉진위원회 이원만이 1963년 국회의원 선거에 당선되어 손을 떼기는 했지만 정부의 전폭적인 지원을 받아 속도를 낼 수 있었다. 구로지구가 수출공단으로 지정되기도 전에 착공한 것은 국공유지 비율이 높은 구로지역을 선택해서 토지매입절차를 단축하고, 경제개발 성과를 서둘러 대내외에 과시하려는 것이었다.[105] 하지만 구로지구의 성급한 사업 추진은 공익(共益)과 사익(私益)이 충돌하는 사회적 갈등의 불씨가 되었다.

구로공단 예정 부지는 90%가 국유지이고, 나머지 사유지는 한국수출산업공단의 요구를 지주들이 받아들여 토지수용이 순조롭게 이

---

105 박배균 외, 2014, pp.46~75. 구로공단 조성과정의 농지소유주와 국가 간 충돌에 대해서는 장세훈을 참고할 것.

루어진 것으로 알려졌다.[106] 그러나 국유지 일부는 농지개혁법에 따라 농민들에게 불하되어 농사를 짓는 민간 보유 농지였다. 때문에 불하된 농지를 공업용지로 전환하는 과정은 이해관계자들 간 분쟁과 갈등요인을 불러일으킬 수밖에 없었다. 정부는 갈등을 최소화하거나 해결하기 위한 노력보다 공권력을 남용한 물리적 폭력과 사법권을 무차별적으로 동원하여 농민의 토지를 빼앗아 공단을 건설했다. 그 결과 구로공단 조성사업은 구로지구 거주민들을 거리로 내몰았으며, 오랫동안 소송으로 이어졌다. 강제로 땅을 빼앗긴 농민과 그 유족 184명이 국가를 상대로 제출한 소송은 2010년 형사재판 및 민사재판 재심 청구소송에서 40년 만에 모두 승소판결을 받았다.[107] 물리적 충돌이 불가피했던 구로공단 조성사업은 국익(國益)을 우선하는 정부의 논리와 시장지배를 위해 수단화하고자 하는 사익(私益)이 결합하여 공익(共益)를 무참히 짓밟으며 조성된 대표적인 사례로 기록된다. 이것은 경제개발의 물질적 성과주의와 국익을 명분으로 물리적 폭력을 정당화한 수출주도공업화 전략의 어두운 단면으로 "국가는 공단 개발 과정에서 개인의 사익(私益)과 지역사회의 공익(共益)을 침해하는 '수탈국가'적 속성을 드러냈다"고 지적되고 있다.[108]

이상 재일교포 자본을 유치하여 조성하고자 했던 수출전용공단은 재벌기업 중심으로 조직된 한국경제인협회, 그리고 한국경제인

---

106 한국수출산업공단, 1994, pp.178~183.

107 파이낸셜뉴스, 2010.8.31; 경향신문, 2013.5.6; 연합뉴스, 2016.5.25. 손해배상청구소송에서 국가는 손해배상금 651억3천만 원과 지연손해금을 포함해 총 1천217억여 원을 배상하라고 판결했다.

108 박배균 외, 2014, p.66.

협회가 주도하여 발족한 수출산업촉진위원회와 한국수출산업공단
이 국가 권력을 배경으로 자신들의 지배력을 강화하기 위해 수단화
하였음을 알 수 있다. 정치권력을 배경으로 영향력을 행사해온 재벌
기업과 물리적 폭력이 동원되어 조성된 구로공단의 모델은 전국으
로 빠르게 확산되었다.

3장 —

인천 공업단지 조성의
다중스케일적 과정

1. 부평수출공단 조성의 다중스케일적 과정

1) 부평수출공단 지정과 지방행위자들의 역할

부평지역 일대 공단개발에 대한 계획은 인천이 아닌 중앙정부에서 먼저 흘러나왔다. 수출산업촉진위원회가 서울과 인천 근교에 재일교포 기업 수출전용공단을 조성하겠다는 발표가 있자[1] 인천상공회의소가 정부의 수출공단 조성 계획에 가장 먼저 반응했다. 인천상공회의소는 경인공업지구를 수출산업지대로 설정할 것을 상공부에 요청하고, 지역사회의 여론을 등에 업고 공단 유치 운동을 전개했다. 인천상공회의소는 7월 공단유치를 주요사업으로 결의하고, 고속도로 하단에 20만평을 최적지로 선정하여 공단을 부평지구에 설치해줄 것을 국가재건최고회의와 상공부 등 정부기관 및 각계에 건의서를 제출하였으며, 8월 경기도 중소기업협동조합도 정부기관에

---

1 동아일보, 1963.6.24. 이원만(한국나일론)이 주도하는 수출촉진위원회가 "광나루나 인천에 약 50여만 평의 대지를 확보하여 재일교포의 재산과 기술을 도입하여 비닐, 고무 제품 등 20개 경공업 공장을 세우고, 생산품을 미국을 비롯한 캐나다와 동남아시아에 수출하여 약 2천5백만 불을 벌어들일 예정"이라고 밝혔다.

〈그림 14〉 수출산업촉진위원회가 서울근교에 수출산업지역을 설정할 예정임을 발표함.[2]

건의서를 제출하는 등 지역 상공계가 수출공단 조성이 지역경제에
미칠 영향에 큰 기대를 걸었다.[3]

인천 상공계의 신속한 대응에 수출산업촉진위원회는 구로와 부
평지구를 수출공단 후보지로 결정하고 1963년 10월 1일 기공식을
가질 예정이라는 소식도 이어졌다.[4] 건설부는 부평에 3억 원을 투입
하여 공장시설대지(22만평), 부대시설대지(50만평)를 마련하고, 상
하수도와 도로 및 기술조사비 등에 1억 원의 사업자금을 투입하여
2천8백만 불 외화획득을 목표로 재일교포 자본을 유치하겠다고 밝
혔다. 건설부는 재일교포 재산반입이 실현되지 않을 경우 한국인 기
업만으로 공단을 조성한다는 대안까지 마련하는 등[5] 수출공단 조성
에 강한 의지를 보였다. 그러나 정부는 부평공단 건설을 정부사업으

2 동아일보, 1963.6.24.

3 인천상공회의소, 『인천상의보』축쇄판, 1963.7.1, 7.3; 한국수출산업공단, 1994,
   p.186; 경향신문, 1963.7.11.

4 경향신문, 1963.9.3.

5 경향신문, 1963.9.24.

로 할 것인지 민간사업으로 할 것인지 결정을 내리지 못했다.[6] 정부
사업으로 할 경우 투자 재원 확보에 어려움이 있을 것으로 판단했기
때문이다. 당시 정부는 수출공단 조성방식에 대해 분명한 입장을 갖
고 있지 못한 상태에서 구로와 부평지구 수출공단 계획을 성급하게
발표한 측면이 있었다. 결국 부평공단은 구로공단과 달리 정부사업
이 아닌 민간사업으로 추진되어 도시계획법에 근거해 조성된다.

　수출공단조성법이 1964년 9월 국회를 통과하자 부평에 수출공단
을 유치하기 위한 지역의 움직임에 속도가 붙기 시작했다. 1965년
3월 수출산업촉진위원회 산하 공단심의위원회가 부평지구를 후보
지로 지정하고, 6월 부평지구 21만여 평을 지정 공고한다. 수출공단
후보지 결정은 1963년 수출산업촉진위원회의 수출공단 개발계획
발표 후 약 2년여 기간이 걸린 셈인데 그 이유는 관련 근거법 제정
등 중앙정부의 계획과 중앙정부의 최종적 승인이 없이는 건설될 수
없기 때문이기도 하지만[7] 재원확보방안이 불투명하여 사업방식을
결정하지 못한 요인이 더 크게 작용한 것으로 판단된다. 정부가 초
기부터 부평지구를 수출공단 후보지로 지정한 것을 두고 중앙정부
의 강한 의지가 반영되었다고 하는 평가가 설득력을 얻기 어려운
이유이다. 정부는 인천을 서울의 공장 및 인구 집중 문제를 해소할
수 있는 입지환경에 주목하고 있었고, 인천은 경인지구종합개발계
획을 추진하는데 있어 도시성장의 축으로 매우 중요한 기반이 될
것으로 기대하였다는 측면에서 공단을 국가의 관점에서 볼 것인지,

6　경향신문, 1963.9.24.

7　박배균, 김동완, 2014, p.26.

지역의 관점에서 볼 것인지에 따라 평가는 달라질 수 있을 것이다. 따라서 부평공단 조성과정을 들여다보면 어느 한쪽의 일방적인 의견이 반영되었다고 보기 어렵다.

인천의 수출공단 유치과정에는 다양한 사회세력들이 영향력을 행사했다. 경인지구종합개발계획을 준비하고 추진했던 유승원 의원과 오학진 의원이 대표적이다. 이들은 인천을 대표하는 정치인으로 국가 단위 스케일의 행위자로 중앙정부와 지방정부를 연결하는 다리 역할을 하였다. 수출공단 유치는 경인지구종합개발계획과 밀접한 관련이 있어 약간의 설명이 필요하다. 경인지구종합개발계획은 인천항 도크, 경인운하, 경인복선전철, 고속도로 건설 등 사회기반시설 건설을 내용으로 하고 있어 수출공단 조성 역시 그 틀 속에서 병행되어 이해되었다. 때문에 경인지구종합개발은 주변 도시들로부터 인천이라는 특정 도시의 스케일을 넘어 경기도(京畿道) 단위의 거시적 계획을 세울 것을 요구 받았다.[8] 개발사업이 경기도가 아닌 인천을 중심으로 계획되고 있는데 대해 경기도 내 여론은 처음부터 긍정적인 것이 아니었다. 그러나 경인지구종합개발사업을 추진하고 있는 주체들은 인천의 발전이 곧 국가발전과 직결된다는 입장을 고수했다.

경인지구종합개발계획의 중심축으로 인천의 지경학적 입지조건에 주목한 사람은 인천시장을 지낸 유승원 국회의원이었다. 1965년 1월 대통령 공고 제1호로 경인지구가 특정공업지구로 지정되고, 수출공단 예정지로 부평지구가 결정될 수 있었던 배경에는 박정희 대

---

8 인천신문, 1964.1.12.

통령의 측근으로 시장에서 국회의원에 당선되어 활동하고 있던 유
승원 의원의 정치적 영향력이 컸다. 원래 경인지구종합개발계획은
조선전업㈜ 이희준 사장이 1961년 한강유역 실지답사를 통해 성안
된 경인지구종합개발안 기초자료에 입각하여 제안된 사업이었다.[9]
이 개발사업을 유승원 국회의원이 1963년 자신의 공약으로 삼았고,
이를 실현하기 위해 공단 건설, 고속도로 건설 등을 제안하며 지역
사회 여론을 형성하였다.

유승원 의원은 인천의 상공계와 유지들을 중심으로 경인지구종합
개발추진위원회 발기인 대회를 개최하고,[10] 경인지구종합개발추진준
비위원회(이하 준비위원회) 발족 후 준비위원장에 유승원, 부위원장에
이경근, 허합, 최정환, 간사에 김재길을 각각 선출했다.(1963.12.22)[11]
준비위원회는 경인지구 내 공업지 선정 및 배치조사, 고속도로의 조사
와 현지측량을 위해 1964년도 조사비 3백18만5천원을 편성했다. 그
리고 유승원 의원은 경인지구종합개발사업을 국가 단위의 국토건설
종합계획의 하나로 포함시켜 국회의원 당선 직후 1964년 1월 6일
정식으로 경인지구종합개발추진위원회로 전환, 발족하여 이 사업을
전담하게 된다. 추진위원회는 서곳지구 공유수면 60만평을 매립하여
공장부지로 조성하기 위한 현지조사를 끝내고 허가 신청서를 제출했

---

9 동아일보, 1961.9.24.

10 인천신문, 1963.12.17. 발기인은 유승원과 김은하 국회의원을 비롯해 허합(인천신문
   발행인), 이경근, 심현구, 인현호, 최정환, 장만순, 이중섭, 김재길, 유내상, 문병관
   등 18인으로 구성하였다.

11 인천신문, 1963.11.24. 경인지구종합개발추진준비위원회가 22일 정식 발족하여 준
   비위원회 임원을 선정하였다.

다. 그러나 1966년 인천시가 수출공단을 부평지구에서 서곳지구로 변경할 것을 일방적으로 발표하면서 부평지구를 수출공단 부지로 기정사실화 해온 이해세력들과 갈등하는 불씨로 작용하게 된다. 수출공단 예정지 변경의 배후에 유승원 의원이 있었다는 주장[12]이 나오는 근거다.

오학진 의원 역시 부평지구가 수출공단 예정지로 지정될 수 있도록 국가 단위 스케일에서 역할을 하였다. 1964년 2월 22일 국회 상공위원회 간사인 오학진 의원은 지역신문과의 인터뷰에서 부평지구를 수출공단 후보지로 적극 추진할 것을 약속했다. 또한 유승원 의원이 동석한 자리에서 "박정희가 구로공단과 함께 부평공단 조성을 적극 찬성하여 조속히 추진하라고 언급하였다"며 9월 경 기공식도 가능할 것이라 밝혀 부평지구 공단 유치 가능성에 힘을 실었다.[13] 언론도 부평지역을 수출공단 최적지로 지정되어야 함을 강조하는 등[14] 대통령과 국회의원이 수출공단조성법이 통과되기도 전에 부평지구를 수출공단 후보지로 기정사실화 하였다. 부평공단 건설이 대통령의 적극적 의견이 반영되어 실현된 것으로 알려진 것은 당시 이 같은 정치권의 흐름을 반영하고 있었기 때문이다.

1964년 8월 부평과 주안을 중심축으로 개발하는 인천도시종합정비계획안이 건설부의 승인을 받음으로써[15] 공단조성에 대한 지역 사회의 기대감은 더욱 커졌다. 유승원 의원은 국회에서 부평지구를 수

12 조기준, 『부평사 연구』, 백암문집간행위원회, 1994, p.90.
13 경기매일신문, 1964.2.22.
14 경기매일신문, 1964.2.27.
15 경기매일신문, 1964.8.5.

출공단으로 설정할 것을 건의하고, 공단 조성에 필요한 예산 편성 및 정부의 조속한 보조금 지급, 제반 부대시설 구축 등 공단유치에 앞장서는 등 경기도 출신 국회의원들과 함께 적극적으로 활동했다.[16] 그 결과 건설부 장관은 특정지역지정공고 절차에 의해 부평지구를 경공업단지로, 서부연안지구를 중공업단지로 지정하게 될 것임을 확실시 했다.[17]

한편 인천, 경기도 출신 국회의원들이 상임위에서 부평지구의 수출공단 조성을 확실히 하기 위해 강도 높은 발언을 하는 등 적극적 행위에 비해 인천지역 상공계가 지역사회 공감대나 적극적 결의를 이끌어내지 못하고 있다는 우려를 표했다. 국회 상공위원회 권오석 의원(화성, 공화당)은 "인천지구의 지역발전과 깊은 관계를 맺고 있는 부평의 공업단지 설치를 위해 인천지구 주민의 단지 유치를 위한 실효적인 노력이 부족하다"고 지적하면서 "공업단지 조성을 위한 후보지 유치를 목표로 일부지역에서도 유치활동을 펼치고 있을 뿐만 아니라 국회를 상대로 광범위한 절충을 가지고 있음에도 불구하고 인천지역에서는 특정인의 노력 이외에 균형 잡힌 시민의 활동을 전개치 못함으로써 모처럼 부평지구가 유력한 단지 조정 후보지로 물망에 오르고 있음에도 기회를 놓칠 우려가 크다"고 경고했다.[18]

그리고 오학진 의원(옹진, 공화)도 "공업단지 조성은 누가 갖다 주어야 되는 것이 아니라 직접 노력을 통해 끌어와야 된다"고 하고 "우

---

16 인천신문, 1964.10.16.

17 인천신문, 1964.10.18

18 인천신문, 1964.10.15.

리나라 공업발전의 전환점이 될 공업단지 위치에 부평지구가 유력
한 후보지로 물망에 오르고 있는 이상 인천지역민들은 적극적으로
노력을 경주해야 될 것"이라 지적했다. 국가 단위 스케일의 정치 세
력의 힘만으로 수출공단 유치 명분을 확보하는데 한계가 있었음을
보여준다. 이를 반대로 해석한다면 정치권이 비록 지역구는 다르지
만 자신들의 세력을 과시하기 위해 지역사회 연대와 힘을 필요로
하고 있었음을 의미한다. 지역 주민들의 여론 형성으로 자신의 입지
를 굳히고, 대통령의 관심을 끌어내는 것이 필요했기 때문이다.

박정희 대통령은 부평지구 공단 건설보다 구로지구 공단건설에
더 큰 관심을 두고 있었다. 때문에 부평공단 건설은 정부 관료를 상
대로 한 정치인의 설득과 인천의 우호적 집단세력의 힘에 따라 달라
질 수 있었다. 실제 박정희 대통령은 1965년 3월 구로공단 기공식
후 1967년 4월 준공식이 있는 기간 동안 다섯 차례나 건설현장을
방문했다.[19] 반면 대통령은 부평공단 기공식에도 참석하지 않았다.
1969년 4월 인천항과 인천제철을 방문하면서 부평공단 준공을 앞두
고 인천수출산업공단 채호 이사장과 만남이 이루어진 후 국무총리
를 비롯해 정부 관료들이 방문한 것을 제외하면 부평공단 조성과정
에 특별히 관심을 두지 않았다. 대통령의 방문 횟수가 부평공단에
대한 관심도를 결정하는 요인이라 단정하는 것은 무리일 수도 있다.
그러나 중요한 것은 국가 주도의 수출공업화 정책에서 부평공단이
국가수출공단으로써 국가의 강력한 의지가 반영된 공간으로 설명될
수 있는가 하는 점이다.

---

19 한국수출산업공단, 1994, p.234.

초기 수출공단 유치와 부평공단 조성과정을 보면 대통령이나 국회의원뿐만 아니라 인천상공회의소, 지역유지(부평진흥회), 그리고 인천시와 경기도 등 다양한 사회세력들이 연대를 통해 중앙정부의 의사결정과정에 영향을 미쳤다. 구로공단은 박정희 대통령이 직접 구로 지역 국유지 제공을 약속하고, 한국경제인협회 주도로 설립된 한국수출산업공단이 정치권력을 기반으로 추진된 공간이다. 반면 부평공단은 지역의 토착세력인 인천상공회의소 등 상공계가 연합하여 공단조성의 적정 부지를 제안하고, 부지 매입비를 직접 조달하는 등 구로공단 조성과정과는 차이를 보였다.

정치세력의 핵심 인물인 오학진 의원이 수출공단 유치에 인천 지역사회의 연대와 관심이 크지 않다고 지적한 것은 자신의 정치적 입지와 관련 있는 발언이기도 하지만 자본축적의 새로운 기반을 구축하려는 자본가 계급의 이해를 반영함으로써 국가와 지역 단위 행위자들의 연대를 통해 자원 동원을 유리하게 이끌어내기 위한 과정으로 이해될 수 있다.

수출공단 조성을 둘러싼 인천의 사회세력들은 해방 후 귀속재산을 불하받거나 외국의 원조자본에 의존하여 부를 축적한 중소기업들이고, 상당수가 인천상공회의소 회원으로 활동하고 있었다. 이들 중소기업들은 주거지역과 상업지역에 혼재되어 있어 원료 및 원자재 운송, 공해 및 소음 발생으로 인한 민원 등으로 원활한 생산활동을 방해받고 있었다. 이 같은 문제를 해결하기 위해서는 특정 공간에 공장을 집단화하고, 정부의 각종 혜택을 받아 수출산업으로 성장할 수 있는 기반을 마련해야한다는 여론이 강했다. 인천에 수출공단을 유치하는 것은 인천의 중소기업들이 겪고 있는 문제들을 해결하는 것뿐만 아니라 재생산의 기회로 삼는데 있었다. 따라서 특정 공간의 문제 해결을 위한 지역의 네트워크 형성은 중요한 문제로 대두될 수밖에 없다. 그래서 공간은 단순히 기능적 특성만 작동하는 것이 아니라 도시 성장의 정치적, 경제적, 역사적 발전과정과도 밀접하게 연관되어 있다.

〈그림 15〉 건설부 장관이 유승원 의원에게 수출공단 예정부지로 부평지구가 확실시되고 있음을 밝힘.[20]

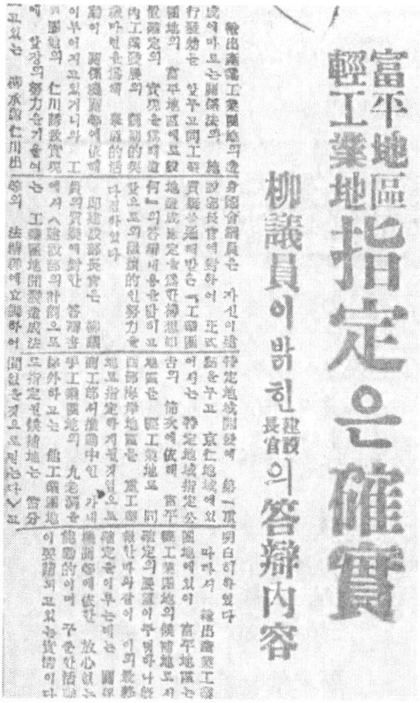
富平地區 輕工業地 指定은 確實
柳議員이 밝힌 建設長官의 答辯內容

1964년 10월 12일 인천상공회의소 정기총회에서 채호 회장은 사임의사를 밝히고, 인천의 공업 육성 및 발전과 공업단지 유치에 힘을 싣기 위해 경인지구종합개발추진위원회의 새로운 체제 개편에 결합하겠다는 입장을 밝혔다.[21] 그리고 10월 16일 경인지구종합개발추진위원회 위원장 유승원 의원은 채호 전 인천상공회의소 회장과 만나 부평지구 수출공단 조성이 거도적(巨道的)으로 이루어져야 함을 다짐했다. 수출공단조성법의 국회 통과 여부에 따라 다투어질 문제이지만 정부는 구로를 제1단지 후보지로, 부평을 제2단지 후보지로 결정할 것임을 분명히

20 인천신문, 1964.10.18.

21 인천신문, 1964.10.14.

했다.[22] 부평지구는 경공업단지로서 30개 이상의 기업이 정착할 만큼 후보지가 크고, 원료의 수송 및 용수, 동력 공급이 가능하다는 점에서 경인지역의 새로운 발전을 불러올 수 있을 것임을 기대했다.

우선 인천상공회의소는 재일교포 기업 및 경공업 중심의 수출기업을 유치하여 공단조성의 실효성 있는 사업을 위해 추진 주체를 명확히 할 필요가 있었다. 경인지구종합개발추진위원회는 공업단지조성분과를 두고 1965년 6월 2일 경기도청 회의실에서 인천수출산업공단 기성회(이하 기성회)를 정식으로 발족하여 인천상공회의소 회장으로 재취임한 채호 회장을 기성회 회장으로 선출했다. 기성회 사무실은 경인지구종합개발계획의 일환으로 경공업 단지 조성에 필요한 행·재정적 지원을 용이하게 하기 위해 경기도에 두었다. 기성회의 임원은 경기도와 인천시 행정관료, 언론, 학계 등이 다양한 분야의 인사들이 참여했으며, 인천에 규모가 큰 사업체를 둔 대표들이 결합하여 부평공단 건설을 재생산공간으로 적극 활용하고자 했다.(〈표12〉)

〈표 12〉 인천수출산업공단 기성회 임원 명단 [23]

소속	이름	소속	이름
경기도건설국장	이병균	제물포철공소 대표	이봉운
경기도내무국장	백태신	형제상회 대표	김정욱
경기도산업국장	홍순항	동양방직상무	최정환
경기도자문위원회 위원장	이중섭	한국화공㈜ 대표	용이식

---

22 인천신문, 1964.10.17.

23 인천신문, 1965.6.3.

경기도지사	강신익	한국소다 대표이사	이덕근
인천시	김정임	경원기업㈜대표	김경원
인천시장	윤갑노	인천도시관광㈜ 총무이사	김용해
이학박사	정광섭	대한연공업㈜ 대표	김중하
인천신문사 사장	허합	한국피혁공업 회장	심현구
인천상공회의소 회장	채호	경기교통㈜	김두영
일신산업㈜ 대표	김영배	인천도시계획위원	김영길
숭의직물공장 대표	윤종구		

　　인천수출산업공단 기성회 채호 회장은 10월말 인천수출산업공단 설립을 목표로 입주기업체 유치에 총력을 기울였다. 국내 기업인 약 10명, 재일교포 5명의 입주가 예정되는 등 최소한 20개 이상의 입주업체를 확보하여 조정해 나갔다. 1965년 6월 16일 드디어 부평지구 효성동, 갈산동, 작전동의 21만3천여 평이 수출공단으로 지정되자 경인지구종합개발추진위원회 유승원 위원장 등이 경공업단지 조성을 위한 수출산업 육성에 박차를 가하였다. 가내공업 위주로 조성된 구로공단과는 달리 부평공단은 공업의 지방분산의 일환으로 경공업단지로 조성된다는 점에서 지역 상공계의 기대를 크게 했다. 10개 대공장의 약 2억 원 투자가 예상되는 부평공단은 총 면적 중 75%는 공장부지, 9%는 공공용지, 나머지는 16%는 도로면적으로 분할하고, 1개 공장에 소요되는 면적을 2만평에서 3만평으로 제한했다. 소요자금은 1965년 4천9백만 원, 1966년 4천6백1천890만원, 1967년도 6천7백10만원을 단계적으로 투자하여 연간 3천만 불에서 3천6백만 불의 수출증대를 목표로 하였고, 부지조성과정에 8만 명 노동자 취업과 완공 후 9천850명의 고용증대를 계획했다.

부평공단 조성은 이제 구상단계에서 벗어나 이를 구체화하기 위한 새로운 조직 구성을 필요로 하였다. 경인지구종합개발추진위원회의 지원 속에서 논의되고 있던 기성회를 새로운 법인체 형태의 인천수출산업공단으로 전환하는 것이었다. 구로공단 조성을 주도하고 있는 한국수출산업공단이 법인체로 운영되고 있는 점을 고려하여 채호 기성회 회장은 경인지구종합개발추진위원회 유승원 위원장과 유기적인 접촉을 계속한다는 전제하에 1천만 원 출자규모의 법인체 설립을 추진했다.

1965년 10월 5일 기성회는 이사회를 개최하고 수출산업공단 설립에 수반되는 자체 기금 확보안을 진지하게 논의했다.[24] 10월 12일 경기도청 회의실에서 관계당국 및 경제계 인사들이 참석한 가운데 인천수출산업공단 발기인 총회를 개최하고 이사장에 채호, 상임이사에 정광섭, 이사 김영배, 이봉운, 김경원, 심이식, 김정욱, 김정복, 홍근표 등 13인, 감사에 강○성, 윤종구를 선출했다.[25] 부평공단 조성 소요자금과 관련해 상공부가 1966년 예산에 1억 6천만 원(공단 조성 보조금 5천만 원, 장기융자 산업은행 1억 원, 인천수출산업공단 자체 자금 1천만 원)을 편성하여 수출단지를 조성하겠다는 방침을 1965년 11월 10일 상공부 수출공단심의위에서 결정한 후 11월 23일 인천수출산업공단의 인가를 승인한다.

상공부의 승인을 받은 인천수출산업공단은 용지취득위원회를 조직하고 본격적인 업무 추진을 위해 사무실을 경기도청에서 인천상

---

24 인천신문, 1965.10.7.

25 인천신문, 1965.10.13.

공회의소로 이전했다.(1966.2.1) 곧 이어 부지 감정 및 매입을 위한 측량에 착수하고, 사유지 17만1천여 평의 매수를 완료하여 1966년 4월 8일 기공식을 갖게 된다.

〈표 13〉부평수출공단 유치 및 조성 과정[26]

년. 월	내용
1963.3.7	한국경제인협회 주도로 수출산업촉진위원회 설치
1963.6.25	인천상공회의소가 6월24일 동아일보기사에 의거 한국경제인협회 수출산업촉진위원회가 설치하려는 공단을 인천지구로 유치하기 위한 사무 착수
1963.7.11	인천상공회의소가 경인지구를 수출산업 공업지대로 선정해 줄 것을 최고회의 및 상공부 등 각계 요로에 건의
1963.8.3	경기도 중소기업협동조합원 일동이 공단 인천설치를 위해 정부기관에 건의서 제출
1963.8.20	정부 수출산업육성위원회 구성
1963.9.26	공단사업추진을 위한 민간법인체로 한국수출산업공단설립
1963.10.31	재일교포 일행 8명이 부평후보지 시찰하기 위한 인천방문
1963.11.10	수출공단 유치 추진 부평수출산업공단 준비위원회 조직
1963.12.20	경기지구 종합개발추진준비위원회에서 단지지정을 건의
1964.1.6	경인지구종합개발추진위원회 발족
1964.1.12	서곳지구 공유수면 60만평 매립 예정, 공장부지 조성을 위해 박차
1964.2.20	수출공단을 인천지구에 설치도록 재차 관계요로에 건의
1964.3.1	구로 지구가 수출공단으로 확정되었음을 회신
1964.3.7	정부 수출공단개발조성법안 국회에 제출
1964.8.12	수출산업공단개발조성법에 따라 주식회사에서 사단법인 한국수출산업공단 개편 설립
1964.9.2	수출산업공단개발조성법 국회통과
1964.9.8	유승원 국회의원 국회서 부평지구에 공단 유치 입장
1964.9.14	동법 공포 시행

---

26 인천상공회의소, 『인천상의보』 축쇄판; 인천신문; 경기매일신문.

1964.10.12	경인종합개발계획 추진 및 공단 유치를 위해 채호 인천상공회소 회장 사임
1964.10.13	경기도 출신 국회의원 및 당국이 회합을 갖고 부평지구 공단 유치관련 의견 교류
1964.10.18	유승원 의원의 질의에 건설부 장관 "경인지역의 특정지역지정공고에 의해 부평지구를 경공업공단 후보지로 확정" 답변
1964.10.23	1차단지 구로동 지구 수출산업공단지정 확정. 인천상공회의소 부평지구 수출공단으로 설정키 위해 신청서 제출
1964.11.7	재일교포 산업시찰단 일행 부평후보지 시찰
1964.11.18	수출산업공단 개발조성법 시행령 공포
1965.1.11	대통령 공고 제1호로 경인지구가 특정 지역으로 공고
1965.2.5	인천상공회의소 초청으로 재일교포 공단 입주 희망자 15명 시찰단 처음 인천방문
1965.3.10	경인지구종합개발추진위원 건의단 상경
1965.3.12	구로동 공단 기공
1965.3.24	경인지구 종합개발추진위원회에 수출산업공단 조성분과위원회 설치
1965.3.30	공단심의위원회에서 부평지구공단 후보지 지정 통과
1965.4.12	재일교포 입주희망 시찰단 인천 방문
1965.4.21	인천상공회의소 채호 회장 재일교포 기업 유치 위해 일본 방문
1965.5.24	경인지구종합개발추진위원회 공단조성분과위원회에 인천수출산업공단 설립 기성회두기로 결의
1965.6.2	인천수출산업공단 설립 기성회 총회 개최, 정식 발족
1965.6.14	동 사무소를 경기도청 내에 두고 업무 시작
1965.6.16	부평수출산업공단 후보지 효성, 갈산, 작전동 21만2천15평 지정공고(건설부)
1965.10.17	경기도지사, 산업국장, 채호 등 재일교포 기업 유치 위해 일본 방문
1965.10.20	인천수출산업공단 사업계획서 및 정관, 정부 및 상공부 제출
1965.11.23	인천수출산업공단 인가 승인(상공부)
1965.12.8	용지 매수 실무자회 구성(회장 김동순, 부회장 김경원)
1965.12.13	인천수출산업공단 용지취득위원회 조직(위원장 채호)
1965.12.31	서울민사지법인천지원에 공단등기
1966.1.19	경기도, 인천시가 공단후보지를 부평에서 서곳지구로 변경할 것을 결정, 22일 기자회견에서 서곳 가좌동 매립지 결정을 발표
1966.1.24	수출공단을 부평에서 서곳으로 변경한데 대해 부평지역 유지들 공단을 항의 방문

1966.1.26	부평지역 유지 30여명이 부평공단 유치를 위해 "인천수출산업공단 부평공단 후원회" 구성
1966.2.1	인천상공회의소에 인천수출산업공단 사무소 설치, 연락사무소는 경기도청에 설치
1966.2.11	인천시, 수출공단 서곳지구에서 다시 부평지구로 변경
1966.2.14	토지감정 및 분할 측량 착수
1966.2.17	서곳주민들 "농토는 농민에게, 공장부지는 공유수면매립지로"를 슬로건으로 석남초 등학교 교정에서 주민궐기대회 개최예정이었으나 당국의 불허로 무기 연기
1966.3.4	토지세목 공고
1966.3.8	인천수출산업공단 조성 특별회계 설치 승인을 경기도서 받음
1966.3.31	사유지 17만1천876평 매수 완료
1966.4.8	부평수출공단 기공식 거행
1969.8.5	주안 제2수출단지 예정지 20만5천388평 지정
1969.10.22	주안 제2수출단지 조성공사 착공
1969.10.30	부평 제1수출단지 준공

수출공단의 부평지구 유치과정은 중앙정부와 정치권력의 힘만으로 실현 가능한 것이 아니라 다양한 사회세력들이 개입하여 성공할 수 있었음을 알 수 있다. 자본가 그룹인 상공계의 이해와 요구를 반영한 연대세력이 형성되었으며, 지역의 언론도 정부의 수출공단 추진 방향 및 상황을 보도하고, 국회의원 인터뷰를 통해 부평지구가 지정될 수 있도록 힘을 실었다. 인천시는 1965년 도시개발5개년계획[27]을 수립하여 부평과 주안을 공업지구로 지정하고, 수출공단이 들어설 수 있는 근거를 마련하는 등 행정적 지원으로 수출공단 유치과정에 참여하였다.

---

27 인천의 도시개발계획은 북쪽에 부평과 서곳을 공장지대로 하고, 동쪽은 남동주거지대, 남쪽은 송도와 논현동을 관광 및 공장지대로 하는 부도심 정비를 기본계획으로 하였다.

그러나 수출공단 유치과정에서 지금까지 거론되지 않은 그룹이
있다. 부평지역의 여론을 형성하는데 중심적 역할을 한 부평진흥회
와 지주, 농민 등이다. 부평진흥회는 부평뿐만 아니라 인천의 현안
을 인천시에 건의하는 역할을 해온 부평지역 유지들의 모임이었다.
이들은 부평공단이 부지조성에 필요한 농지 매입비 부족으로 위기
에 처했을 때 781만원의 후원금을 모금하여 인천수출산업공단 측에
전달하는 등 부평공단 조성의 결정적인 역할을 한 지역세력으로 알
려져 있다.

다음 절에서는 부평공단 조성과정에서 왜, 어떤 요인에 의해 갈
등이 발생하고, 지역 사회세력들은 갈등 조정과정에서 어떤 역할을
하였으며, 어떤 의미를 갖는지 살펴본다.

2) 계급적 이해관계의 충돌

수출주도공업화 전략의 핵심 사업인 수출공단 조성은 토지이용
을 둘러싸고 이해관계자들 간 충돌을 불가피하게 했다. 수출공단 조
성과 같은 지역개발사업은 행위자들의 이해와 요구에 따라 다르게
출발하기 때문에 저항의 대상이 되고, 갈등과 대립의 관계를 형성할
수밖에 없다. 특정 공간을 둘러싸고 형성되는 사회세력의 이해는 국
가 및 사회발전과 관련된 공익(公益), 지역공동체 차원의 공익(共
益), 개개인의 이해와 직결된 사익(私益)으로 구분되어 나타났다.[28]

---

28 장세훈, 「대도시 지역공동체 운동이 가능성과 한계」, 『노동과 발전의 사회학』, 한울,
   2003.

즉 국가는 수출주도공업화 정책을 통해 자립경제를 달성할 수 있는 국익(國益)의 차원에서, 지방정부는 공단 유치로 인천이 공업화, 도시화의 중심축으로 역할을 할 것이라는 공익(公益)의 차원에서, 인천상공회의소나 경인지역중소기업협동조합, 부평진흥회, 재일교포 등은 사익(私益) 차원에서, 그리고 농민 및 주민 등은 공익(共益)의 차원에서 각각의 요구를 유지하기 위한 계급적 이해관계를 반영하는 특성을 드러냈다.

정부가 수출공단 예정지로 지정한 부평지구의 갈산동, 효성동, 작전동 일대 총 21만 3,535평은 약 77.1%(16만4,725평)가 사유지이고, 7.2%는 국유지(이중 국방부 소유 10.3%), 경기도가 15.7%를 소유하고 있었다. 이 같은 토지소유 구성은 조성부지의 약 90%가 국유지인 구로공단과 비교하였을 때 큰 차이점을 갖는다. 부평지구 토지소유 구성에 대해 국회 서상민 의원은 부평지구가 공단으로 확정 (1965.3.30)되기 전인 1964년 2월 25일 국무회의에서 "구로지역이 군용지인 반면에 부평은 민간용지, 귀속재산으로 단지 조성에서 호조건을 지니고 있어 부평이 수출공단으로 구체화될 때 최적의 조건을 갖추어 제 1후보지가 될 것"[29]이라 밝혀 부평지역의 공단 지정은 큰 논란 없이 순조롭게 추진될 것으로 예측했다. 공업용지로 용이하게 전환할 수 있는 값싼 농지가 넓게 분포해 있는 지리적 입지조건을 주목한 것이다.

그 외 부평에는 해방 전 일제의 전쟁 수행에 필요한 군수품을 공급해온 기업들이 밀집해 있어 값싼 노동력이 풍부하게 잠재해 있었

---

29 인천신문, 1964.2.28.

다. 지리적으로도 갈산동 수원지가 근거리에 있어 공업용수를 끌어
오는데 수월하고, 인천항 도크 건설을 통한 항만의 정비와 경인고속
도로 건설이 예정되어 있어 공단 조성에 유리한 요건을 갖추고 있었
다. 따라서 수출공단이 유치될 경우 부평지구가 인천의 공업화, 도
시화의 중심축으로 지역개발을 통한 국가의 수출주도공업화 전략기
지로 기여할 것이라 기대되었다.

　1965년 부평지구 인구는 인천 총인구의 17.9%로 중구나 동구, 남
구보다 높은 편이었으며, 산업별 인구구조 면에서 농업 20.6%, 제
조업 3.8%, 건설업 1.6%, 상업 16.4%, 서비스업 52.2%를 차지했
다.[30] 부평의 과거와 발전과정을 취재한 시사인천은 농업인구가 많
았던 부평지역을 "부평평야에 늘어선 논과 밭의 하얀색 줄무늬와 그
것들을 삼켜버릴 듯한 거친 산세, 간혹 까맣게 칠해져 있는 군부대
의 표시와 노랗게 터가 닦여져 있는 공장 부지까지 당시 부평은 여
유로운 공백이 자리했다."고 기록하였다.[31] 평화로운 농촌의 마을을
연상케 하지만 사실 이곳은 해방 전 일제식민지기 군수공업지대로
값싼 노동력 공급처 역할을 한 지역이기도 했다. 제조업 비중은 4%
에도 미치지 못하지만 한국종합기계㈜와 국산자동차, 조양금속공
업㈜, 부평연와공업, 이화산업, 신한제분, 삼성화학 등 기업들이 부
평지역에 일자리를 제공했다. 서비스업 종사자 비중이 50% 이상으
로 높게 나타난 것은 제조업의 생산부문을 지원하는 업체 종사자가
많기 때문이 아니다. 일제식민지기 일본육군조병창 자리에 주둔한

30　인천시, 『인천통계연보』, 1966.
31　시사인천, 2006.7.20.

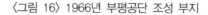

〈그림 16〉 1966년 부평공단 조성 부지

주한미육군병참본부(ASCOM)과 중소규모 공장들이 입지하여 이곳을 중심으로 형성된 식당, 소규모 영세점포, 유흥업소, 이·미용 등 단순 개인사업자 서비스업종이 형성되었기 때문이다.

부평지구에 넓게 분포한 값싼 농지, 규모가 큰 공장의 밀집, 그리고 저렴한 노동력을 활용할 수 있는 잠재력, 주변의 전력과 공업용수의 용이한 공급 등은 수출공단의 입지 조건을 충족하는 것이었다. 그러나 부평지역의 유리한 입지조건들은 해방 전 일제 식민지기에도 강조되어 온 요인들이었다. 일제가 군수품 공급기지로 부평지구에 무기 및 화학 공장 등을 설립한 것도 같은 이유였다. 공장 건설을 위해 넓게 분포된 농민의 토지를 강제로 빼앗았으며, 값싸게 동원된 노동력 착취가 이루어지기도 했다. 이제 평온해 보이는 부평지구의 현실은 국가의 개발정책에 따라 수출공단 조성을 위해 또 다시 농지를 강제수용 당하고, 공장노동자로 전락할 위기를 맞게 된 것이다.

1960년대에서 1970년대 수출공단에 관한 기록들은 유치과정에서 어떤 일이 있었으며, 어떤 세력들이 개입하여 자본과 토지, 노동을 동원하였는지는 관심을 두지 않고 있다. 단지 성공적인 공단 유치가 특정 사회세력의 치적으로 설명되고 있을 뿐 공단 조성을 둘러싸고 발생하는 다양한 사회세력의 권력관계는 생략하고 있다. 따라서 수출공단이 부지 매입 과정의 계급 간 갈등이나 충돌을 조정하고 절충하기 위해 다양한 세력들이 계급적 이해관계에 따라 연대/연합을 통해 획득된 산물이라는 점은 드러나지 않는다.

수출공단 예정지로 지목된 부평지구는 지리적 입지의 적정성과 토지의 용도전환 여부를 둘러싸고 초기부터 갈등요인을 잠재하고 있었다. 비슷한 시기 구로공단 예정지인 국방부 소유의 구로지구는 토지소유주인 농민과 국가 간 심각한 충돌이 발생하여 약 40여년 가까이 소송이 진행된 공간이었다.[32] 구로지구는 해방 후 군용지로 활용했다는 국방부의 주장과 달리 농민들에 의해 농지로 계속 경작되고, 등기부나 지적도 상에도 여전히 전답의 형태를 유지하고 있었다. 그러나 토지의 용도전환 문제를 두고 정부는 토지소유주인 농민들과의 조정 및 절충을 통한 협의보다 물리적 힘을 동원함으로써 심각한 갈등과 충돌을 불러일으켰다. 국익을 명분으로 한 지역개발이 물리적 폭력을 정당화하였던 것이다.

그렇다면 수출공단 예정지인 부평지구는 조기준[33]이 기록한 것처럼 순조롭게 토지의 용도전환이 가능하였을까? 조기준이 기억하는 부평공단은 수출공단이 들어섬으로써 지역발전에 크게 기여를 할

---

32 박배균 외, 2014, pp.62~66.
33 조기준, 1994, p.89.

것이고, 그동안 소외된 북구 사람들에게 큰 희망을 가져다주는 지역 개발이라 회고하였다. 또한 북구 발전의 열망이 토지의 매각 및 보상절차를 순조롭고 신속하게 처리하였다고 기록하고 있다. 국익을 명분으로 토지를 강제 수용함으로써 공단 개발을 정당화하려는 행위자들은 공단 유치가 곧 지역발전을 의미하며, 균등한 분배에 기여할 것이라고 주민들을 설득해 나갔다. 권력을 가진 자들이 자신들이 요구하는 방향으로 부평지구의 공간성을 규정하고자 한 것이다.

하지만 구로공단 조성과정의 사례에서 알 수 있듯이 토지는 삶의 수단이고, 생존의 문제다. 때문에 토지소유주들의 저항 없이 순조롭게 토지 보상이 이뤄졌다고 단정하기 어렵다. 구로지구와 달리 부평지구는 사유지가 77% 이상을 점하고 있어 토지이용을 둘러싼 갈등이 전혀 발생하지 않았다는 것은 사실상 상상할 수 없다. 평생 삶의 터로 삼아 온 농민에게 토지의 용도 전환은 노동을 토지로부터 완전히 분리시키는 생존과 직결된 문제이기 때문이다. 특히 군사정권의 중앙집권적 체계에서 부평지구의 토지용도 전환이 민주적으로 진행되어 해결되었다고 판단하기는 더욱 불가능한 일이다.

조기준의 기억은 당시 공단 조성과정의 사회세력들 중 특정 계급의 이해관계가 우선하였음을 간과한 성급한 해석이다. 사유지가 대부분인 부평공단 예정부지가 순조롭게 진행되었다는 그의 주장은 다음과 같은 점을 전제로 했을 때만 가능하다. 첫째, 토지소유주에게 만족할 만큼 충분한 보상이 이루어졌거나 불충분한 보상으로 인해 발생한 갈등을 축소하려 했을 것이란 점, 둘째, 정치적 압력이나 물리적 행정조치 등에 의해 토지소유주들이 자신들의 권리를 포기하였을 가능성이다. 전자의 경우 직접 농사를 짓는 지주나 소작인 또는 주택 소유자 등의 요구가 무시되지 않았다면 그들의 요구를 반영하기 위한 조정과 협의를 통한 공정한 보상이 마련되었을 것이다. 그러나 군사정권의 영향으로부터 자유롭지 못한 행위자들— 국회의원, 지방의 행정관료 등—이 공익(公益)을 국익(國益)의 차원으로 끌어올려 지역개발을 정당화하고자 할 때 공정성이나 균형 있는 조정을 기대하기는 어렵다.

애초 공단조성 사업은 재원이 확보되지 않은 상태에서 추진된 사업으로 보상 문제를 둘러싼 갈등을 피하기 어려웠다. 후자의 경우 어떤 형태이든 토지소유주들이 자신들의 권리를 포기할 것을 강요받았을 가능성이다. 군사정권 하에서 토지소유주나 농민 등은 군부 엘리트나 이들과 결합되어 있는 지역 행위자들에 대응할 만큼 세력화되어 있지 못했다. 물론 구로지구의 토지소유주들처럼 수출공단 예정지 주민들이 국가나 인천시를 상대로 소송을 벌였을 가능성은 있다. 초기 공단 조성과정에서 부평지구 주민들이 인천시와 국가를 상대로 불하된 토지의 강제 수용을 철회할 것을 요구하는 민원과 청원 사례가 있지만 모두 실패했다. 따라서 토지이용을 둘러싼 보상 문제는 결코 순조롭게 진행되었을 가능성은 없다고 보아야 할 것이다.

부평지구에 수출공단을 조성하는 과정에서 표출된 갈등은 두 가지 유형으로 나타났다. 하나는 공단 부지를 부평지구가 아닌 서곳지구로 변경하려는 인천시의 행정적 결정에 반발하며 형성된 갈등구조다. 행정/인천수출산업공단, 부평유지, 부평유지/서곳주민 간 공단부지를 둘러싸고 충돌하였다. 다른 하나는 불하 받은 토지의 강제 수용 철회를 요구하는 부평주민과 행정 간의 갈등이다. 즉 개발지역을 어느 곳으로 할 것인지를 두고 지역개발 이해세력들 간 발생한 갈등, 개발주의자들과 개발을 반대하는 세력 간의 충돌이다. 두 사례는 모두 계급적 이해관계를 반영하고 있다는 점에서 주목할 필요가 있다.

1965년 11월 10일 상공부는 부평지구에 소요자금 1억 6천만 원을 투입하여 수출공단을 조성한다는 안은 통과시켰다. 그러나 정작 수출공단 조성에 필요한 정부 보조금 5천만 원과 산업은행 장기융자 1억 원, 지역세력이 연합하여 설립한 인천수출산업공단 기성회 자체 자금 1천만 원이 확보되지 않아 재원확보에 비상이 걸렸다. 사업 지연을 두고 언론은 "인천수출산업공단이 법인체가 아닌 기성회 형태의 체계적이지 못한 운영으로 보조금을 받지 못한 것"이라 지적했다.[34] 기성회가 법인체로 전환된 것은 부평공단 조성이 확정되기 불과 1개월 전에 이루어졌다.(1965.10.13) 언론의 지적이 틀린 것은 아니지만 근본적으로는 수출공단 유치에 대한 지역 사회의 인식이 특정세력의 계급적 이익에 제한되어 폭 넓은 공감대를 형성하지 못하였음을 의미한다. 기성회가 사단법인체로 전환된 후에도 공단설립에 필요한 자체 기금조차 마련하지 못해 실질적인 모금은 제대로 이루어지지 못했다.

공단조성 소요자금이 확보되지 않은 상황에서 예기치 않은 문제가 발생했다. 수출공단 후보지를 부평지구로 확정한 상태에서 서곳지구로 변경해야한다는 주장이 제기된 것이다. 한국수출산업공단과 경기도, 인천시 당국은 1966년 1월 19일 경기도청에서 관계자 연석회의를 열고 검토한 결과 부평지구보다 서곳 가좌지구가 용지

---

34 인천신문, 1965.11.14.

〈그림 17〉 인천시가 수출공단 예정
지를 부평지구에서 서곳지구로 변
경할 것임을 발표.[36]

〈그림 18〉 인천시의 수출공단 부지
변경방침에 부평유지들이 반발하고
부평수출공단후원회 구성.[37]

매입비 등이 유리하다고 판단하여 개발지역을 변경하여 사업을 착
수키로 합의한 것이다.[35]

　1966년 1월 22일 윤갑노 시장시장은 기자회견을 통해 수출공단
유치를 부평지구에서 서곳지구로 변경한다고 발표했다. 서곳지구는
경인지구종합개발추진위원회가 매립중인 32만평 중 이미 42%가 매
립되어 별도의 부지매입 없이 공단 조성이 용이한 지역이었다. 인천
시장은 부평지구가 서곳지구 보다 불리한 요건을 갖추고 있기 때문

이라고 밝혔다. 인천시장은 부평지구가 ① 경작지가 많아 3월 이내에 매수해야 하는 어려움, ② 묘지가 있어 그 명도가 6개월간의 공고기간을 필요로 한다는 점, ③ 대지 값이 평당 1,050원으로 가좌동보다 훨씬 비싸고, ④ 조성사업을 착수할 경우 새롭게 매립사업을 추진해야 하는 불리함이 있다고 설명했다. 그에 비해 가좌동 서곶지구는 ① 가격이 평당 534원으로 싸고, ② 이미 부지의 일부가 매립되어 있으며(42%), ③ 부평지구 주민들이 가좌동이 멀다고 하나 공업단지가 조성됨과 동시에 부평-가좌동간의 직통도로를 만들면 불과 1km 지점이라는 점을 들어 서곶지구가 수출공단 조성 지역으로 적절하다는 것이었다. 공단조성에 필요한 부지가 이미 확보되어 소요자금을 줄일 수 있다는 계산이었다. 인천이 수출공단 후보지로 지정되었지만 국가 보조금은 물론 산업은행이 융자에 난색을 표하면서 1억 원의 장기융자 역시 불투명한 상황에서 취한 선택이었다.

부평공단 후보지 변경 소식이 알려지자 부평지역 특정 세력이 반대하기 시작했다. 매월 첫 주 금요일에 부평 지역 유지 30여명이 모여 부평지역의 현안을 논의하고, 이를 인천시에 제안해온 '부평진흥회'가 즉각 반발하고 나선 것이다. 공단 변경 소식을 접한 부평진흥회의 부평유지 30명은 인천시 부평출장소에서 관계자들과 긴급회의를 개최했다. 그들은 시장에게 서곶지구 결정을 철회할 것을 요구하고, 그 자리에서 '인천수출산업공단 부평공업단지 후원회'(이하 후원회)를 구성하여 수출공단을 부평지구에 조성할 것을 촉구했다.[38] 후원회는 회장에 김석기, 부회장에 김정복, 김경원, 김영길, 간사에

---

38 인천신문, 1966.1.27.

우상근, 이종록을 선출했다. 후원회의 강경한 입장에 김동순 인천 부시장은 조정안을 제시했다. 그는 서곳지구의 공단유치가 적절한 이유로 부지매입비 문제를 들었다. 서곳은 33만5천95평에 8백55만 2천859원이 필요한데 비해 부평지구는 11만3백38평에 6천4백65만 원으로 사업비의 큰 차이가 있으며, 기타 여건 등의 검토 결과 조성 비용과 관련해 서곳지구가 훨씬 유리하다는 것이었다. 때문에 인천 부시장은 비용문제를 해결할 수 있는 방안이 있다면 인천시와 경기 도, 인천수출산업공단이 합의하여 변경할 수 있음을 내치쳤다. 이 에 후원회는 부평용지 매입에 따르는 부족자금을 모금하여 공업용 지 확보에 적극 나서겠다는 의사를 밝혔다.

그러나 윤갑노 인천시장은 서곳 가좌동 매립지역에 수출공단을 조성한다는 방침을 바꾸지 않았다. 이에 1966년 2월 1일 부평진흥 회의 유지 38명은 단시일 내에 부평공단조성촉진운동을 전개하는 방안을 세우고 공단용지매입에 필요한 모금 활동을 전개하기 위해 후원회 임원을 다시 선출했다. 후원회는 상임위원으로 김숙현, 강 한성, 윤병일, 심일운 등 9명을 선출하고, 가좌동보다 부평이 유리 하다는 입장을 재확인했다. 그리고 부평지구 부지매입자금 중 차액 1천 5백만 원을 확보하여 무이자로 대여할 것을 결정했다.

후원회는 2월 5일 인천 부시장실에서 실무자들 간 연석회의를 다 시 갖고 1천5백만 원을 무이자로 대여하기로 약속하였음에도 인천 시장이 부평지구로 변경하지 않는데 대해 강하게 이의를 제기했다. 후원회의 강한 반발과 1천5백만 원 후원금 지원에 인천시의 태도가 달라질 조짐을 보이자 이번엔 서곳지구 주민들이 강하게 반발했다. 서곳주민들은 인천시의 무계획성을 비난하며 대응할 준비를 했다.

〈그림 19〉 수출공단 부지 선정을 둘러싸고 인천시와 후원회 등이 실무자 회의 개최함.[39]

〈그림 20〉 윤갑노 인천시장이 수출공단을 서곶지구에서 부평지구로 다시 변경하기로 합의함.[40]

지역사회 여론이 양극으로 치닫자 2월 11일 박태원 경기도 지사가 개입하면서 결국 윤갑노 인천시장은 종전의 서곶지구 부지 선정 입장을 번복, 부평지구에 공단을 조성하기로 결정하게 된다.

수출공단 조성 부지 변경 사태에 대해 조기준은 서곶지구를 공단 부지로 변경하도록 한 배경에 유승원 의원을 지목했다. "류 의원의 빨래줄 같은 정치기반이 이면에 깔려 사실상 가좌동으로 내정한 것인데 김영길씨의 조리정연한 설명으로 위기일발 위태했음을 모면하고 오늘의 부평공단이 들어서게 되었다"[41]고 기록하고 있다. 후원회 부회장 김영길은 인천상공회의소 채호 회장과 함경도 고향친구인

---

39 인천신문, 1966.2.6.

40 인천신문, 1966.2.11.

41 조기준, 1994, p.90.

부평의 유지로 부평공단 조성에 힘을 실어준 인물이다. 그는 부평지구 선정의 당위성을 다음과 같이 주장했다.[42] 첫째, 부평은 과거 경기도 공업용지로 수용됐던 지대로 농경지가 평당 3백 원이며, 가좌동은 해면 매립비만 평당 7백 원이고 지반이 약한 갯벌이라는 점, 둘째, 부평은 공업용 전력 공급이 용이한 변전소가 갈산동 인근에 있는 반면 가좌동은 5km 이상 전력을 끌어와야 한다는 점, 셋째, 부평은 갈산동 수원지가 바로 옆에 있고 가좌동은 공업용수를 5km 이상 신설하여 끌어와야 한다는 점, 넷째, 부평은 평탄한 지대로 부지조성이 용이하다는 점, 다섯째, 부평은 인구가 밀집하여 노동력이 풍부하고 통근이 용이한 반면 가좌동은 외따로 떨어진 갯벌이라 원거리 통근을 해야 하기 때문에 부평지구가 서곳지구에 비해 유리하다는 점을 들어 윤갑노 시장 등을 설득했다.

수출공단 부지 논란과 관련해 정치적으로 유리한 입장에 있었던 유승원 의원이 왜 서곳지구로 변경하려 했는지, 그리고 어떻게 윤갑노 인천시장을 설득했는지 의문을 갖지 않을 수 없다. 그는 수출공단 유치를 위해 국회 상임위에서 부평지구를 공단 예정지로 지정해 줄 것을 요구했기 때문이다. 유승원 의원이 어떤 연유로 공단부지 선정과 관련해 상반된 입장을 보였는지는 구체적으로 드러난 것은 없다. 그는 경인지구종합개발추진위원장으로 서곳지구를 매립하여 경인운하 건설 등 대규모 개발사업을 추진 중에 있었다. 부평지구를 공단 최적지로 판단하고 있었던 인천수출산업공단 채호 이사장이 경인지구종합개발사업의 일환으로 수출공단을 인천에 유치하기 위

---

[42] 조기준, 1994, p.90.

해 추진위원회에 잠시 참여했을 정도로 유승원 의원과 채호 회장은 긴밀한 관계를 맺고 있었다. 유승원 의원과 채호 회장은 처음부터 상반된 입장을 갖고 있었는지는 분명치 않다. 두 사람이 상반된 입장을 갖고 있었다 할지라도 일단 인천에 수출공단 유치를 최우선 목표로 하고, 유치가 결정되면 이후 부지선정을 재논의하는 것으로 절충하였을 가능성이 있다.

한편 윤갑노 인천시장이 수출공단 부지를 서곳에서 다시 부평지구로 결정하게 된 결정적인 요인은 후원회가 부지조성에 필요한 부족자금을 지원하겠다는 약속이었다. 부지매입비 지원 약속이 받아들여지면서 부평진흥회가 주도한 후원회는 토지매입에 필요한 부족재원을 지원하기 위해 모금운동을 시작했다. 후원회 모금은 회원 1인당 10만원에서 80만원까지 출자하여 약 1억 원을 모금한 것으로 알려졌다.[43] 그러나 실제 그들이 지원하기로 약속한 금액은 1천5백만원이었다. 후원회는 1차로 750만원을 모금하여 2월 11일 수표로 인천시장에게 전달했고, 나머지는 3월 20일까지 납부하겠다는 약정서를 교환[44] 함으로써 수출공단 부지는 다시 부평지구로 재조정된다.

1966년 부평은 인천의 총인구 중 18.4%의 인구가 분포해 있었고, 총 1만8천2백 여 가구 중 11%에 해당하는 2천 가구가 농업에 종사하고 있었다.[45] 부평진흥회(후원회, 금요회[46])가 181명의 후원자로부

---

43 경인일보, 『인천인물 100인』, 다인아트, 2009, pp.429~432.

44 인천신문, 1966.2.12.

45 인천시, 『인천통계연보』, 1967.

46 인천상공회의소, 『인천상공회의소 90년사』, 1979, pp.997~999. 금요회는 부평진흥회가 매월 첫 주 금요일에 회합을 가져 붙여진 이름이다.

〈그림 21〉 부평수출공단유치후원회가
후원금 750만원을 인천시에 전달.[47]

〈그림 22〉 인천수출산업공단(이사장
채호)의 공단부지 측량 착수.[48]

터 단기간에 농지 매입비 1천5백만 원을 모금할 수 있었던 것은 지역의 권력관계에서 우월한 위치에 있는 계급적 이해가 밑바탕에 깔려 있기 때문이다. 그들은 자신들이 구축해 놓은 네트워크를 동원하고, 의사결정 과정에 영향력을 행사하여 2천여 가구의 농업 종사자들의 삶을 변화시킬 만큼 정치적으로 세력화되어 있었다. 부평진흥회의 행위는 부평에 대한 애정이 남달랐던 이유도 있지만 부평의 개발을 단순히 지역 차원의 개발로 인식하는 것이 아니라 지역개발 사업을 국가개발 사업으로 끌어 올림으로써 정당화하는데 있었다.

이처럼 후원회의 활동이 지역사회에서 우월한 권력관계를 형성할 수 있었던 배경에는 김숙현이 있었다. 김숙현은 국가 단위 스케

47 인천신문, 1966.2.12.

48 인천신문, 1966.2.15.

일의 행위자이면서 지역 단위 스케일의 행위자로 활동한 인물이다. 그는 서곳지구에 공단을 조성하겠다는 인천시의 발표가 있은 후 부평지구를 다시 공단부지로 되돌리는데 결정적 역할을 하였다. 김숙현은 인천시의 공단부지 변경 발표 직후 부평유지들을 신속하게 소집하고 부평공단유치 후원회를 조직했다. 『인천인물 100인』(경인일보, 2009) 중 하나로 선정되기도 한 김숙현(1917~2003)[49]은 국회의원, 변호사, 학자로서 인천에서 주목받는 유력한 인물이었다. 1917년 평안북도에서 태어나 1940년 일본 와세다 대학 법률학과를 졸업하고, 1960년 초 미군부대(캠프마켓) 외국인 노동자 노조의 법률고문을 맡으면서 부평과 인연을 맺었다. 1962년 민주공화당 창당에 깊숙이 관여하게 되면서 부평 지구당위원장을 역임하였으며, 1971년 북구에서 국회의원에 당선되어 8대, 11대, 12대 국회의원을 지냈다. 그는 1960년대 말 부평동중, 부평여중, 부평고 설립에 참여하고, 서인천고등학교 재단이사, 인천교육대학 유치 등 교육환경 개선에 앞장섰다. 또한 법률가로서 무료변론 등 인천을 기반으로 활동하여 부평지역 뿐만 아니라 인천지역의 각종 현안에 개입하여 영향력을 행사했다. 김숙현이 정치적, 경제적으로 자신의 네트워크와 권력을 이용해 부평의 유지들을 동원하고, 부평공단 유치에 성공할 수 있었던 것은 이 같은 계급적 이해관계를 이미 폭넓게 확보하고 있었기 때문이다.

부평공단 조성을 둘러싸고 나타난 또 다른 갈등은 토지의 강제수용에 따른 농민 및 주민들의 저항이다. 부평지역은 인천시 도시정비

---

49 경인일보, 2009, pp.429~432.

계획지구로 지정되어 공업용지, 주택, 상가, 고속도로 등 각종 기반 시설을 구축하기 위한 토지의 강제수용이 추진되고 있었다. 토지의 강제수용은 거주민들의 반발을 불가피하게 했다. 특히 귀속재산처리법에 의해 환지 처리된 부평토지구획정리지구 내 포함된 용지는 개인이 사용할 수 없는 공공재산이라 하여 특정인에게 매수케 함으로써 부평지역 1천여 세대가 거리로 내몰릴 위기에 처했다. 이 시기 인천시가 부평지역 토지구획정리사업을 추진하면서 불법으로 토지대장을 위조하고, 토지를 매각한 사례들은 수없이 많아 피해를 보았다고 호소하는 주민들이 상당수에 이른 것으로 알려진다.[50]

  1965년 2월 부평지구에 거주하는 이윤곤 등 50여명은 환지업무상 부정이 있다고 지적하고 이를 취소 처리할 것을 요구하며 관계당국에 민원을 제기하고, 피해를 호소했다.[51] 부평지구 도시계획지 41만 4천여 평 중 귀속처리 된 95%의 땅을 특정인에게 200원에서 300원에 매수케 함으로써 피해를 보았다는 것이다. 환지된 토지는 도로, 공장부지로 사용하기 위한 것이었다. 이에 대해 부평 주민들은 환지조사로 인한 일체의 소유권 행사의 즉각적인 중단, 도시정비계획 부지 중 95%에 해당하는 귀속재산의 전반적인 재조정, 그리고 불법적인 불하 및 환지에 대한 행정처분을 취소할 것 등을 내용으로 민원을 제기했다. 그러나 이들의 요구는 전혀 받아들여지지 않았으며 결국 청와대에 청원서를 제출하는 방식으로 자신들의 문제를 국가가 조정해 줄 것을 요구하게 된다.

---

50 시사저널, 1997.11.20.

51 인천신문, 1965.2.23.

부평지구 주민들의 청원은 8개월이 경과한 1965년 9월 30일 총리실 합동조사반이 부평지구 환지조사단 이름으로 인천을 방문하면서 해결될 것으로 기대했다. 그러나 결과는 가혹했다. 조사반은 귀속재산의 불하로 환지 처리할 땅은 귀속재산처리법에 의한 것으로 취소는 불가능한 것이며, 재고의 여지가 없다는 결론을 내렸다.[52] 여섯 번에 걸친 부평주민들의 요구가 전혀 받아들여지지 않은 것이다.

토지소유권을 박탈당하고 강제수용 위기에 처한 때 인천수출산업공단이 1965년 11월 23일 상공부의 승인을 받게 된다. 인천수출산업공단의 상공부 승인으로 본격적인 부지 매입이 진행되었다. 12월 13일 토지매입을 위한 '용지취득위원회' 실무단이 구성되고, 1966년 2월 10일 부지 매입을 위한 토지감정 및 분할 측량이 진행되었다.[53] 인천수출산업공단은 공단측량 착수 25일까지 개인소유전답 매매계약도 완료한다는 계획을 세웠다. 인천수출산업공단은 토지 매매가격은 감정가 이내로 정하여 매수하기로 하고, 부평 거주 각 동별로 지주들을 설득해 나갔다.[54] 부평진흥회(또는 후원회) 등 부평지역의 유지들은 연대를 통해 부평공단 조성의 당위성을 홍보하고, 농민이 토지소유권을 포기하도록 설득함으로써 자신들의 요구를 관철시켜나갔다.

그러나 서곳지구에 공단조성을 요구하는 서곳지구 주민들이 거세게 반발했다. 1966년 2월 17일 그들은 석남초등학교 교정에서 서

---

52 인천신문, 1965.10.1.

53 인천상공회의소, 『인천상의보』, 축쇄판, 1971.11.2.

54 인천신문, 1966.2.15.

곳지구 공업단지 유치를 위한 주민궐기대회 개최를 결의했다. '농토는 농민에게, 공장부지는 공유수면매립지에"라는 구호를 전면에 내세운 집회였다.[55] 하지만 인천시가 집회를 불허하면서 서곳주민들의 집회는 무기한 연기되었다. 사실 연기된 것이 아니라 정치적 힘에 의해 무산된 것이나 다름없었다.

부평지구가 공단조성지로 확정되자 부지의 매각 및 계약은 빠르게 진행되었다. 인천수출산업공단은 부평지구 사유지 약 16만 4천여 평을 평당 325원에 계약을 했다. 국유지 1만 5천여 평은 평당 670원에 매입하여 군사령부와 협의하여 불용재산으로 용도 폐기한 후 국세

〈그림 23〉 인천수출산업공단이 1966년 4월 8일 청천동에서 부평수출공단 기공식 개최.[56]

청장에 이관하고, 동인천 세무서와 평당 630원에 매매계약을 체결했다. 국유지의 매매 가격이 사유지의 두 배 가격으로 매각된 것이다. 잔여지 9천782평과 도유지 3만여 평은 인천시가 경기도로부터 양도받아 계획도로와 교환 조치키로 하고 내무부 장관의 승인을 받아 공

---

55 인천신문, 1966.2.18.

56 인천신문, 1966.4.8.

단과 교환 조치하여 부지 확보를 완료하였다.

이상 부평공단 조성과정을 살펴본 결과 국가/지역 단위 다중스케일적 행위자들은 정치적, 경제적으로 상호 밀접하게 연계하여 계급적 이해관계와 정치적 힘을 기반으로 권력관계를 형성할 수 있었다. 수출공단을 부평에 유치하려는 사회세력들의 힘과 연대는 부평지역 주민들의 청원서 제출과 국무총리실의 토지환지취소 불허, 서곳주민들의 저항 등 공익(共益)을 지키려는 힘보다 권력관계에서 우위에 있었다. 갈등을 불러일으키는 주체, 즉 정치적 세력이나 힘을 가진 행위자들(후원회, 인천상공회의소, 국회의원, 인천시 등)이 갈등을 조정하고 협의를 주도하며 자신들의 이익과 요구를 유리한 방향으로 실현시켜 나갔다. 갈등의 원인 제공자와 조정자가 일치하는 행위자들이 농민의 희생을 담보로 자신들의 요구를 유지할 수 있었던 것은 '지역' 개발사업의 성격을 '국가' 경제부흥의 일환인 사업으로 스케일을 올림[57](즉 스케일 뛰어넘기)으로써 가능할 수 있었다.

국가가 1963년 부평지구에 수출공단을 조성하겠다고 발표한 후 약 3년 만인 1966년 4월 8일 드디어 기공식이 열렸다. 인천수출산업공단은 공단 조성사업을 효율적으로 수행하기 위해 조성공사를 인천시에 위촉하고(1966.2.24), 현황측량, 상하수도 시설, 도로, 울타리 시설 등 설계공사는 ㈜도진종합설계(대표 강두기)가 맡아 추진했다.[58] 조성된 부지는 평당 2천585원으로 책정되어 입주기업들에

57 Cox, Kavin R, "Space of dependence, space of engagement and the politics of scale, on lopklng for local politics" *Political geography 17(1)*; 황진태·박배균, 「구미공단의 다중스케일적 조성과정」, 『산업경관의 탄생』, 알트, 2014, p.214, 재인용.

게 5년 균등 분할하여 납부하는 것을 조건으로 분양을 결정하고 재일교포 기업 및 국내기업 유치를 본격화했다.[59]

3) 기업 유치와 인천수출산업공단의 강제 해산

수출공단 부지 선정을 둘러싼 논란이 일단락되자 인천수출산업공단(이사장 채호)은 1966년 4월 8일 청천동에서 기공식을 갖고 그간 구상에 그쳤던 조성사업을 실행에 옮기기 시작했다.[60] 인천수출산업공단은 총 소요비용을 1억6천만 원(정부 부조금 5천만 원, 산업은행 융자 1억 원, 인천수출산업공단 자체자금 1천만 원)으로 책정하고, 1968년 준공을 목표로 부지 정지작업을 시작했다. 입주업종은 기계금속, 전기, 고무, 비닐, 미싱부속, 의류 등 20여종의 원료수입 의존도가 낮은 업종을 우선적으로 선정하였으며, 재일교포 기업과 국내 수출기업 30여개를 유치하여 연간 약 3천만 불 수출계획을 세웠다.

부평공단 부지 정지 작업은 대규모 조성사업으로 하루 약 3백여

---

58 한국수출산업공단, 1994, pp.189~190. 도진종합설계는 1967년 5월 인천항 제2선거 축조 기본설계를 맡은 업체다.

59 매일경제, 1969.8.11; 인천상공회의소, 1979.

60 권영구 인천시 공보부장의 사회로 진행된 이날 기공식은 윤갑노 인천시장, 채호 인천수출산업공단 이사장, 김숙현 부평진흥회 회장(부평공단유치 후원회 상임이사), 재일교포 박진혁 등이 참석했다. 이날 부평지구가 공단부지로 결정되는데 결정적 역할을 한 김숙현, 김영길, 윤병일 등 부평유치 상당수가 표창장을 받았다. 인천시가 부평지구 농지 매입비 1천5백만 원을 지원한 공로를 인정하여 수상한 것으로 추측된다.

명의 영세민이 동원되어 총 8만5천여 명의 노동자가 투입되었으며, 건설 후 약 1만1천여 명의 고용효과를 낳을 것으로 기대되었다. 미8군 제2공병단장 아노히저 대령이 신속한 부지조성을 위해 건설장비를 지원하였고, 1966년 8월 4개월 만에 부지 정지 작업은 30% 달성하는 등 빠르게 진행되었다.[61] 하지만 1966년도에 반영되어야 할 정부보조금이 정부예산에 반영되지 않아 부평공단 조성은 첫 출발부터 자금 확보에 비상이 걸렸다. 정부는 경기도와 인천시, 공단자체 자금과 후원금 등 5천여만 원으로 우선 착공부터 하면 이후 정부보조금 5천만 원, 산업은행 융자 5천만 원을 지원하겠다고 약속했다.(1965.12.23.)

그러나 정부의 약속은 지켜지지 않았다. 국가의 전략사업으로 부평지역이 수출주도공업화의 주역이 될 것임을 강조해온 국회의원이나 인천시, 경기도로서는 난감할 수밖에 없었다. 공단부지 정지 작업에 투입된 노동자 임금은 구호양곡으로 대신 지급해야하는데 구호양곡조차 제때 배분받지 못했다. 정부로부터 200톤(720만원) 구호양곡 배정을 받았지만 실제 배정받은 것은 절반에도 미치지 못하는 72톤에 불과했다.[62]

정부 지원이 제대로 이루어지지 않자 유승원(공화당) 의원은 국회 상공위원회 회의에서 상공부의 국고지원 약속은 물론 우선 착공하

---

61 인천신문, 1966.5.22; 5.27; 7.14; 1966.10.30. 미 제2공병단장 아노히저 대령이 박태원 경기도지사를 방문하게 되는데 이때 아노히저 대령은 미군 장비 동원 등 공단 조성에 공헌하였다는 이유로 경기도민증과 행운의 열쇠를 받았으며, 7월 14일 정일권 국무총리로부터 감사장을 수여받았다.

62 인천신문, 1966.8.6.

〈그림 24〉 1966년 부평수출공단 부지 정지작업에 동원된
주한 미군(좌)과 실업자의 노동현장(우).[63]

면 다음에 지원을 해주겠다는 약속을 지키지 않은 것을 지적하고
예산지원을 촉구했다.[64] 유승원 의원이 1967년 예산에 정부 보조금
을 반드시 반영할 것을 요구하자 상공부 차관은 보조금 5천만 원,
산업은행 장기융자 5천만을 신청한 상태라고 답변했지만 정부의 보
조금 지원은 계속 지연되었다. 1966년 10월 용지매수 및 용역설계를
끝내고 9만4천여 평 공장부지 조성사업에 8천7백여만 원 투입하여
연말까지 57%(전체 22.4%) 공정을 마무리한다는 계획만 세웠다.[65]

1968년 완공을 앞둔 부평공단은 5월말 65% 진척되어 연말까지
공동이용시설 등 100% 완료한다는 계획으로 입주희망업체 신청을
받았다.[66] 하지만 입주업체 결정은 인천수출산업공단의 소관업무가

63 인천시, 「인천시도시개발5개년계획」, 1967.
64 제6대 국회 상공위원회 제57회 7차 회의록, 1966.7.4.
65 인천신문, 1966.10.30.
66 인천신문, 1968.6.3.

〈그림 25〉 부평지구 공업용지 안내도(좌)와 1969년 부평공단 조성 후 모습(하).

아니었다. 수출공단 기업의 입주 지정 및 취소는 상공부 장관이 결정하고, 그 결과가 『관보』에 공고되면 입주할 수 있었다. 국내기업체의 입주지정 기준은 ① 중소규모업체이고 동일업종의 수출실적이 연간 25만 불 이상의 수출전망이 확실하며, ② 외화가득률 40% 이상, ③ 수출제품을 생산할 수 있는 충분한 기술 소유, ④ 타인자본의존도 50% 미만, ⑤ 가급적 국내생산과잉으로 인하여 유휴시설이 존재하는 업종이 아닐 것, ⑥ 가급적 연과효과 또는 수입대체효과가 클 것, ⑦ 가급적 시설이 국내에서 조달될 수 있을 것, ⑧ 가급적 고용효과가 높을 것, ⑨ 둘 이상의 신청자가 경합할 경우 교포기업체를 우선 한다고 규정했다.[67]

입주자격 취소는 「수출산업공단개발조성법」 제24조 제1항 및 시행령 제15조에 규정되어 ① 입주기업체로 지정된 후 2개월 내에 해당 개발공단과 입주계약을 체결하지 아니하거나 입주계약을 체결하

---

67 상공부고시 제 1987호, 1965.6.25; 상공부고시 제 3598호, 1968.3.9.

지 아니한 때, ② 입주기업체가 공장건축 완료 후 6개월 이내에 수
출계약을 체결하지 아니한 때, ③ 입주기업체가 공업단지 안에 반
입한 시설기재나 원료 또는 제품을 부당하게 국내에 유출한 때에는
상공부 장관이 입주기업체의 입주자격을 취소할 수 있도록 했다. 입
주기업체가 위에 열거된 취소사유에 해당하는 경우라도 부득이한
사유가 있는 경우에는 위원회의 심의를 거쳐 상공부장관의 승인을
얻으면 취소를 면할 수 있도록 했다.(법 제24조제1항 단서)

  1960년대 외국의 원조자본 외에 국가의 경제개발 사업에 투입할
수 있는 자금 확보가 어려운 상황에서 재일교포기업 유치는 경제개
발에 필요한 투자 자본을 충족할 수 있는 유일한 통로였다. 국가수
출공단의 제1차 목표는 재일교포 자본유치와 기술도입에 있었고,
이 같은 조건을 갖춘 기업체를 우선 지정하여 수출증대 및 수출산업
의 발전을 도모하는데 있었다. 때문에 부평공단 역시 재일교포 자본
유치를 우선 사업으로 계획했다. 1965년 2월 5일 한국수출산업공단
에 대한 투자관계 등을 파악하기 위해 제1차 재일교포입주 예정자
일행 15명,[68] 4월 12일 제2차 재일교포 일행 18명이 모국을 방문하
여 부평지구 수출공단 예정지를 답사했다.[69] 당시 인천상공회의소
회장직을 사임했다가 재취임한 채호 회장이 재일교포 기업인 유치
를 위해 직접 일본(동경)을 방문하는 등 재일교포 기업 유치에 적극
적으로 나섰다.[70]

---

68 인천신문, 1965.2.4; 2.5.

69 인천신문, 1965.4.12:4.13.

70 인천신문, 1965.4.29: 5.7.

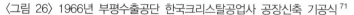

〈그림 26〉 1966년 부평수출공단 한국크리스탈공업사 공장신축 기공식[71]

그러나 부평공단 재일교포 입주희망업체 수는 기대에 미치지 못했다. 첫 입주 승인을 받은 기업은 1966년 국가가 지정하여 추천한 재일교포 기업 한국크리스탈공업사(대표 홍대희)와 상공부 지정 5개 업체, 1967년 재일교포 기업 한국인테리어화학(대표 박진혁)이 지정되어 4월 기공식을 가졌다. 1968년 50개 공장 유치계획으로 29개 업체(교포 6개, 나머지 국내)가 지정되고, 13개 업체가 상공부의 심사를 기다렸다.[72] 1966년 부평공단 착공 후 1971년 인천수출산업공단이 한국수출산업공단에 흡수·통합되기 직전까지 총 72개가 지정되었고, 재일교포 기업은 14개 업체가 지정되었다. 그러나 요건을 충족하지 못해 4개 업체는 입주가 취소되었다. (취소된 4개 기업 중 1966년 부평공단에 첫 입주신청을 냈던 한국크리스탈공업사는 1968년 상공부로부터 입주지정 취소처분을 받았다가 대표 변경으로 재지정 되었다.)

---

71 한국수출산업공단, 1994.

72 인천신문, 1968.7.10.

1970년 국내기업은 신청기업 59개중 22개 업체가 자진 취소 또는 입주자격을 충족하지 못해 취소되어 총 47개, 1971년에는 총 51개 국내외 업체가 확정되었다. 그러나 재일교포 기업유치를 제1차 목표로 한 것에 비해 실적은 기대에 미치지 못해 10개 업체에 불과했다.(〈표 14〉)

재일교포 기업 유치는 부평공단보다 먼저 착공한 구로공단의 상황도 크게 다르지 않았다. 1965년에 입주가 확정된 업체는 총 15개(재일교포 기업 10개), 1966년 14개, 1967년 11개 등 공단 준공식까지 40개 업체 입주가 확정되어 애초 목표를 달성한 것처럼 보였다. 그러나 재일교포 기업은 전체의 2/3에도 미치지 못하는 18개 업체에 불과했다.[73] 구로공단은 재일교포 전용수출공단으로 조성하겠다는 목표로 관련법이 시행되기도 전에 착공하는 등 국가의 강한 의지를 반영한 공간이었지만 재일교포기업 유치 실적은 기대에 미치지 못한 것이다. 그러자 정부는 재일교포 기업만으로 수출공단을 구성하는 것이 어렵다고 판단하여 내국인 대상으로 입주기준을 마련하여 홍보함으로써[74] 재일교포 기업 전용수출공단으로써 의미는 사실상 상실하게 된다.

재일교포 기업의 모국 투자가 저조한 이유는 구조적 제약이 있었기 때문이다. 우선 재일교포 기업 투자는 정정 불안과 정경유착에 따른 높은 투자 위험을 감수하는 모험적 투자의 성격이 강했고, 제

73 박배균 외, 2014, pp.67~68.

74 이상철, 「수출산업단지의 형성과 변모: 구로공단(1963.~1987년)」, 『동향과 전망』 85호, 2012, p.233~234.

조업의 토대 부실로 인한 취약한 산업연관성은 원자재 및 부품의 수급을 불안정하게 하여 지속적인 생산을 위협한다는 불안을 자아냈다.[75]

<표 14> 부평수출공단 입주업체 현황(1971년)[76]

구분		업체명	대표자	업종	기타
1	교포	범양합성화학	김요라	합성수지	1969년 지정취소
2	교포	한진합성화학㈜	정한영	합성수지가공	–
3	교포	우보산업	최부성	의류제조	–
4	교포	한국크리스탈공업사	임호	특수초자제조	1968.2 지정 취소된 후 대표자 변경
5	교포	신우상사	임진곤	특수의류제조	1970.3 지정취소
6	교포	동양전자공업	신학균	전기통신부분품조립가공	–
7	교포	세정실업	김종정	악기류제조	–
8	교포	동양규소공업	이현명	특수건축제료	1969.3 지정취소
9	교포	한국인테리어화학	김요라	플라스틱	–
10	교포	서울마이크로시스템㈜	에니최	전자기기부품제조	–
11	교포	삼아전자공업	유봉식	전자기기제조	–
12	교포	씨-부러더스 섬유㈜	배순흥	봉제업	–
13	교포	부평산업	박상능	자동차부속품제조	–
14	교포	평화교역	유순규	쉬타제조	–
15	국내	근대주물공업	장석원	주물제조	–
16	국내	삼송산업	성병림	세타제조	–
17	국내	중원염직㈜	강재영	직물 및 쉐타류 제조	–
18	국내	동흥물산㈜	정인수	봉제품제조	–
19	국내	대영섬유산업	김노성	합성섬유	1969.3 지정취소

---

75 장세훈, 2014, p.69.

76 대한민국정부, 관보, 1968~1971년; 인천상공회의소, 『인천상의보』, 축쇄판 1권, 1969.

20	국내	범양상공	권상을	의류제조	1970.1 지정취소
21	국내	동남아기업사	조동연	합성수지가공	1970.3 지정취소
22	국내	대원강업	허주열	자동차부분품	1969.5 지정취소
23	국내	동산유지공업	김정관	유지제품	1969.5 지정취소
24	국내	몽철사	송창주	금속주물	–
25	국내	태아실업	이순한	섬유제품 가공	–
26	국내	명성산업	박영익	우모 및 조화가공	1971.3 자진취소
27	국내	고려전자	최치영	전자기기	–
28	국내	용천산업	곽응수	농산물가공업	1970.1 지정취소
29	국내	한국로아㈜	홍원서	가발제조	–
30	국내	한남섬유산업	양재범	섬유제품	1969년 지정취소
31	국내	유신흥업㈜	김정태	골프도구제조	–
32	국내	승아물산㈜	유응식	제화마귀석가공업	–
33	국내	오리진	김봉길	세타제조	1969.3. 지정취소
34	국내	경기농산가공	정택수	농산물가공업	–
35	국내	신성전기산업	민중기	전자기기조립가공	–
36	국내	한국유리공업㈜	최태섭	x-MAS 장식용전구	1969년 지정취소
37	국내	미성가발양행	지종상	가발 및 지대제조	1969.5 지정취소
38	국내	동성타올공업사	노경환	타올제조	–
39	국내	대양화성	조영일	합성수지제품	1969.2 이창수 명의변경
40	국내	대흥제재소	김창진	합판가공	1969.3 지정취소
41	국내	제일화학	박성엽	합성수지가공	–
42	국내	고미산업	이석우	전자공업	–
43	국내	천마공예사	김영숙	완구제조	–
44	국내	동양벨브	이창남	벨브제조	1969.5 지정취소
45	국내	대월부레키공업㈜	홍구표	차량부분품	–
46	국내	동서식품	신원희	식품	–
47	국내	사무엘리㈜	이용순	통신기기조립	1970.3 지정취소
48	국내	한독산업㈜	조명흠	가발제조	–
49	국내	양덕산업	김승찬	직물제조	–
50	국내	동초산업	이종원	합성수지제품	–

51	국내	삼의물산	이효익	악기 및 공예품	-
52	국내	한송산업	윤양	자동차부속	1969.6 지정취소
53	국내	태평특수섬유㈜	방용학	합성섬유가공	-
54	국내	동양냉동㈜	송세환	냉동기기부속품제조	-
55	국내	순흥금속공업㈜	안동순	비철금속제조	-
56	국내	민우㈜	이근영	쉐타제조	-
57	국내	유미실업	최상호	쉐타제조	1969.6 지정취소
58	국내	뉴코리아전자	김인	전자기기	-
59	국내	연방물산양행	장상범	장식용 양초	-
60	국내	평화금속산업㈜	이갑수	금망류제조	-
61	국내	천부산업㈜	최호	가단주물제조	1970.7 지정취소
62	국내	반도상사㈜	허준구	가발제조	-
63	국내	삼부벨브공업㈜	박순선	주물제조업	-
64	국내	한국마이크로전자공업	김종길	전자기기제작	1970.1 지정취소
65	국내	한국가구공업	최기곤	가구 및 목재	1969.6 지정취소
66	국내	신진편물사㈜	오성용	편물제조	1970.1 지정취소
67	국내	공도산업㈜	공근초	쉐타제조	-
68	국내	킹전자공업㈜	김곤	전기, 전자,통신기기제조	-
69	국내	동진가발㈜	박노철	가발제조	1971.8.21지정취소
70	국내	세경산업	박윤구	세타제조	-
71	국내	삼양전기공업㈜	김영두	트랜지스터, 라디어	-
72	국내	삼원통상㈜	이영호	쉐타 및 봉제	1971.3 자진취소

　심각한 경기불황으로 조업단축 및 휴업사태가 속출하며 도산기업이 늘어나는 상황에서도 부평공단은 내국인 기업과 재일교포 기업입주로 수출공단으로써 실적을 쌓았다. 부평공단은 1969년 수출목표 500만 달러를 초과하여 703만 달러의 실적을 올렸고, 1970년 47개 중 20개 업체 가동에 4만6천명 노동자가 고용되어 수출 목표액 1천만 달러의 2배가 넘는 약 2천3백56만 달러를 달성했다. 1970

년 부평공단의 수출실적은 그해 인천 전체 수출실적 5천9백60만 달러의 약 40%를 차지하여 1971년 부평공단의 3천만 달러 수출목표를 낙관할 정도였다. 인천의 전국 대비 수출비중은 1970년 5.9%로기 계획된 5.7%를 0.2%나 초과하여 목표를 달성했다. 예상치 못한 인천의 수출 증가는 부평공단이 기여한 바가 크고, 인천의 입지환경의 중요성을 강조하는 계기가 되었다. 품목별 수출실적을 보면 30개 수출품목 중 합판이 1970년 전체 수출액의 36.7%로 가장 높은 비중을 차지하였고, 가발업종이 17.2%, 섬유류 11.1%를 차지하는 등 우여곡절 끝에 조성된 부평공단의 입지는 성공적으로 굳혀지는 듯 했다.

〈표 15〉 부평공단의 연도별 수출목표 [77]

단위: 만 달러

연도	1970	1971	1972	1973	1974	1975	1976
수출목표	1,000	3,000	4,000	6,000	8,000	9,000	10,000

〈표 16〉 인천의 수출실적 [78]

단위: 천불

연도	업체수	목표(A)	실적(B)	비율(B/A)	수출	군납
1966	19	12,280	12,320	100.3	12,320	-
1967	23	16,312	17,532	107.5	17,532	-
1968	15	26,368	24,532	91.6	20,203	3,950
1969	48	34,631	33,550	96.9	28,513	5,037
1970	80	44,536	59,643	133.9	54,544	5,099
1971	91	67,640	91,379	135.0	83,997	7,382

77 인천시, 『인천시정백서』, 1971.
78 인천시, 『인천시정백서』, 1971.

〈표 17〉 인천시와 전국 수출실적 대비[79]

단위: 천불

구분	1966	1967	1968	1969	1970	기계획
인천시	12,320	17,532	24,154	33,550	59,643	76,600
전국	255,751	358,592	500,408	702,811	1,000,808	1,350,000
대비	4.8	4.8	4.8	4.8	5.9	5.7

그러나 부평공단의 3천만 불 수출 실적 목표를 눈앞에 둔 시점인 1971년 11월 2일 상공부 이낙성 장관이 부평공단 관리기구인 인천수출산업공단(이사장 김인식)과 구로공단 관리기구인 한국수출산업공단(이사장 최명헌)의 통합을 검토 중임을 발표하자 지역 상공계가 큰 혼란에 빠졌다.[80] 상공부가 발표한 수출공단 통합 방침은 부실기업 경영쇄신의 일환으로 수출공단의 경영합리화와 경비절감을 위해 인천수출산업공단을 1971년 11월 16일 해체하고, 17일 한국수출산업공단에 흡수·합병한다는 구체적인 일정까지 일방적으로 결정한 것이었다.[81] 당시 인천수출산업공단의 경영상태는 5억5천만 원의 부채를 안고 있었다. 그에 반해 한국수출산업공단은 부채가 11억 원에 달해 인천보다 더 심각한 적자 운영을 하고 있었다. 부평공단 입주기업체와 민간 출자자인 인천지역 상공계가 상공부의 통합방침에 정면으로 반발하고 나섰다.

인천수출산업공단은 11월 16일 올림포스 호텔에서 이사회와 총회를 개최하고 "정부 당국의 공단 일원화 방안은 인천수출산업공단 입

---

79 인천시, 『인천시정백서』, 1971.

80 경기매일신문, 1971.11.2.

81 경기매일신문, 1971.11.12.

주자의 권익보장 문제 등을 전혀 감안치 않은 처사"로 납득할 수 없
는 일이며, 정관 43조에 따라 차라리 해산 명령을 내리는 길이 입주
자를 위한 일이라며 당국을 거세게 비난했다. 더구나 상공부가 일방
적으로 합병 가계약을 종용한 것은 정면충돌을 불가피하게 했다. 인
천수출산업공단은 상공부의 결정을 인정할 수 없다며 당국의 부당
한 결정을 철회할 것을 요구하고, 입주자 보호 대책위원회를 구성하
여 대책위원장에 인천상공회의소 최정환 회장을 선출하는 등 강경
하게 대응하였다.[82] 가계약의 내용은 "인천공단(인천수출산업공단)의
업무 및 재산에 관한 일체의 권리의무를 한국공단(한국수출산업공단)
에 양도하고, 한국공단은 이를 인수한다."는 일방적인 내용을 담고
있었다. 최정환 대책위원장은 상공부와 한국수출산업공단이 부평
공단 입주업체 및 지역 상공계와 사전에 어떠한 논의도 없이 일방적
으로 통합 방침을 결정한 것은 있을 수 없는 일로 '상공부 당국의
무계획한 처사'를 비난하며 통합 가계약에 서명할 수 없음을 분명히
했다.

　그러나 양 수출공단의 통합 방침은 이미 정부 각의를 통과하여
대통령의 재가를 받은 상태였다. 그럼에도 대책위원회는 단순히 부
평공단의 입주업체 입장을 대변하는 선에 그치지 않았다. 11월 19일
인천수출산업공단은 마지막 총회나 다름없는 제2차 긴급대책위원
회를 개최하였다. 이 자리에서 총회는 ① 1:1 대등한 입장에서 통합
② 재산목록 및 대차대조표 제출 ③ 가칭 '경인수출공단'으로 개칭

82　경기매일신문, 1971.11.17. 대책위원장에 최정환을 선출하고, 이봉운, 김영배, 오준
　　섭, 조명흠, 이상윤을 위원으로 선출하였다.

〈그림 27〉 상공부의 수출공단 통합 방침(좌)과 인천수출산업공단의 반발(우).[84]

④ 주식지분의 명확한 조치 ⑤ 임원동수 ⑥ 동시 해산 등 6개 항목의 조건부 통합에 따른 해체안을 의결하고, 24일 통합 총회에 합의했다.[83] 인천수출산업공단이 7년 만에 해체되는 수순이었다. 인천수출산업공단 총회에서 결의한 합의안은 한국수출산업공단과 대등한 입장을 요구하고, 경인수출공단으로 명칭을 변경하며, 수출공단 운영에 있어 지역의 의견이 반영되어야 한다는 입장을 담았다. 그리고 대책위원회가 단순히 부평의 입주업체만을 대변하는 것에서 더 나아가 수출공단을 유치하기 위해 노력한 인천의 주요 행위자들 - 인

---

83 경기매일신문, 1971.11.20.

천상공회의소, 후원회 등 – 의 실천적 가치를 유지하고, 이를 반영하기 위해 조정, 절충하는 합의안을 도출하고자 했던 흔적을 볼 수 있다.

양 공단의 통합총회에 대해 이낙성 상공부 장관은 "인천수출산업공단을 한국수출산업공단에 흡수시키는 것은 결코 아니며 또한 인천수출산업공단이 부실하기 때문에 이 같은 방안이 마련된 것은 아니다"[85]는 입장을 밝혔다. 수출공단의 경영 합리화를 명분으로 인천수출산업공단 해산을 일방적으로 발표한 상공부가 막상 통합을 결의한 총회의 결정에 모호한 입장을 취한 것이다. 상공부 장관의 발언은 정치권의 모종의 합의나 의도가 있는 것이 아니냐는 의혹을 사기에 충분했다. 11월 24일 양 공단의 통합회의 개최에 대해 언론이 '석연치 않은 여운'[86]을 남긴 통합이었다고 비판한 것은 양 수출공단을 둘러싼 기류가 정치적 힘의 세력관계에 있다고 판단하였기 때문이다. 이 같은 우려는 실제 양 공단의 통합 총회에서 그대로 드러났다.

우선 양 공단의 통합 총회는 정관개정 사항 및 이사, 감사 등 임원 선임에 관해 7인 전형위원회를 구성, 의안을 위원회에 위임 처리하고 각각 10명의 이사와 감사 1인을 선출하는데 합의했다. 수출공단의 명칭은 인천수출산업공단이 요구한 '경인수출산업공단'이 아닌 '한국수출산업공단' 명칭을 논란 끝에 그대로 사용하는 것으로 결정

84 경기매일신문, 1971.11.17.

85 경기매일신문, 1971.11.20.

86. 경기매일신문, 1971.11.25.

〈그림 28〉 상공부의 일방적인 수출공단 통합 방안에 대한 의혹 제기[87]

〈그림 29〉 한국수출산업공단의 통합 총회에서 인천수출산업공단 해산 결정.[88]

했다. 대신 인천에 출장소를 두기로 합의하면서 통합 총회는 순조롭게 진행되는 듯 했다. 그러나 총회 개회 직후 양 공단이 진행방식을 두고 충돌했다. 한국수출산업공단은 인천수출산업공단이 요구한 통합총회가 아닌 제10회 임시총회로 진행하려 했던 것이다. 인천수출산업공단 이봉운 이사는 한국수출산업공단의 임시총회라면 인천이 참석할 필요가 없으며, 예정된 기자의 참석을 불허한데 대해 강하게 반발하고, 이를 수정할 것을 요구했다. 하지만 통합총회는 한국수출산업공단이 의도한 제10회 임시총회로 계속 진행되었다. 지역사회와 인천수출산업공단이 통합이 아닌 일방적 흡수·통합이라 주장하는 근거다. 한국수출산업공단의 총회 진행방식이 수평적 합병이 아닌 수직적 합병을 기정사실화하고 있었기 때문이다.[89]

---

87 매일경제, 1971.11.22.

88 경기매일신문, 1971.11.25.

　상공부가 경영 합리화를 명분으로 강제한 양 공단의 통합은 이미 만들어진 각본에 의한 것이나 마찬가지였다. 부채가 15억 원인 한국수출산업공단에 비해 인천수출산업공단은 약 1/3 수준의 5억5천만 원으로 통합할 경우 경영부실을 더 심화시킬 우려가 있었다. 그럼에도 통합을 강제한 것은 실제 양 공단의 통합 목적이 경영합리화가 아닌 다른 의도가 있는 것이 아닌가 하는 의문이다. 양 수출공단의 통합 방침은 외견상 적자경영 개선과 경비절감을 통한 '경영 합리화'로 알려져 있지만 그 이면에는 박정희 등 쿠데타 세력의 권력 관계의 문제로 바라보는 시각이 존재하기 때문이다.[90]

　수출공단 이사장은 이사회에서 선임하고 상공부가 승인하는 절차를 밟는다. 한국수출산업공단의 적자운영이 회복하기 어려운 상황에 처하면서 이사회가 송석하 이사장을 경질하고, 새로운 이사장을 물색했다.[91] 후임으로 최명헌이 1971년 3월 한국수출산업공단 이사장으로 상공부의 승인을 받아 선임되었다. 최명헌은 한국수출산업공단 이사장으로 옮기기 직전 인천수출산업공단 이사장직을 수행하고 있었다. 후임으로 김인식이 인천수출산업공단 이사장을 맡게 되었다. 인천수출산업공단은 인천의 민간 상공인들이 출자하여 설

89　매일경제, 1971.11.22.

90　매일경제, 1971.11.22.

91　송석하의 이사장 경질은 한국수출산업공단이 직면한 적자재정에 대한 책임을 물어 취해진 조처였다. 구로공단 운영 및 관리주체인 한국수출산업공단은 구로 3단지를 조성하면서 11억 원의 적자가 발생하였고, 기업 유치실적도 낮아 어려움을 겪고 있었다. (매일경제, 1971.3.19) 송석하는 박정희와 사관학교 동기로 한국국방연구원장, 한국수출산업공단 이사장 등을 역임 했다. 이사장직을 사임한 후 1971년 4월 27일 치러지는 국회의원 선거에 출마하기 위해 활동을 하였으나 실제 당선으로 이어지지는 못한 것으로 알려졌다.

립한 사단법인체로 출자자가 동의하지 않으면 이사장으로 선임되기 어려운 구조였다. 그럼에도 최명헌과 김인식이 어떻게 이사회에서 이사장으로 선임되었는지는 분명치 않다. 이사회 회의록이 남아있지 않아 확인할 수 있는 방법은 없다.

그러나 중앙집권적인 체계에서 상공부의 이사장 승인에 대해 대통령이 최종결정권을 갖고 있는 점을 고려하면 실제 인천수출산업공단의 이사장 선임 문제는 대통령의 의견이 반영되었을 것이다. 최명헌 이사장이 한국수출산업공단으로 자리를 옮긴지 8개월 후 상공부가 양 공단의 통합을 결정하고, 김인식 인천수출산업공단 이사장이 이사회나 입주업체들의 동의 없이 통합 결정에 합의하였다는 것은 사단법인체로서 인천수출산업공단의 기능이 국가 영역 안에서 정치세력이 동원된 권력관계에 의해 통제되고 있었음을 뜻한다.

최명헌 한국수출산업공단 이사장과 김인식 인천수출산업공단 이사장은 쿠데타 세력으로 깊은 인간관계를 맺으며 오랫동안 친분을 유지하고 있었다. 최명헌은 1963년 대령으로 예편한 뒤 1970년 채호 인천수출산업공단 이사장이 갑작스럽게 죽음을 맞아 후임으로 온 군 출신 박태원이 몇 개월 뒤 국회 출마를 위해 사퇴하면서 인천수출산업공단 이사장직을 맡았다. 그는 11대, 12대, 16대 국회의원을 역임하고, 1988년 잠시 노동부 장관을 지내는 등 오랫동안 정치권에서 영향력을 행사한 인물로 알려져 있다.

김인식은 박정희 대통령의 전 청와대경호실 차장을 지내다 최명헌 이사장 후임으로 인천수출산업공단 이사장을 역임한 직후 양 공단 통합에 참여했다. 통합된 한국수출산업공단 이사장직을 둘러싸고 최명헌과 김인식이 경합을 벌였다는 이야기가 있지만 두 사람이 인간적 친분이 있어 그럴만한 처지가 아니라서 김인식 이사장이 양보를 했을 것이라는 추측도 있다.[92] 어떻든 김인식 이사장이 인천수출산업공단 이사회의 동의를 구하지 않은 채 양 공단 통합을 주도한 것은 통합총회에서 인천상공회의소 최정환 회장과 이사들의 강한 항의를 피하기 어려웠을 것이다.

부평공단 초기 조성과정에 대해 인천상공회의소는 "1963년 제4대 의원(회장 이덕근)들이 뿌린 씨를 3년 만에 제5대 의원(회장 채호)들이 거두어들인 것"으로 기록하고 있다.[94] 그러나 양 공단의 일방적인 흡수·통합은 국가 단위 행위자로서 권력을 장악한 군부세력들이 부평공단 유치를 성공시킨 지역 단위 스케일의 다양한 행위자들의 연대를 약화시키거나 무력화시킨 대표적인 사건으로 평가할 수 있다.

〈그림 30〉 정부의 공업단지관리청 신설 검토[93]

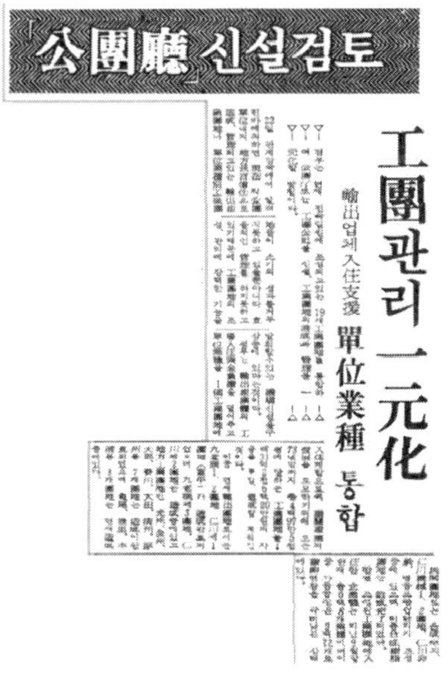
「公團廳」 신설검토
工團관리一元化
輸出업체入住支援 單位業種 통합

군부 엘리트들이 주도한 인천수출산업공단과 한국수출산업공단 통합을 계기로 정부는 전국에 조성 중이거나 이미 가

92 매일경제, 1971.11.22.

93 매일경제, 1971.11.22.

94 인천상공회의소, 1995, p.350.

동하고 있는 19개의 공단을 통제, 관리하기 위해 상공부 산하에 '공업단지관리청'을 신설, 전국의 공단을 일원화하기 위한 정책을 추진하게 된다.[95]

한편 부평공단을 조성 중인 인천수출산업공단이 주안지구에 제2수출공단 조성을 목표로 지역 사회세력들을 결집하기 위한 여론을 형성하기 시작하였다. 이 사업은 인천시가 1967년 인천도시개발5개년계획(건설부 공고 제266호)의 일환으로 송림동, 간석동, 도화동의 60여만 평(주안 폐염전 45만평 포함)에 총사업비 3억4천여만 원을 투입하여 1969년 12월 준공을 목표로 하였다.[96] 하지만 주안지구의 수출공단 조성은 부평공단과 마찬가지로 처음부터 재원 확보 방안을 마련하지 못한 채 추진되면서 많은 문제를 불러일으키게 된다.

---

95 매일경제, 1971.11.22; 1972.3.7.

96 인천신문, 1967.3.10; 6.3.

2. 인천기계공단 조성의 다중스케일적 과정

1) 인천기계공업의 경로의존성과 국가의 기계공업 육성

　국가주도의 수출주도공업화 전략은 중소규모 공장과 노동자의 인천 이동을 크게 하였다. 노동자 10인 이상 공장을 대상으로 조사한 결과에 따르면 1964년 공장수 381개, 노동자수 1만6,496명에서 1969년 588개, 2만7,691명으로 증가하였고, 생산액은 각각 124억7천5백만 원에서 578억7천7백만 원으로 성장하였다.[97] 업종별로 볼 때 1950년대 방적 및 섬유공업과 기계금속공업부문이 지역 산업을 주도하였다면 1960년대는 식료품, 금속, 1차 금속, 화학, 제재 및 목재 부문이 수출주도공업화 정책을 통해 빠르게 성장하였다.

　그러나 1960년대 인천의 제조업은 기술 및 시설규모 면에서 취약한 생산구조로 대부분 소비재생산부문에 집중되어 있었다. 다음의 〈그림 31〉에 나타난 바와 같이 1차 금속 및 금속, 화학, 식료품, 섬유, 요업 등 공업의 생산물이 단순 소비재 생산에 머물러 생산재 생

---

97 인천시, 『인천시사』(중), 1993, p.948; 『통계연보』, 각 년도.

〈그림 31〉 1960년대 인천의 제조업 업종별 분포 [98]

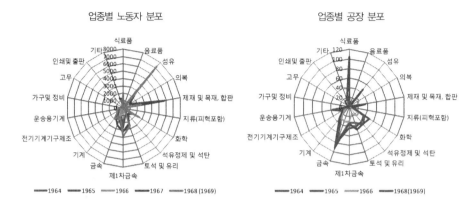

산부문으로 나아가지 못하였다.

다음의 〈그림 32〉의 공장수와 노동자수로 구분한 공업구조를 보면 해방 이전 16%를 차지하던 대기업은 점차 감소하여 1969년 4.5%로 낮아진 반면 노동자 비중은 각각 29%에서 1969년 51.9%로 급증하였다. 1969년 중소기업 비중이 95.5%로 압도적이었음에도 노동자 비중이 48.1% 로 대기업보다 낮게 나타난 것은 중소기업의 공업구조가 영세하였음을 의미한다. 반면 생산액 측면에서 1969년

---

98 인천상공회의소, 『인천상공명람』, 1965; 인천시, 『인천통계연보』, 각 년도.
  1) 10인 이하 기업 포함.
  2) 1차 금속 및 금속제품: 주물 및 주철 등, 철근, 철선, 강괴, 알루미늄, 드럼, 삽 및 곡괭이, 석유난로, 볼트, 너트, 라이터, 미싱부속, 계종시계, 식기류, 베어링, 탈곡기, 다리미, 농기구, 프레스, 양수기, 제빙기, 철전주 등.
  3) 화학 : 탄산마그네슘, 유산, 양초, 비누, 성냥, 농약, 가성소다, 유황분말 등.
  4) 식료품 : 통조림, 소맥분, 과자 및 사탕, 청량음료, 조미료, 장류 등.
  5) 요업 : 타일, 벽돌, 연화, 판유리, 토기 및 도자기 등.
  6) 섬유 : 직물제조, 수건, 메리야스, 스웨터, 로프 및 어망 등

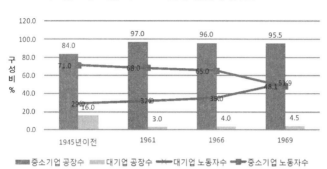

〈그림 32〉 해방 후 1960년대 인천의 공업구조 [99]

■ 중소기업 공장수   ■ 대기업 공장수   ─╳─ 대기업 노동자수   ─◆─ 중소기업 노동자수

은 1964년 대비 4.6배 증가하여 대기업과 중소기업의 생산액을 비교하였을 때 각각 59%, 41% 비중을 차지했다.[100] 중소기업 공장 수 증가가 노동자 수 증가로 이어지기보다 자본규모가 큰 대기업에 노동이 집중한 것은 인천이 대기업 중심의 불균등한 구조로 재편되기 시작하였다는 점과 1960년대 수출주도공업화 전략이 중소기업의 성장기반을 강화하는데 기여하지 못했음을 보여준다. 오히려 원료 및 중간재의 가공 및 조립, 저임금의 노동집약적 생산구조를 기반으로 한 취약한 생산구조가 대기업과 중소기업 간 상호대립, 경쟁관계를 형성하도록 한 측면이 있다.[101]

대기업과 중소기업 간 경쟁관계는 수출부문에 반영되어 나타난 것과 관련이 있다. 1964년 경공업 50.1%, 중화학공업 49.9%에서

99 인천시, 『인천시사』(중), 1993; 『인천시정백서』, 1970.
      중소기업은 200인 이하, 대기업은 200인 이상.

100 인천시, 『인천시정백서』, 1970, p.190.

101 박인옥, 2015, p.118.

1969년 각각 56.2%, 43.8%로 경공업과 중화학공업의 고용 비중이 점차 높아지면서[102] 수출품목이 1969년 공산품 82.8%, 수산물 0.6%, 광산물 1.6%로 나타나 공산품 수출이 압도적으로 높았다.[103] 1960년 대 수출품목이 1950년대 공산품 중심의 수출구조[104]와 크게 다르지 않은 것은 1960년대 수출주도공업화가 경공업 개발정책을 우선으로 하여 중화학공업부문으로 전환하는데 한계가 있고, 1950년대 수입 대체공업효과가 큰 공업의 구조 고도화를 기반으로 한 것이 아니기 때문이다. 수출주도공업화 전략은 원자재부품, 기계설비 등 중간생 산물을 생산하기 위한 기술개발, 생산력 향상을 토대로 한 것이 아니 었다. 생산재 생산부문을 담당하는 기계금속공업이 1969년 총 525 개 제조업체 중 133개로 약 25%의 높은 비중을 차지하였음에도 생산 력 향상 및 구조고도화를 통한 생산재 생산부문으로 진전되지 못한 채 취약성을 드러냈다.

제조업의 취약한 공업구조는 수출주도공업화 전략의 한계 요인 도 있지만 일제 식민지기 공업화의 경로의존적 특성을 반영하고 있 다는 점에서 주목할 필요가 있다. 해방 후 인천은 항만을 중심으로 광산 및 토목기계, 철도 등 운송용 기계, 농기계, 방직기계, 선박수 리 및 부품생산 등 일제 식민지기 군수공업부문에 의존하여 부를 축적한 기업들이 밀집해 있었다. 상당수 기업들은 해방 후 미군정에

---

102 인천상공회의소, 『인천상공명람』, 1966, p.313; 『인천경제현황』, 1974, p.112; 1982, p.73.

103 인천시, 『인천시정백서』, 1970, p.201.

104 1958년 인천의 수출 품목은 공산품 88.4%, 농산물 0.4%, 수산물 11.3%을 구성하 였다.

귀속된 일본인 공장이거나 귀속 공장과 일정 정도 거래를 해온 공장들이었다. 귀속공장은 1950년대에서 1960년대 대부분 불하되어 인천의 핵심 산업으로 성장하였다. 6.25전쟁으로 대부분의 시설들이 파괴되었지만 불하받은 기업들 중 규모가 큰 기업들은 원조자본과 차관에 의존해 설비를 확충하여 짧은 기간 부를 축적해 나갔다.

아래 〈표 18〉에 나타난 바와 같이 섬유, 화학, 철강, 기계, 식품공업부문의 불하기업들은 한국의 공업화 초기 산업자본이 충분히 발달하지 못한 상태에서 국가의 각종 특혜를 기반으로 전국에 생산물을 공급하며 시장을 지배해 나갔다. 특히 기계공업분야에서 대한중공업, 조선기계제작소, 이천전기, 대한전선 등 자본규모가 큰 기업들은 인천 전체 노동자의 약 50% 이상, 한국 총생산의 31%를 생산하는 등 국내시장을 독점하고 있었다.[105] 그 외 기계금속공업 중 한국강업, 조선철강, 대동철강, 인천철강 등 4개 공장이 1950년대 전국 철근 생산의 50%를 생산하고, 1966년에는 철강생산의 40% 이상을 인천에서 생산할 정도로 기계금속공업부문의 비중이 높은 편이었다.[106]

그러나 원조자본과 차관에 의존하여 규모를 확장해온 이들 대기업들은 기술개발 및 생산력 향상을 토대로 성장한 것이 아니라는 점에서 대기업과 중소기업의 생산관계는 경쟁적 관계로 나타날 수밖에 없었다. 더 나아가 생산과정에 투입되는 원자재 부품, 기계설비 등

---

105 박인옥, 2015, p.114.

106 인천상공회의소, 1995. p.244; 한국산업은행조사부, 『한국의 산업』(상), 1966, p.664.

중간 생산물을 자체 생산하고 이를 공급할 수 있는 능력과 구조를 갖추지 못하여 기업 간 경쟁적 관계는 분업화를 어렵게 하였다.[107]

〈표 18〉 1950~1960년대 불하사업체 중 인천의 대기업 [108]

불하 후 회사명	일제시대 기업체명	노동자수 (1962년 기준)	불하 년도	귀속기업체 매수자	1960년대 소유주
동양방직	동양방적 인천공장	2,515	1951	서정익	서정익
흥한방적	제국제마 인천공장	589	1952	장용운	박흥식
한국화약	조선유지인천공장	953	1953	김종희	김종희
삼화제철	시천제철소	–	1958	설도식	이정림
이천전기공업	조선동지전기	400	1956	서상록	장병찬 서상록
대한전선	조선전선	345	1952	엄규진	설경동
대한중기공업	관동기계제작소	534	1952	김연규	김연규
대성목재공업	조선목재	982	1952	손병도	전택보
애경유지공업	애경사	–		이득우 (관리)	–
동양제과공업	풍국제과	425	1952	김병문 (배동환)	이양구
조선기계제작소	조선기계제작소	731	1968	백낙승	김석범
대한제분	조선제분	212	1953	이한환 (김용주와 공동)	이종각
대한전선	조선전선	345	1952	엄규진	설경동 최대섭
인천제철	조선이연금속㈜ 인천공장	969	1951	임일식	김성은
삼능전기	삼능전기㈜	–		이우규 (관리자)	

따라서 설비 및 규모 면에서 인천의 기계공업은 소비재 경공업부

---

107 박인옥, 2015, pp.117~118.
108 박인옥, 2015, p.110, 112.

문에 집중되어 공작기계, 정밀기구 등 생산재 생산부문으로 발전하지 못했다. 난로, 볼트, 너트, 자전거부품, 라이터, 자물쇠, 바킹, 제봉기, 철도부품, 낫, 연탄기 및 윤전기 등 단순 부품 생산과 부품의 조립 및 가공, 선박수리 공업이 대부분으로 노동집약적 생산구조를 띠고 있었으며, 지역을 소비시장으로 한 소규모 기계공업의 특성을 벗어나지 못했다. 1960년대 기계공업부문의 이 같은 생산구조는 1970년대에도 크게 달라지지 않았다. 따라서 인천의 기계공업이 생산재 생산부문으로 나아가지 못한 것은 해방 전 식민지 경제의 성장경로의 역사성과 밀접한 관련이 있다고 할 수 있다.

이와 관련해 1960년대 한국 기계공업의 특징을 한국기계공업진흥회는 첫째, 식민지 이식형 공업으로 자연발생적으로 육성 발전되기보다 일본의 식민지 정책상 필요에 의해 육성되었고, 둘째, 하청 계열 관계의 부재로 필요한 제품 또는 부품을 일본에서 직접 수입 조달하였으며, 그로 인해 중소공장의 자체 생산으로 충당함으로써 중소공장은 대공장과 유리된 상태였으며, 셋째, 구조적인 불균형으로 일본은 한국에서 지하자원과 농업자원의 수탈에 혈안이 되어 자원개발과 이의 수송에 필요한 광산기계, 농업기기, 일부 수송용 기기 부문의 육성에 편중함으로써 기계공업의 내부구조는 균형적인 기초를 이루지 못했음을 지적했다.[109]

기계공업의 취약성은 한·일국교정상화 이후 더욱 심화되어 나타났다. 기계설비의 국산화가 이루어지지 않아 일본기계 수입에 의존함으로써 영세한 기계공업을 더욱 위축시켰다. 기계공업 관련 업체

---

109 한국기계공업진흥회, 『한국기계공업진흥회 10년사』, 1980, p.161.

들은 기계의 국산화로 수입대체산업을 육성할 필요성을 제기했다. 또한 전문성을 갖는 기계산업 기반조성을 위한 국가의 기계공업육성책을 촉구하며 중앙정부 차원에서 취약한 기계공업을 집단화, 계열화, 전문화하고, 공업구조를 고도화하기 위한 법적, 제도적 장치가 시급하다고 강조했다. 기계공업계의 요구를 반영하여 중소규모 공장이 90% 이상을 차지하는 공업구조를 개선하고, 고도화하기 위한 정책과 지원책이 마련되었지만 실효성 있는 정책으로 이어지지 못했다. 본격적인 기계공업 등 중소기업체의 지원방안은 1973년 중화학공업화 선언 이후 가능했다.

정부의 중소기업육성책은 6·25 전쟁이 끝나고 1956년 발표된 바 있지만[110] 정책관리의 미성숙으로 대부분 실현되지 못했다. 당시 정부는 중소기업협동조직을 강화하기 위한 협동조합법을 제정하고, 지원자금 20억 원을 귀속재산 수입 6억 원, 비료 대금 1억 원, 도시 금융조합자금 4억1천만 원으로 충당하고, 나머지는 대충자금으로 확보하여 지원하는 방안을 마련했다. 또한 세금 감면과 법인의 재투자를 위한 내부유보금의 면세를 고려하고, 중소기업의 판로를 군납 확대와 상품판매시장법 제정으로 공동판매장 설치, 국산품과 동종의 외래품 수입 억제 및 모범공장과 우량국산품 장려 등으로 중소기업을 육성하겠다고 하였다. 그러나 기계금속, 화학공업 부문의 지원은 대기업에 치중되어 각종 특혜를 기반으로 성장한 반면 중소기업은 실효성 있는 정책으로 이어지지 못한 채 소외되었다.

---

110 국가기록원, 「중소기업육성대책요강」, 1956년 대통령 취임식에서 중소기업을 육성할 것을 선언하고, 8월 구체적인 지원방침을 발표했다.

1966년 5·16 쿠데타의 당위성, 민족기업과 중소기업에 대한 중요성을 강조하기 위한 조치들이 발표되었다. 정부는 중소기업은행 설립(1961.8), 중소기업협동조합법(1961.12), 중소기업 수출전환정책이라는 중소기업육성책(1965.1)을 기반으로 중소기업기본법을 제정했다. 중소기업육성책은 산업구조 고도화와 균형발전을 목적으로 수출주도공업화 달성에 필요한 법적, 제도적 근거를 마련하기 위한 것이었다. 그 내용을 보면 ① 지방자치단체는 중소기업시책에 따라 관할지역의 특성을 고려한 지원책을 마련, ② 정부가 중소기업 설립을 촉진하고 성장 발전시킬 수 있도록 필요한 시책 마련, ③ 경영, 기술의 지도 및 연수, 기술개발의 촉진 및 표준화, 생산시시설의 현대화와 정보화 촉진, ④ 정부, 지방자치단체, 공공단체 및 정부투자기관 등이 물품 또는 용역을 조달할 때 중소기업의 수주 기회 증대 및 판로확대, ⑤ 중소기업의 집단화 및 협동화 등 중소기업의 협력 촉진, ⑥ 구조 고도화 위한 중소기업의 법인전환, 사업전환이나 중소기업 사이의 합병, ⑦ 분업화, 계열화 촉진, 제조, 가동 또는 수리 위탁받은 중소기업의 공정한 이익 보호, ⑧ 사업의 성장, 발전, 경제적 지위 향상을 기할 수 있도록 중소기업협동조합 등 단체의 조직 촉진과 운영의 합리화, ⑨ 중소기업 시책을 실시하기 위한 필요한 법 제정, ⑩ 중소기업의 자금 지원을 위해 재정 및 금융자금 공급의 적정화와 신용보증제도의 확립, 세제 지원 등이다.

그러나 중소기업 지원 자금 및 수출전환사업에 대한 지원은 정부의 재원확보의 어려움으로 삭감되거나 대기업의 횡포로 중소기업체가 수출업체로 선정될 수 있는 기회를 가로막았다. 이 법에 근거하여 1967년 정부가 인천에 중소기업 육성자금을 4천8백만 원 배정하였지만 정작 금융기관과 사전협의 없이 일방적으로 추진되어 금융 기관이 대출을 꺼리면서 실적은 고작 3백50만원에 불과할 정도로 제대로 이루어지지 않았다.[111] 대출 대상 업체의 상당수가 휴업상태 임에도 불구하고 행정기관이 실태파악도 하지 않은 채 금융기관과 사전협의 없이 실적을 높이기 위해 일방적으로 조급하게 추진된 것 이 실패의 요인이었다. 정부가 실태 파악을 위해 전국의 기계공업체 등록을 시작한 것은 1968년 이후 이루어졌다.

〈표 19〉에 나타난 바와 같이 전국 제조업 부문 중 기계공업이 차 지하는 비중은 1966년 전체 사업체수 2만2천7백여 개 중 3천5백여 개로 15.7%, 1972년 17.1%를 차지하여 기계공업부문의 제조업체의 수가 계속 증가하는 추세였다. 기계공업부문의 공장 증가는 노동자 고용 증대로 이어져 전체 노동자 중 1966년 16.8%, 1972년 18.4% 를 차지하였다. 생산액 측면에서도 기계공업은 각각 12.4%, 12%로 양적팽창을 불러왔으며, 전 산업분야에 걸쳐 기초적인 부품을 제공 하는 등 국가의 경제성장에 기여한 바가 컸다. 특히 1968년 생산액 이 1966년에 비해 1.7배 증가하여 정부의 기계공업부문에 대한 지 원이 성과를 내는 등 기대를 크게 했다. 그러나 기계공업부문의 성 과는 대기업 중심의 정부 지원과 구로공단 조성으로 입주기업의 수 출품 생산에 따른 것이었다.

---

111 인천신문, 1967.3.30.

〈표 19〉 전국 제조업 중 기계공업 비중 [112]

구분		1966	1968	1969	1970	1971	1972
사업체수 (개)	제조업(A)	22,718	24,102	24,114	24,114	23,412	23,729
	기계공업(B)	3,569	3,991	4,211	4,078	3,891	4,048
	(B/A)	15.7	16.2	16.8	16.9	16.6	17.1
종업원수 (명)	제조업(A)	566,665	748,307	829,004	861,041	848,194	973,415
	기계공업(B)	95,148	128,839	151,795	155,861	150,759	179,020
	(B/A)	16.8	17.2	18.3	18.1	17.8	18.4
생산액 (백만원)	제조업(A)	789,306	1,218,528	1,474,090	1,732,653	2,041,684	2,048,752
	기계공업(B)	97,664	165,121	210,085	207,867	218,604	245,064
	(B/A)	12.4	13.6	14.3	12.0	10.7	12.0

　　정부는 1967년 3월 기계공업진흥법 제정을 통해 기계공업육성을 위한 근거를 마련하고, 철강 및 석유화학, 기계공업부문을 3대 핵심 산업으로 지정했다. 기계류의 국산화 촉진, 기계공단 조성 등을 주요 내용으로 국산기계 구입자금의 융자제도와 외국산 기계도입 규제, 기계공업의 전문화 및 계열화 업체의 지정, 창원기지 건설사업 등을 추진했다. 기계공업체(기계, 기구, 또는 구조물을 제작하거나 가공·조립하는 공업) 등록이 1968년 시작되면서 재정자금을 주원으로 하는 일반은행의 기계공업에 대한 자금을 지원하는 등 기계공업진흥을 위한 기본계획을 발표했다.

　　기계공업진흥기본계획은 첫째, 국산화 촉진, 둘째, 수출전환, 셋째, 전문화·계열화 체제 확립 등을 3대 목표를 근간으로 했다. 국산화 촉진을 위해 시설 근대화 및 기술혁신으로 품질을 향상하고, 기술제휴 및 합작투자로 신규제품을 개발하여 기계를 도입할 때 우

112　한국기계공업진흥회, 1980.

선 공공차관, 상업차관을 대상으로 성능, 품질, 가격 등이 보장되는
품목을 국산화하도록 했다.[113] 박정희 대통령은 1968년 초 상공부를
방문하여 조선 및 기계공업을 수출산업으로 전환하고 3년 내지 5년
간 중기연불수출(中期年拂輸出)이 가능하도록 제반조치를 조속히 취
할 것과 상공부 장관이 수출 진흥을 위해 주요 도시를 직접 방문하
여 지방상공인의 긴밀한 협조를 얻을 것을 지시했다.[114] 상공부 장관
은 수출 5억 달러를 달성하기 위해 대한상공회의소와 국영기업체가
나서 목적 달성에 협조할 것을 당부한다.

  그러나 전문화, 계열화는 외국 '메이커'와 직접 또는 합작투자로
기술혁신 및 시설 근대화를 실현하고, 기계공업육성도 특정기계공업
에 한하여 중점적으로 지원, 육성한다는 방침이어서 자본규모가 크
지 않은 중소영세기업보다 대기업에 유리한 방향으로 추진되었다.

  뿐만 아니라 기계공업진흥기본계획은 1968년에서 1971년 기간
한시적으로 추진되는 사업으로 중소기계공업부문의 실질적인 성장
을 기대하기는 어려웠다. 기계공업진흥법은 기계공업육성을 중점
과제로 선정하였다는 의미를 부여할 뿐이었다. 실질적인 기계공업
부문의 국산화, 생산 및 기술의 전문화, 계열화에 대한 요구는 1972
년 제3차경제개발계획에서 구체화되었다. 1972년 박정희 대통령은
신년사에서 방위산업육성을 통한 자주국방을 천명하며 기계공업육
성을 강조하고, 중화학공업화 선언, 장기 기계공업육성계획 등을
발표했다. 그러나 기계공업구조의 취약성은 물론 실태파악조차 되

---

113 대한민국 관보, 1968.3.18.

114 매일경제, 1968.1.17.

어 있지 않아 실질적인 성과를 얻는 데는 시간이 걸렸다.[115] 기계공업진흥법이나 중화학공업화 정책에 따른 정부의 전문기계공장 및 지원은 중소기업에 유리한 방식으로 진행된 것이 아니어서 계열화로 진전되지 못한 것이다. 실질적인 중소규모 전문기계공장의 선정 및 지원방안은 1976년 이후 추진되었다고 보아야 할 것이다.

기계공업이 실질적인 계열화, 분업화, 전문화로 나아가지 못한 상황에서 대기업 중심의 기계공업진흥책은 중소기계공업의 이해와 요구를 반영하기 위한 연합 및 세력화를 위한 움직임이 나타났다. 부평에 수출공단 조성이 완료될 즈음 1968년 인천상공회의소는 경기도기계공업협동조합과 연합하여 인천시, 경기도, 대한염업㈜, 중앙정부를 상대로 남구 주안동, 도화동, 북구 가좌동의 주안 폐염전 매립부지를 활용하여 기계공단 조성을 계획하고, 구체화하기 위한 행동에 나선다.

다음 절에서는 지역단위 측면의 사회세력들 - 인천상공회의소, 경기도기계공업협동조합, 인천시, 경기도 등 - 과 국가단위 측면의 사회세력들 - 대통령, 정부관료, 대한염업㈜, 공단관리청 등 - 이 인천기계공단 조성과정에서 각각의 이해와 요구를 반영하기 위해 어떤 역할을 하였는지 다중 스케일적 관점에서 살펴본다.

---

115 정부의 기계공업부문의 실태파악은 1973년 중화학공업화 선언 후 그해 6월부터 상공부의 기계공업국의 협조를 얻어 실시되었다.(대통령비서실, 〈중화학공업화정책 선언에 따른 공업구조 개편론〉 1973.1.30.)

2) 염 생산 공간에서 기계공업단지로

(1) 지역 행위자들의 연합과 ㈜인천기계공업공단 설립

1967년 정부가 기계공업을 3대 핵심 산업의 하나로 정하고, 1968
년 기계공업진흥기본계획에 따라 기계설비의 국산화, 수출전환, 전
문화 및 계열화 체제 확립 등을 3대 목표로 하여 재정 및 금융지원
계획을 발표하자 인천상공회의소가 기계공단 설립을 위한 지역여론
을 형성하기 위한 행동에 나섰다.

1968년 11월 인천상공회의소 김재길 사무국장은 이한삼(李漢三)
진흥과장에게 인천지역 내 기계공업체를 대상으로 인천시가 매립중
인 주안염전을 공단화 하는 것에 관한 여론조사를 지시한다. 구체적
인 설문내용 및 조사대상 기록은 남아있지 않지만 인천상공회의소
회원업체 및 네트워크를 활용해 의견을 모았을 것으로 추측된다. 조
사결과는 긍정적인 것으로 보고되었다.(1968.11.15) 우선 인천상공회
의소 이한삼(李漢三) 진흥과장, 대한염업㈜ 고문 한광수(韓珖洙)와
총무부장 등이 회합을 갖고 기계공단 조성의 가능성 여부를 타진하
였다. 그 결과 "대단히 좋다는 결론"을 얻게 된다.(1968.11.19.)

그러나 공단조성 사업은 기계공업 관련 이해당사자들의 힘만으로
해결될 수 없는 문제였다. 주안지구의 염전 매립을 계획 중인 인천
시의 입장도 중요했기 때문이다. 인천시의 입장을 확인하기 위해 인
천상공회의소 김재길 사무국장과 경기도기계공업협동조합 장만순
이사장은 김해두 인천시장을 방문하여 기계공단 조성의 필요성을
강조하고 인천시의 적극적인 협조를 요청했다.(1968.11.26) 그 자리
에서 인천시장은 건설국장, 산업국장, 수도국장에게 공단추진에 관

한 적극적인 협조 및 지원을 지시하는 등 의지를 보였다. 인천상공회의소는 경기도기계공업협동조합과 함께 구체적인 추진방안을 마련하고, 부평공단과 달리 독립적인 민간주도의 기계공단을 조성하기로 한다.

당시 전국 지방정부들은 공업지구 지정과 공단 조성 등 지역개발을 자립경제 달성을 위한 유일한 길이라 인식하고 있었다. 인천시역시 지역개발을 국가의 수출주도공업화라는 경제부흥 전략의 일환으로 인식하여 성공 가능성이 있다고 판단했다. 이미 도시종합개발계획에 의거 주안지구는 공업지구로 지정되어 건설부 인가를 받아 매립공사가 진행 중이어서 부지 확보에 어려움이 없을 것으로 보았다. 인천상공회의소 채호 회장을 비롯해 경인지구종합개발추진위원회, 부평공단후원회 등 지역의 토착세력들은 부평수출공단 유치를 성공시킨 경험도 있었다. 지역의 다양한 사회세력들이 지역개발사업을 국가의 전략 사업으로 쟁점화 하여 동원할 수 있는 인적, 물적 기반 확보에 자신감을 보이면서 기계공단 조성계획은 성공할 수 있을 것으로 판단했다.

인천상공회의소는 기계공단 부지로 주안 폐염전 매립지 10만여 평을 적합지역으로 지목하고, 1969년 3월말까지 수도, 전기공사를 마무리한다는 계획을 세웠다.[116] 1968년 12월 2일 인천상공회의소 채호 회장은 김재길 사무국장, 경기도기계공업협동조합 장만순 이사장 3인과 만나 공단 발기인을 구성하고, 입주희망자를 모집할 것에 합의했다. 곧 이어 12월 5일 인천상공회의소는 입주예정업체가

---

116 매일경제. 1968.11.30.

참여하는 김해두 인천시장과의 간담회에서 채호 회장을 공단설립 기성회 발기인 회장으로 선출하기에 이른다. 공단설립 기성회는 12월 10일 인천상공회의소 강당에서 가칭 '사단법인 인천기계공업공단 설립기성회 창립총회'를 개최하고 규약 심의 및 임원을 선출한다.(〈표 20〉) 기성회 창립총회는 유승원 의원, 남봉진 경기도지사, 박현수 대한염업㈜ 사장을 고문으로 선출하고, 회장에 채호 인천상공회의소 회장, 부회장에 장만순 경기도기계공업협동조합 이사장, 상임이사에 김재길 인천상공회의소 사무국장을 선출하였으며, 이사회는 입주예정업체 및 인천시 관계자들로 구성하고, 신흥선을 위원장으로 선출했다. 이사회에서 김재길 상임이사와 장만순 부회장은 공단 조성에 관한 일체의 사무를 일임 받아 대한염업㈜과 수차례 부지 위치 선정 및 매입비 절충에 나섰다. 그 결과 남구 주안동과 도화동, 북구 가좌동의 약 11만평을 평당 1천원에 매입하는 것으로 합의하고, 입주희망업체 51개 공장을 모집하여 입주신청서를 받아 본격적인 입주 위치 및 자금확보 방안 등 공단 조성에 필요한 협의에 들어갔다.

〈표 20〉 인천기계공업공단 기성회 임원(1968.12.10.)[117]

직위	이름	소속
고문	유승원	경인지구종합개발추진위원회 위원장
	남봉진	경기도 지사
	김해두	인천시장
	박현수	대한염업㈜ 사장
회장	채호	인천상공회의소 회장
부회장	장만순	경기도기계공업협동조합 이사장, 인천기계제작소
이사회		
상임이사	김재길	인천상공회의소 사무국장

2. 인천기계공단 조성의 다중스케일적 과정 191

위원장	신흥선	인천상공회의소 종합개발분과 위원
위원	김영배	일신화학주식회사
	김용해	–
	김두영	–
	김순성	–
	강용구	–
	심영섭	–
	이봉운	제물포철공소
	홍승기	경기도기계공업협동조합 이사, 이화철공소
	임흥업	제일신철합자회사
	김동욱	대인기계제작소
	구자호	삼성주물공업사
	김재순	해안정밀주식공작소
	민찬식	인천시 건설국장
	허호	인천시 산업국장
	이학진	인천시 수도국장
감사	박동순	–
	안희점	재건공업사

인천기계공단은 입주 자격을 인천지역에 산재한 중소기계공업체로 제한하여 민간주도의 특화된 공단으로 조성하는 것을 원칙으로 했다. 1969년 1월 17일 43개 업체가 참여한 입주자 전체 회의가 인천상공회의소 사무실에서 개최되었으며, 부지 매입 및 조성비 확보 등 협상력을 높이기 위해 기성회의 발전적 해산과 사단법인체를 발족할 것을 결의하였다. 2월 8일 '사단법인 인천기계공업공단' 발족을 위한 창립총회가 개최되었으며, 이 자리에서 이사장에 김재길(인천상공회의소 사무국장), 이사 10인, 감사 2인을 선출했다. 초대 이사장 자격에 대해 참석자들은 "입주자 중에서 선출하는 것 보다는 덕

---

117 ㈔인천기계공업공단, 「인천기계공업공단 연혁철」, 1969.

망 있고 경제에 식견이 많은 인사로 비회원 중에서 선출해야 공단 운영상 사사로운 이익에 치우치지 않고 중립을 지키며, 개척과정이기 때문에 발 벗고 뛰어다닐 수 있다는 여론을 집약, 소회의에서 김재길 인천상공회의소 사무국장을 선출하여 동 공단의 이사장으로 일해 줄 것으로 요청했다."고 기록하고 있다.[118]

〈표 21〉 사단법인 인천기계공업공단 임원(1969.2.8)[119]

직위	이름	소속
고문	유승원	경인지구종합개발추진위원회 위원장
	남봉진	경기도 지사
	김해두	인천시장
	채호	인천상공회의소 회장
이사장	김재길	인천상공회의소 사무국장
이사	김재순	해안정밀기계공작소
	장만순	인천기계제작소
	임흥업	제일신철합자회사
	홍승기	삼화철공소
	김성성	오르강미싱제조상사
	안희점	재건공업사
	구자호	삼성철물공업사
	김병두	만화주물주식회사
	장범진	인천강업합자회사
	박준근	경인조선철공소
감사	이봉운	제물포철공소
	오대균	인천전기제작소

---

118 인천상공회의소, 『인천상공회의소 120년사』, 2005, p.351.

119 (사)인천기계공업공단, 「인천기계공업공단 연혁철」, 1969.

1969년 4월 28일 ㈜인천기계공업공단은 민법 제32조에 의거 상
공부의 정식 허가를 받았다. 그리고 꼭 10년 후 1978년 5월 ㈜인천
기계공업공단은 공업단지 관리법 제6조에 의거 상공부 제249호 '인
천기계산업단지관리공단'으로 정식 허가를 받게 된다. 이 기간 동안
㈜인천기계공업공단은 총 10회의 정기총회를 개최하였고, 4명이 이
사장직을 수행했다. 초대 이사장 김재길(1969~1971.2), 2대 이사장
장만순(1971~1972.2), 제3대 이사장 이봉운(1972.2~1972.6), 제4대
이사장 장만순(1972~1977.2), 그리고 인천기계공업관리공단으로 상
공부의 허가를 받은 후 제5대 이사장 김성성(1977~1980.2) 등이
1960~1970년대 공단의 관리 및 운영 전반을 맡아 업무를 수행했
다. 김재길은 해방 전 인천상업학교를 졸업하고, 삼중물산주식회사
경성지점 인천출장소, 조선해운상사회사, 인천조선공업주식회사,
동해운수주식회사 등 요직에 근무하였고, 해방 후 인천상공회의소

〈그림 33〉 ㈜인천기계공업공단 설립허가 공문(좌)과 설립허가증(우)

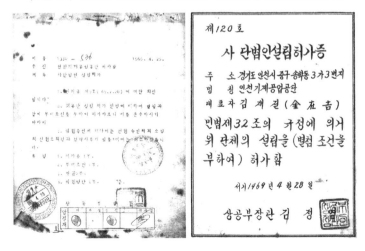

사무국장으로 활동을 했다. 장만순은 해방 전 조선제강소에 근무하다 인천기계제작소를 설립하여 해방 후에도 기업을 계속 운영, 경기도기계공업협동조합 이사장으로 수년간 엮임했다.

1968년 기성회로 출발하여 사단법인체로 허가받아 활동하기까지 ㈜인천기계공업공단은 이사회와 총회에서 부지 선정 및 부지매매계약, 기업유치방식, 개별공장의 위치 및 공용시설 건설, 재정확보 방안 등 관리 및 운영 전반에 대해 입주업체들의 의견을 반영하여 결정하였다. 개별공장의 위치 선정은 추첨을 통해 결정하고,[120] 특정기업이 부지를 과다하게 소유하는 것을 제한하기 위해 입주자가 '공장규모에 비해 필요 이상의 대지를 점유할 때 잉여대지를 공단에 반환하고, 대지가 협소하여 확장이 필요한 업체나 신규입주자에게 주도록 결의'하였다.[121] 기계공단 조성과정의 의사결정이 입주업체들 간 형평성을 유지하고 갈등을 최소화하기 위한 조정과 협의 과정을 중요하게 인식한 것으로 보인다.

인천기계공단이 기성회에서 사단법인으로 전환한 것은 중소규모 기계공업 동일업종의 이해를 대변하기 위한 연대와 세력화에 있었다. 공단 조성은 재원이 확보된 상태에서 추진된 것이 아니기 때문에 국가를 상대로 지원을 받아야만 가능한 사업으로 동종업종 간 결속력과 네트워크가 무엇보다 중요했다. 공단 총 소요비용은 3억9천437만원 중 자체자금 1억4천만 원, 융자금 8천326만원이고, 국가보

---

120 ㈜인천기계공업공단, 발신공문, 인기공 제89호, 1969.6.30. 1969년 6월 27일 1차 임시총회에서 추첨에 의하여 공단입주업체 공장위치를 결정하였음을 입주예정업체들에게 공고했다.

121 ㈜인천기계공업공단, 「공단설립 후 업무 상황보고」 인기공 제27호, 1969.4.4.

〈그림 34〉 입주업체 공장부지 추첨결과 공지문

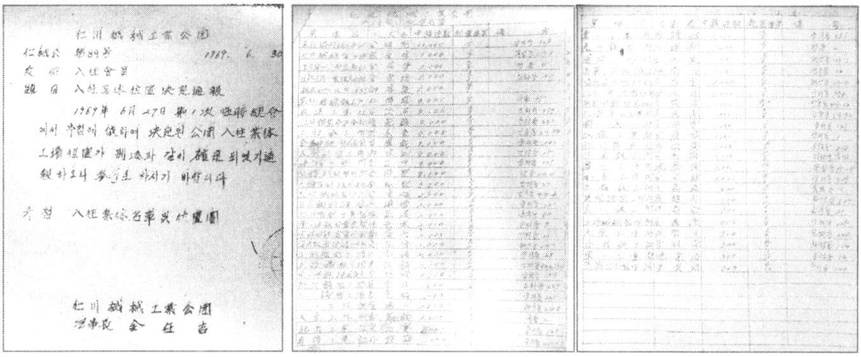

조금 1억7천100여만 원이 투자되는 상황에서 국고보조 없이 중소규모의 기계공업체들이 재원을 모두 부담하는 것은 현실적으로 어려움이 있었다. 때문에 지역 사회세력들의 네트워크를 활용하고, 정부의 의사결정과정에 영향력을 행사할 필요가 있었다. 인천상공회의소와 경기도기계공업협동조합이 주도하여 설립한 (새)인천기계공업공단은 공단 조성에 필요한 재원의 일부를 국고지원을 통해 해결하기 위해 대통령(1969.3.21)과 각 부처(내무부, 경제기획원, 1969.4.24)에 각각 건의서를 제출하고 정부의 기계공업육성 정책에 반영해 줄 것을 요청했다. (새)인천기계공업공단이 제출한 건의서에 대해 박정희 대통령은 "좋은 계획인 만큼 내무, 상공, 재무 합동회의에서 진지하게 검토, 조치할 것"을 정부 부처에 전달했다.(1969.4.21)

(새)인천기계공업공단이 제출한 건의서는 "농업근대화의 여건 조성, 기계류 수입 대체, 중·경공업 제품의 수출촉진, 그리고 산업구조 개선과 산업연관효과의 극대화 등을 위해 기계공업육성은 시급한 사안'임을 강조하고, '사회적 책임'과 '국가적 사명감'에 입각하

〈그림 35〉 인천기계공단조성 계획 건의서의 대통령 친필(좌)과 업무협의 지시(우)

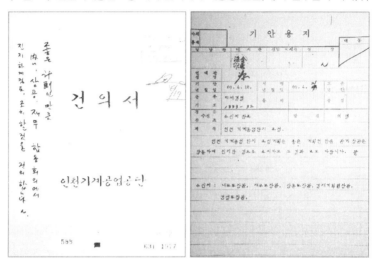

여 '보람과 책임을 느끼고 있다."고 하여 인천의 기계공업계가 공단 조성을 통해 국가의 수출주도공업화 전략을 수행하는데 기여하고 있음을 강조했다. 국가 차원의 전략 수행에 앞서 인천의 도시문제를 지역 차원의 개발사업을 통해 해결해야 하는 당위성도 제기했다. "공장들이 주거지와 상업지구에 혼재되어 있어 공해와 소음을 발생시키는 요인이고, 노후화된 시설로 안전을 위협하고 있어 이의 방지와 국제경쟁력 강화를 위해 반드시 필요하다"는 것이었다.[122]

그러나 1969년 4월 29일 내무부는 소관업무가 아니라는 이유로 건의서를 상공부로 이관했다. 같은 일자에 경제기획원은 "그 필요성이나 사업 효과 면에서 충분히 타당성이 있다고 인정되나 투자재

---

122 (새)인천기계공업공단, 「인천기계공업단지 조성계획서(1969~1970)」, 1969.

원 조달계획에 있어 과중하게 국고에 의존하고 있을 뿐만 아니라 연도 중에 막대한 신규 사업비 보조를 책정함은 곤란"하다며 "별도 재원을 모색하도록 검토하라"는 사실상 지원의사가 없다는 부정적 입장을 밝혔다. 기계공단 조성과 관련해 대통령이 정부 부처와 협의할 것을 지시한 것은 이번이 처음이 아니었다. 1969년 2월 4일 사단법인 발족 직전 대통령이 경기도를 방문하였을 당시 남봉진 경기도지사의 기계공단 조성에 관한 브리핑을 받는 자리에서 대통령은 상공부와 협의할 것을 지시한 바 있었다. 대통령의 의지(?) 표명에도 불구하고 실제 정부 관료들의 판단은 달랐던 것이다.

공단 조성비 지원에 대한 경제기획원의 국고보조 불가 회신이 있은 며칠 후 5월 1일 관계부처 회의가 개최되었다. 정부가 어떤 경위로 부처 간 회의를 소집하게 되었는지는 지금으로선 분명하게 밝혀진 것은 없다. 그러나 기계공단 조성의 필요성 및 당위성에 대한 지역의 이해세력들의 요구가 다양한 경로를 통해 영향을 미쳤을 것으로 추측된다. 이 회의는 장관이 참석한 회의가 아닌 실무단위 관료들이 공단 조성을 기정사실화 하고, 어떤 형태로든 지원방안을 협의하기 위한 자리였다는 점에서 정부가 기계공단 조성에 필요한 지원을 공식화한 첫 번째 행위로써 중요한 의미를 갖는다. 상공부 중소기업국장이 주재한 이 회의는 건설부 지역계획과장, 내무부 재정과 교부세 계장, 경제기획원 투자예산과 사무관, 경제기획원 투자3과 사무관, 재무부 사무관 등이 참석하였고, ㈜인천기계공업공단 김재길 이사장, 경기도 식산국장, 인천시 김해두 시장, 상공부 중공업과장 등이 배석한 가운데 관련부처 소관사항에 대한 사항을 검토하였다.[123]

　구체적인 협의사항을 보면 가) 인천기계공업단지 조성계획의 확정을 건설부와 상공부가 합동으로 처리하고, 나) 조성비용에 관해서는 건설부가 검토하며, 다) 조성비용에 있어 중앙지원과 지방부담의 비율, 중앙지원 중 보조와 융자의 비율에 관해 건설부가 검토하여 중앙협의기구에 상정 심의한다고 했다. 부처별 자금 지원방안은 공공시설의 경우 건설부가 자치단체에 지원할 수 있도록 하고, 위 가), 나), 다) 합의 사항이 해결되면 융자방안은 상공부가 추경 또는 기타 가능한 조치를 취하며, 내무부가 지방교부세 재원을 1969년도에는 지원이 불가능하나 1970년도 예산을 고려하여 경제기획원이 각 부처의 예산상의 요구가 있을 때 추경 또는 1970년도 예산에 반영하는 것으로 합의했다. 그 결과 1969년 7월 국고융자 3천만 원이 상공부 추경에 반영되어 국회를 통과하였고, 그해 12월 한국은행으로부터 기계공업육성자금 5천만 원을 융자받을 수 있게 되었다.

　입주예정기업이 늘어나는 등 기계공단 조성에 대한 지역 내 기대감이 커지면서 공단조성에 필요한 은행융자금과 51개 입주예정기업의 자기자금으로 본격적인 부지 매입 작업에 들어갔다. ㈜인천기계공업공단은 대한염업㈜과 주안염전 부지 매매계약을, 인천시와 채비지 매매계약 등을 체결하였다. 그러나 입주업체를 미리 모집하여 '선분양 후개발' 방식으로 추진하는 공단조성사업은 순탄하게 진행되기 어려운 구조였다. 입주업체의 대부분이 중소규모 공장들로 경영자금 부족으로 인해 부지매입비 조달에 어려움을 겪고 있었다. 중

---

123 「인천기계공업단지 조성 관련 수신철」, 상공부 발신공문 제 1332-339호, 1969.5.6.

소업체들의 공장 착공이 지연되었으며, 입주를 포기하는 업체가 늘어났다. 전국의 공단 조성 붐이 확산되면서 지가상승을 노린 투기성 부지매입 등 부작용에 대한 우려도 나타났다.

(2) 염 생산 공간의 변화와 대한염업㈜의 자본축적 위기

인천은 해방 이전부터 부족한 공장부지를 충족하고, 늘어나는 인구를 수용하기 위해 농지 및 공유수면을 매립하여 주거용, 공장용, 상업용 부지를 확보해 왔다. 해방 이후에도 공유수면매립을 통해 토지이용이 이루어졌는데 주로 공장용지를 확보하기 위한 수단으로 시행되었다. 개별기업의 매립사업은 1966년 공유수면매립사업법이 제정되기 이전에 이루어졌다. 종합적인 계획이 부재하여 민간사업자가 매립사업을 추진할 경우 국가가 원상회복이 필요 없다고 판단되면 대국적 견지에서 이익이 된다고 인정하고, 토지소유권을 그대로 인정해 주는 등 국가가 민간사업자의 토지이용을 무한대로 사용할 수 있도록 이권을 보장해 주었다.[124]

매립사업을 신청한 개별업체들은 산업은행으로부터 저금리의 매립비를 융자받아 공장 부지를 확대할 수 있었으며, 시장에서 자유롭게 토지를 매매하고 보유할 수 있도록 부지의 독점적 사용권을 보장한 것이다.[125] 주로 불하기업들이 상당수 포함되어 대한제분, 제일제당, 한국화약, 인천제철, 호남정유, 대성목재, 동양목재, 동양화학, ㈜협진, 동국제강, 한국유리 등이 총 매립면적의 66%를 공장용

---

124 인천시, 『인천도시계획연혁』, 1985, p.53.
125 박인옥, 2015, p.130.

지로 소유했다.[126] 매립사업은 '돈이 돈을 버는 축적수단'으로 인식
되어 기업이 합법적으로 자본을 축적할 수 있는 '치부의 길'이라는
비판의 대상이 되었다.[127] 매립으로 확보된 토지는 주변지역의 땅값
상승을 부추기는 등 부작용을 불러일으켰다.

인천시는 공유수면매립사업법 이전 토지이용의 난립과 공장과
주택, 상업 등이 혼재되어 나타난 도시문제를 정비하기 위해 1967
년 처음으로 도시개발5개년계획사업을 마련했다. 인천시의 도시개
발은 경인지구종합개발계획과 연계하여 주안지구를 주심(主心)으로
하고, 구도심·송도·남동·부평의 4 지구를 부심(副審)으로 하는 풍
차형 도시발전을 계획하였다.[128]

이 계획은 인천교 인근 147만평의 염전을 약 1m 정도 매립하여
서울-인천특정지역개발계획에 따라 공업단지를 조성하는 것이었
다. 도심에 산재해 있는 90여개의 중소규모 입주희망 공장을 대상
으로 저렴한 가격에 공장 부지를 분양하여 집단화하겠다는 것이었
다. 경인지구종합개발계획의 일환으로 인천시가 대규모 개발을 계
획한 것은 우선 공공성을 기반으로 공업화, 도시화를 실현하고자 하
는 의지를 반영한 것으로 해석된다. 부평지구에 이미 수출공단 부지
정지작업이 추진 중이었고, 주안지구에 대단위 공단까지 들어서면
인천은 자본과 노동이 집중하는 국가 경제성장의 핵심 공간으로 역
할을 할 것이라 기대를 모았다. 값싼 토지 공급이 가능하다는 점과

126 박인옥, 2015, p.130.

127 매일경제, 1969.5.20.

128 인천시, 「인천도시개발5개년계획」, 1967, pp.34~36.

지리적으로 유리한 입지환경이 강조되었다. 주안지구가 북항 임해 지역에 위치하고, 공업용수의 공급 및 배수처리가 용이하며, 풍부한 전원(電源) 공급, 신속한 원료 및 상품 수송 – 서울(32km), 인천항(5km), 주안역(2km), 김포공항(18km) – 등을 충족하고 있다는 점이 인천의 성장 가능성을 크게 하였던 것이다.

그러나 주안지구의 공단 조성과정을 들여다보면 인천시가 지리적 입지환경이나 풍부하고 값싼 토지 및 노동 공급의 잠재력에 의존하여 공단을 조성하는 데는 한계가 있었다. 공단 조성의 한계는 염 생산 기능을 상실한 주안염전의 일괄 매각의 어려움, 개발사업비 부담을 크게 하는 지방정부의 열악한 재정 등 현실적인 문제와 관련이 있다. 때문에 주안염전 소유주인 대한염업㈜이 왜 염전을 매각할 수밖에 없었는지 그 배경과 요인을 분석한 다음 주안염전 매입을 둘러싼 지역의 다양한 사회세력들의 역할 및 활동을 살펴본다.

〈그림 36〉 주안 폐염전 매립으로 조성될 주안공단 조성계획 모형도[129]

1968년 부평공단 조성을 주도한 경험을 갖고 있었던 인천상공회의소가 주안지구의 염전 일부를 매입하여 기계공단을 조성하기 위한 사업계획을 구체화하고, 부지 매입 작업을 본격화했다. 대한염업㈜(사

---

129 주안공단은 건설부 공고 제8호 제2호로 지정되어(1969.8.5) 8월 착공되었음.

장 박동균)이 소유한 주안염전은 염 수급 정책 실패로 이미 염 생산 기능을 상실하여 국가로부터 위탁받아 운영되고 있는 남동, 소래, 군자염전 중 제일 먼저 매각 대상이 된 지역이었다. 주안염전 매각의 본질은 대한염업㈜의 경영실패로 인한 재정적자 문제를 해결하는 것이었다.

대한염업㈜ 경영실적은 1965년 13만3천 톤 생산으로 과잉상태에 있었다. 더구나 대만산 소금 4만 톤 수입을 계약하면서 약 2억2천만 원의 결손이 발생했다. 결손을 보충하기 위해 1천원의 주식을 평균 250원의 헐값에 판매한 결정을 두고 국회의 질타가 있었지만 염수급 정상화에는 전혀 도움이 되지 못했다.[130] 1967년에 8만 톤 염생산(민간 40만3천 톤)은 또 다시 공급 부족을 초래했고, 1968년에는 톤당 20원의 정부보조가 불가피할 만큼 과잉생산 되었다. 16만9천 톤의 재고(대만수입염 554톤 포함)가 쌓였고, 4억5천6백만 원의 적자에 부채가 4억7천2백만 원에 달해 은행 이자로 1년에 5천만 원씩 지출해야하는 상황이었다.

염 수급 조정 실패에 대한 비판은 상공부와 대한염업㈜의 책임론을 불러왔지만 좀처럼 나아질 기미를 보이지 않았다. 염전 매각 주장이 나오는 이유다. 염전 매각은 1966년 처음 국회 차원에서 제기되었다. 상공부 차원에서 주안염전 매각을 고려하고 있는 때 박삼준 의원은 1966년 국회 국정감사에서 "자유경쟁체제 하에서 생산되는 염이 필요하다면 염업공사가 가지고 있는 염전을 전부 불하하면 민간 염업자가 다 소생하는 것"이라 지적하고, 재정자금으로 손실을

---

130 1968년 국회 상공위원회 국정감사 회의록, 1968.9.27.

충당해야하는 대한염업㈜의 운영 상태에 대해 상공부를 추궁했다. 대한염업㈜이 1천원의 주식을 180원에 팔고, 241원인 염 생산 원가를 186원에 판매하는 등 자구책을 마련했지만 손실분을 메꾸는 데는 한계가 있었다. 결국 해결 방안은 주안염전을 매각하는 것이었다. 상공부와 대한염업㈜(사장 박동균)은 주안염전 매각을 경영합리화를 위해 '불요불급한 재산 처분'에 포함시켜 매각을 결정했다.[131] 당시 상공부 이철승 차관은 주안염전의 매각을 '염업공사의 재발족'의 계기로 삼았다. 그는 대한염업㈜의 재정적자를 개선하기 위해 사실상 염전 매각을 기정사실로 받아들이고 있었다.

염 생산 체제를 전환하는 것도 적자재정을 개선하기 위해 고려되었다. 주안염전을 팔아서 민간 염 생산업자와 충돌하지 않게 대한염업㈜은 공업용 염 생산을, 민간은 식용염을 생산하는 방식으로 방침을 정하여 대한염업㈜이 공업용생산에 투자하겠다는 것이었다.[132] 그러나 반복되는 과잉생산과 과소생산으로 경영 정상화가 어려워지자 1969년 대한염업㈜이 정부에 요구한 4억5천만 원을 국회가 전액 삭감해버렸다.[133] 예산 삭감은 사실상 대한염업㈜의 존립을 위협하는 문제였다. 결국 정부는 1970년 대한염업주식회사법은 폐지하고, 대한염업㈜을 민간에 불하하여 민영화 체제로 운영하기에 이른다. 대한염업㈜의 염 생산 정책을 둘러싼 논의 결과는 주안염전을 매각하여 주거용, 상업용, 공업용으로 재편하는 것뿐이었다. 주안염전의

---

131 1966년 국회 상공위원회 국정감사 회의록, 1966.11.1.
132 1968년 국회 상공위원회 국정감사 회의록, 1968.9.27.
133 1969년 국회 상공위원회 국정감사 회의록, 1969.12.3.

공간적 재편은 국가의 수출주도공업화 정책과도 맥을 같이하여 공업
용 부지확보의 어려움을 그만큼 줄이는 경제적 효과를 얻게 되었다.

<표 22> 염업생산체제의 변화

년도	내용	기타
1906	광부 10년 염세규정 제정(1정보)	
1907	주안 최초 천일염전 축조	
1920	염제규정 폐지	
1930	염 수입 관리령 제정	이는 소금의 생산과 공급을 조선총독부가 직접 관
1942	염 수입 관리령 폐지, 조선염 전매령 제정	장함으로써 재정수입의 재원으로 삼기위한 것
1952-56	염 증산 5개년계획	1만 817정보 개발.[134] 소금 자급자족계획의 과열로 10만 톤 이상 생산 과잉, 가격폭락으로 인해 염 업계 불황
1959-60	조선염 전매령 폐지	가격폭락과 적자운영으로 민간염전 1,865정보 자체정비. 보상조치로 2억 원 지원, 민간염전축조를 중지함.
	염업 정비임시조치법 제정	1억2천만 원의 보상금 지원. 1,195정보 재정비, 1억 3천만 원의 유휴보상금으로 민간인 염전생 산 1년간 중지
1961	염 전매법 폐지 염 관리임시조치법 제정 국내염 1만 톤 일본수출	61년 12만 톤, 62년 5만 톤 생산 국유염전 누적적자 해소를 위해 민간 염전업으 로 전환
1963	임시조치법 폐지, 염관리법 제정 대한염업주식회사법제정	염 행정 상공부 이전하고, 대한염업㈜ 출자. 소금의 매점매석으로 염가폭등 등 동회사의 소 금수급조절 실패
1967	염업조합법 제정, 대한염업㈜조합설립	염 수급조절의 실패로 가격이 폭락하자, 염 생 산자 스스로 염 수급의 원활함과 품질향상 및 검사, 염제조업자의 공동이익, 복지증진을 목적 으로 조합을 설립.
1968-69	대한염업㈜소유 주안 폐염전 불하 계획	주안산업단지 조성을 위해 총 80여만 평 불하

---

134 민간인의 염전 운영이 급속하게 확장된다. 실제 5정보(1만5천평)만 가지면 5식구가

1970-71	대한염업주식회사법 폐지 대한염업㈜ 민간에 불하	소금수급조절의 계속된 실패로 대한염업주식회사법을 폐지하고 민간에 불하, 완전 민영화체제로 전환.(71년 당시 산업은행은 대한염업㈜ 자산총액 23억5천만 원을 시가보다 6억 싼 17억 원에 화성사에 불하하여 특정업체 특혜논란을 초래함.

염 수급 실패와 경영 효율화를 위한 정부의 주안염전 매각은 가능한 신속하게 추진할 필요가 있었다. 경인지구종합개발 및 1967년 인천시도시개발5개년계획은 주안염전 불하를 전제로 계획된 것이나 다름없었다. 그러나 불하방식, 평당 부지가격, 택지조성비 부담 주체 등의 문제를 해결해야했다. 1968년 국정감사에서 이영호 의원은 "주안염전에 대해서 말씀이 있었는데 신문에 보니까 주안염전은 인천하고 합작해서 무슨 택지를 조성한다는 보도가 있었다."며 사실여부를 질문했다. 대한염업㈜은 적자재정 문제를 해결하기 위한 방안으로 1967년 세 차례의 일반경쟁입찰을 시행했다. 그러나 판매자의 주안염전 일괄매각 방식 문제와 수요자의 낮은 입찰가격으로 낙찰이 이루어지지 못했다.

염전부지 입찰 실패로 매각이 지연되고 있는 때 대한염업㈜은 토지만 제공하고, 인천시는 시비(市費)로 도시계획을 실시하여 염전을 매립한 후 분양하는 것으로 절충하였다. 그러나 인천시가 매립공사 소요비용을 어떻게 확보할 것인지 불확실했다. 인천시가 외상으로 도시정비사업을 추진하였다고 비판받는 이유다. 결국 대한염업㈜

풍요하게 살고, 대학생 두 명의 학자금을 지원할 정도로 수익이 좋은 사업이었다. 전매청에서 정부가 염전축조자금을 지원하여 민간의 염전 개발 사업은 60년까지 계속 이어진다.

은 1968년 4월 주안염전을 분할하여 매각할 것을 결정한다.

대한염업㈜이 주안염전을 우선 불하하는 이유에 대해 박현수 대
한염업㈜ 사장은 인천시가 주안을 공업지구로 지정하여 염전에서
일할 노동자 구하기가 어렵고, 임금이 비싸 차라리 처분하여 다른
용도로 사용하는 것이 경제성이 높다고 판단했다.[135] 뿐만 아니라 생
산된 주안염전이 철도주변이 아니라서 소금을 철도역까지 운반하는
운송비가 높아 불하를 결정하게 되었다고 했다. 주안지구의 노동구
조, 지리적 환경 등 공간적 변화가 더 이상 염 생산을 지속할 수 없
도록 한 것이다.

〈표 23〉 주안염전의 재편과 공간적 특성 비교

구분	일제식민지기	해방 후 산업화기
정책의도	일제강점기 경영에 필요한 세원의 확보	– 국영 : 국가재정의 필요성에 의한 관리 통제, 안보차원의 생필품 확보 차원 – 과잉생산 조정의 필요성 : 민영 → 국영 → 민영의 관리 및 운영방 식의 전환
초기자본	일본 차관: 식민지경제체제로의 종속	– 식민자본의 이전 : 국가경영체제 – 민간경영체제로 전환하며 이후 시장경 제체제에 흡수
재편과정	– 식민지 경영체제로 재편 : 대량생산과 원료수탈의 용이함을 위한 천일염 생산(허가제) – 전통적인 자염 생산의 의도적인 통제 와 소멸 유도	– 50년대 말 : 천일염의 과잉생산 → 보조 금 지급, – 60년대 국가가 민간 운영으로 전환하 며 폐전 유도 → 일방적 매각과 민간주 도로 매립, 산업용지로 용도변경
운영주체의 재편	전통적인 농민의 자염 생산 겸업체제 → 출장소 설치로 일본인 관영체제	국영 → 민간운영 → 위탁운영 → 강제수용

---

135 1969년 국회 상공위원회 국정감사 회의록, 1969.12.3.

생산지의 특성	-전쟁물자 생산원료공급지 : 화학공업, 군수공업을 위해 공업 용소금생산의 공급지 -수탈이 용이한 임해지역의 지리적 특성 -저렴한 생산비용, 풍부한 노동력 확보	- 생활필수품(소금) → 소비재, 기계 및 부품 등 중간재 생산지 - 풍부한 노동력 확보 - 서울 등 수도권을 소비시장 확보 - 저렴한 생산비용과 대량생산 공급지 - 고속도로, 철도 건설 : 생산물 이동시 간의 단축

염 생산을 지속할 수 없도록 한 근본적인 이유는 산업구조 변화에 따라 적절한 염 수급 대응책을 마련하지 못한 채 시장경제에 떠넘겨 초래한 정책 실패에 있었다. 실수요자는 줄어들고 있는데 민간 염업자들이 경쟁적으로 염 생산에 뛰어들면서 재고가 늘어났다. 과잉생산으로 적자가 누적되어 직원 월급도 주지 못할 정도로 자금난에 빠져있는 상황에서 본사 직원만 100명이 넘는 등 조직의 비대화 문제도 제대로 해결하지 못했다. 오학진 의원은 국정감사에서 "모든 사업관계가 너무나 과다한 생산을 해서 재고만 남도록 하고, 적자만 산출시키는 이러한 미묘한 계획을 세우고 있는데 대해 의문이 간다"며 과잉생산과 조직 비대화 문제를 지적했다.[136] 국가의 수출주도공업화 정책이 값싼 노동력과 토지를 기반으로 공업화, 도시화를 달성하기 위한 새로운 축적 공간을 요구하고 있어 염 생산을 대체할 공단 조성은 지역개발의 대안으로 인식될 수밖에 없었던 것이다.

염전에서 공단으로 재편되는 과정에는 해결해야 할 문제가 있었다. 바로 염 생산에 종사하는 노동자들의 생활보호 대책이었다. 인

---

136 1968년 국회 상공위원회 국정감사 회의록, 1968.9.27.

천에서 염 생산에 종사하는 총 노동자 수는 1964년 216명(주안염전 52명), 1965년 1,074명(주안염전 223명), 1967년 535명(주안염전 183명), 1968년 1,270명(주안염전 188명), 1969년 659명(주안염전 102명)으로 변동 폭이 불규칙했다.[137] 이는 대한염업㈜의 염수급 정책의 불안정성을 반영한 것으로 곧 노동자들의 불안정한 생활로 이어지는 문제였다. 오학진 의원은 염 생산 노동자를 "대한민국의 국민으로서 가장 비참한 생활을 하는 사람"으로 소금을 생산 할 수 없는 "11월에서 3월까지 부업도 없이 처자식을 데리고 도저히 생활을 할 수 없는 비참한 상태의 노동자"라 하고, 최소한 5개월 동안이라도 생활을 보장할 수 있는 항구적인 대책 마련을 촉구했다.[138]

　그러나 예산이 없어 노동자들을 구제하기 위한 대책(소금 가마니, 새끼꼬기, 염전 바닥 준설작업 등)을 마련하지 못했다는 대한염업㈜의 실정을 고려할 때 염전매립으로 인해 발생할 노동자 실직 문제는 사실상 손을 놓을 수밖에 없었다. 이와 관련해 일자리를 얻지 못한 염 생산 노동자들이 집단행동을 했는지 여부를 확인할 구체적인 기록은 찾을 수 없다. 염전을 생산수단으로 하여 생계를 유지해온 노동자나 염 생산 조합이 국가와 사회발전이라는 공익(公益)을 위해 자신들의 권리를 포기할 것을 강요받거나 부평공단처럼 스스로 후원자를 자처함으로써 이해세력들 간 갈등관계를 형성하였을 것은 분명해 보인다. 결국 염 생산 공간이 공업용지로 전환되는 새로운

---

137 인천시, 『인천통계연보』, 각 년도. 1966년 염 생산 노동자수 통계는 기록되어 있지 않다.
138 1968년 국회 상공위원회 국정감사 회의록, 1968.9.27.

공간으로의 재편과정은 염 생산의 수급의 실패, 즉 자본축적 위기를 해소하기 위한 정치적, 경제적 영향을 반영한 결과라 할 수 있다. 새로운 생산 공간의 형성으로 염 생산 노동자 대부분은 염전 매립사업에 동원되거나 공장 노동자로 흡수되었을 것이다.

주안지구 염전을 매립하여 공단을 조성한다는 계획은 재원부담 없이 민간에 개발비용을 떠넘겨 경제개발계획 실적을 높이고자 하는 국가, 염 수급 실패가 불러온 자본축적 위기를 염전매각을 통해 해소하고자 한 대한염업㈜, 그리고 공업화 단계에서 재생산 공간을 필요로 하는 민간 등 3자의 이해관계가 맞아떨어졌기 때문에 실현될 수 있었다. 기계공단은 국가와 지역, 민간부문이 각각의 이해관계 속에서 정치적, 경제적으로 상호 밀접하게 연계되어 위기를 조정하고, 절충하여 합의를 이룸으로써 획득된 공간적 특성을 반영하고 있는 것이다. 그렇다면 국가와 지방정부, 대한염업㈜, 그리고 ㈔인천기계공업공단을 설립을 주도한 인천상공회의소와 경기도기계공업협동조합 등 다양한 이해세력들이 상호 어떻게 영향을 끼치고, 자신들의 요구를 반영하여 주안염전을 새로운 공간으로 재편하였는지 조성과정을 살펴보도록 하자.

(3) 지역 행위자들의 역할 : 주안염전부지 매매계약과 재원확보

공업지구로 지정된 주안지구 약 80여만 평의 염전지대는 주안수출공단(20만5천3백여 평), 제1,2,3 인천기계단지(50여만 평), 비철금속공단(10만여 평) 등 5개 공단으로 분할되어 공업화 단계의 새로운 공간으로 재편되었다. 1968년에서 1972년까지 약 4년여 기간 동안 추진된 공단조성은 인천을 비롯해 서울, 경기도 등 수도권에 산재한 공장을 집단화하고, 국가의 수출주도공업화 전략에 부응하는 것을 목표로 추진되었다. 이 절에서는 국가/지역 차원에서 다양한 행위자들이 어떠한 역할을 수행하였는지 5개 공단 중 제1기계단지를 중심으로 살펴보고, 분석을 위해 필요한 경우 제2, 제3단지와 기타 공단을 보완적으로 분석한다.

1969년부터 1970년까지 조성된 제1기계단지(이하 제1단지)의 총소요금액은 3억8천384만원으로 융자금 2억8천만 원, 자기자금 1억 381만원이 투입되었다. ㈔인천기계공업공단(이하 인천기계공단)이 재원확보 및 운영방안 일체를 관리하고, 모든 융자금은 입주예정업체가 아닌 ㈔인천기계공업공단 명의로 융자받아 개별기업들로부터 거출하여 자금을 확보하였고, 개별기업들은 신청한 토지면적에 해당하는 융자금액을 모두 갚아야 토지소유권을 인정받는 방식으로 추진되었다.

공단 조성은 ㈔인천기계공업공단이 대한염업㈜이 소유한 염전 부지를 매입하고, 인천시가 염전을 매립하여 분양하는 방식으로 추진되었다. 우선 ㈔인천기계공업공단과 대한염업㈜의 염전부지 매입 및 매매계약 체결과정에서 나타난 행위자들의 역할을 살펴볼 필요가 있다.

기계공단 조성은 인천시의 주안지구 개발사업과 밀접한 관련을 갖는다. 주안공단은 인천시의 도시개발5개년계획의 일환으로 송림동, 간석동, 도화동의 60여만 평(주안 폐염전 51만평 포함)에 총사업비 7억 원을 투입, 택지 3만평(3%), 공공용지 12만평(20%), 공장부지 45만평(75%)을 1969년 12월 준공을 목표로 초기에 계획되었다.[139] 주안지구에 공단을 조성하기로 한 것은 경인지구종합개발추진위원회가 특정지역으로 지정한 주안염전지대를 매립하여 서울의 도시문제와 공업재배치 문제를 해결하기로 했던 공업 지대화 구상을 구체화한 것이다.

주안지구는 폐염전 매립으로 충분한 부지 확보가 가능한 지역이지만 주안공단 조성은 애초 뚜렷한 재원확보 방안이 마련되어 추진된 사업이 아니었다. 그래서 인천시는 대한염업(주) 소유 폐염전 46만여 평의 토지보상은 외상으로 하고, 사유지 13만3천여 평을 우선보상한 후 착공하기로 했다. 하지만 1967년 1차 년도 사업비 8천만 원(기채 6천만 원, 시비 2천만 원)도 해결하지 못한 채 "맨주먹 공사가 되어 시민의 빈축"을 받았다.[140] 이후 산업은행의 융자를 얻어 인천수출산업공단(이사장 채호)이 대한염업(주)과 평당 1천원에 매매계약을 체결하고, 1968년 4월 24일 착공식이 이루어졌지만 열악한 재정 탓에 공단 조성 기간 내내 정부보조 및 공단조성비 확보의 어려움을 겪었다.

대한염업(주)은 애초 주안염전 부지를 분할하여 매각할 계획이 아니었다. 1968년 주안염전 부지를 일괄매각하는 방식으로 두 번에 걸쳐 일반경쟁입찰에 붙였다. 그러나 대한염업(주)과 매수자 간 가격 조정이 이루어지지 않아 두 번 모두 유찰되었다.[141] 인천기계공단 기성회가 제1단지를 조성하기 위해 10만여 평을 평당 1천원에 매입한

---

139 인천시, 「인천시도시개발5개년계획」, 1967; 인천신문, 1967.3.10.

140 인천신문, 1967.6.18.

141 1969년 국회 상공위원회 국정감사 회의록, 1969.12.3.

것은 경쟁입찰이 유찰되면서 대한염업㈜과 협상을 통해 12월 합의
된 가격이었다. 나머지 염전부지도 가격협상으로 제2기계단지(이하
제2단지) 평당 1천원, 제3기계단지(이하 제3단지)는 평당 1천4백 원에
매매계약을 체결했다. 2단지와 3단지 협상가격은 1969년 8월 금융
기관이 감정한 주안염전의 평당 단가가 700원인 점을 고려해 대한
염업㈜이 제시한 평당 1천5백 원을 협상을 통해 결정된 가격이다.

　1968년 12월 10일 인천기계공단 기성회 발족 후 제1단지는 인천
시, 대한염업㈜ 등 관계기관과 수차례의 협상과정을 거쳐 남구 주안
동과 도화동, 북구 가좌동 일대를 개발하는 것으로 했다. 부지 매입
면적은 토지매매계약 과정에서 약간씩 조정되었다.(〈표 24〉) 입주예
정업체들은 1969년 2월 8일 총회에서 9만9천여 평을 평당 1천원에
매입하기 위한 매입취득권한을 김재길 이사장에게 위임하고, 경기
도기계공업협동조합 장만순 이사장과 대한염업㈜이 2월12일 매입
면적을 늘려 12만6천여 평을 평당 1천원에 가계약을 체결했다. 본
계약은 5월 12일 가계약 부지매입량보다 줄어든 10만여 평에서 9월
26일 계약을 갱신하여 9만9천여 평을 계약하는 것으로 최종 결정했
다. 1969년 2월 경기도기계공업협동조합 장만순 이사장은 가계약
체결 시 1차 불입금 2천5백만 원, 5월 2차 불입금 2천5백10만7천원
을 지불했다. 3차(8월), 4차(11월) 부지 불입금은 9월 산업은행으로
부터 5천만 원 융자를 받아 일괄 지급하여 토지소유권 이전서류 일
체를 ㈔인천기계공업공단이 인수했다.

〈표 24〉 제1기계단지 부지 매매계약 추진상황 [142]

구분	내용	부지계약	계약 진행
1969.2.8	매입취득권한위임	99,060평 (평당 1천원)	51개 입주예정기업체가 김재길 입주자 대표에게 토지의 일괄 조성, 매입취득 일체의 권한을 위임하고 서명.
1969.2.12	가계약	136,540평 (평당 1천원)	경기도기계공업협동조합 이사장 장만순과 대한염업㈜ 박현수 사장 간 가계약 체결하고 1차 불입금 2천5백만원 지불
1969.4.12	원계약서 송부	10,6401평 (평당 1천원)	박현수 사장 → 장만순 이사장에 계약서 송부
1969.5.12	토지매매계약체결	100,321평 (평당 1천원)	박현수 사장과 기계공업공단 김재길 이사장 계약체결하고, 2차 불입금 2천5백10만7천원 지불
1969.9.26	토지매매계약갱신	99,060평 (평당 1천원)	

염전부지매입비를 포함해 입주예정업체들은 인천시가 매립한 부지를 제1단지 3천2백 원(제2단지 3천4백 원)에 분양받았다. 분양가격에는 도로 및 배수로 등 공공시설비를 포함한 것으로 1969년 매립이 완료되면 공장 입주가 가능할 것으로 기대했다. 그러나 3월 공사 완료를 목표로 추진된 인천시의 매립작업은 순조롭게 진행되지 못했다. ㈜인천기계공업공단이 조속한 시일 내 매립을 완료해 줄 것을 요청할 정도로 매립작업은 속도를 내지 못하고 있었다. 매립이 지연되고 있는 것은 여러 요인이 있겠지만 매립현장의 노동자 임금이 제대로 지급되지 않고 있기 때문인 것으로 추측된다.

인천시의 주안지구 도시개발사업은 애초 재정이 확보되지 않은 상태에서 추진하여 입주예정업체들의 분양대금으로 충당할 수밖에

---

142 인천기계공업공단, 「토지매매계약서철」 재정리, 1969.

없었다. 인천시가 (새)인천기계공업공단에 부지매립 공사비 일부인 8
천만 원을 추석 전에 불입해 줄 것을 요청한 것은 재원확보 없이
분양대금에 의존해 성급하게 시작한 인천시의 열악한 재정 상태를
말해준다.

그러나 공단 입주예정업체들의 재정상태도 열악하긴 마찬가지였
다. 입주예정업체들의 대부분 자본규모가 크지 않은 중소규모의 업
체들로 은행융자에 의존하여 공장 이전을 고려한 업체들이었다. 아
래 〈표 25〉에 나타난 바와 같이 공단 조성 총 소요비용 3억8천여만
원 중 48%가 넘는 1억8천여만 원을 정부의 융자 혜택과 경기도 보
조금에 의존해야하는 실정이었다.

〈표 25〉 1970년 (새)인천기계공업공단 제1기계단지 지원금 [143]

(단위: 원)

연도	지원주체	금액	내용	기타
1969.9.23	경기도청	3,000,000	1단지 공동시설용역설계비	보조금
1970.6.25	경기도청	3,000,000	1단지 공단창고건립비	보조금
1969.9.24	산업은행	30,000,000	재정자금	연 12%
1970.12.15	산업은행	50,000,000	재정자금	연 12%
1969.12.31	산업은행	50,000,000	기계공업육성자금	연 12%
1970.1.20	산업은행	50,000,000	기계공업육성자금	연 12%
계		186,000,000		

정부와 경기도의 보조금 지원과정도 결코 순탄하지 않았다. 1969
년 상공부는 공업의 지방분산을 촉진하기 위해 조성하고 있는 전국
의 7개 공업단지 입주기업에 총 11억 7천만 원의 시설자금을 지원한

---

143 (새)인천기계공업공단 이사회 보고서, 1972.

다는 방침을 밝혔다. 인천의 경우 공단 내 입주기업 1개업체당 5백
만 원씩 총 2억3천만 원의 기계공업육성자금을 지원한다는 것인데
심의 위원회에서 갑자기 지원금 지급을 보류해버렸다. 기계공업육
성자금은 연 12%의 융자혜택을 받을 수 있는 자금이었다. 영등포기
계공단을 비롯해 인천기계공단은 수출공단이 아니라는 이유로 금융
기관으로부터 융자를 받을 경우 연 29.5%의 높은 이율을 적용받고
있어 육성자금을 지원받지 못할 경우 입주기업들의 부담은 커질 수
밖에 없었다. 다행히 12월 상공부가 1억 원의 육성자금 지원을 결정
하면서 인천시에 매립비를 지불할 수 있었다.

〈표 26〉 인천기계공업공단 제1단지 조성 총 소요자금[144]

(단위 : 원)

구분	총투자액	1969년	1970년
융자금	280,030,000	183,655,000	96,375,000
자기자금	103,810,000	84,530,000	19,280,000
합계	383,840,000	268,185,000	115,655,000

〈표 27〉 인천기계공업공단 제2단지 자금수급계획[145]

(단위 : 원)

일자	제비지대	토지대	계
1970.6.16	62,707,400	–	62,707,400
1970.7.10	–	161,995,150	161,995,150
1970.9.10	24,456,300	137,538,850	161,995,150
1970.12.10	161,995,150	–	191,995,150
1971.2.28	161,995,150	–	161,995,150
계	411,154,000	299,534,000	710,688,000

---

144 ㈜인천기계공업공단, 「사업계획서 보고서(차입금신입서)」, 1970.

145 ㈜인천기계공업공단, 「단지조성사업관계철」, 1970.7.22; 1970.9.12.

국가나 지역이 추진하는 토지구획정리사업 중 민간이 주도하는 지방 공단은 국가가 토지매립비와 단지조성비를 직접적으로 지원하는 것이 아니라 개별기업이 융자금의 연 12% 이자를 부담하는 방식으로 지원하였다. 토지구획정리사업이란 국가가 토지를 무상으로 확보하기 위한 수단으로 이용되고 있는 사업이다.[146] 토지구획정리사업은 사업시행자인 중앙정부나 지방정부가 사업비의 일부를 채비지 매각으로 충당할 수 있기 때문에 별도의 큰 자본 없이 개발사업이 가능하여 중앙정부나 지방정부는 실질적인 재원을 부담하지 않고 공단을 조성하는 성과를 얻는다. 구로공단과 부평공단이 조성될 수 있었던 요인 중 하나는 농지 및 주거용 토지 등 자원을 헐값에 동원할 수 있었기 때문이다. 특히 주안지구의 공단조성은 정부의 염 수급 실패로 초래된 재정적자 위기, 즉 자본축적 위기를 해소하기 위해 대한염업㈜이 소유한 주안염전을 매각하여 중앙정부와 지방정부가 전략적으로 재정부담을 민간에 떠넘김으로써 가능할 수 있었다.

국가는 염전위탁기구인 대한염업㈜의 자산을 매각하여 현물로 투자하거나 법률 및 제도정비를 통한 간접적인 형태로 개입하여 공업단지를 지원했다. 인천의 상당수 중소규모 공장들은 자기자본으로 생산활동을 할 만큼 생산력을 갖추지 못했다. 기계공단의 경우 차입금 의존도가 48%로 높아 자본규모가 취약한 공장이 다수를 차지하고 있었다. 뿐만 아니라 구로공단이 한국수출산업공단이 특별법에 근거해 조세와 금융의 특혜를 받아 조성된 것과 달리 주안지구의

---

146 고광만, 「서울시 공간구조변화의 정치경제학적 해석」, 한양대 석사논문, 2000, p.54.

제5수출공단을 제외한 기계공단과 비철금속공단은 특별법 적용 대상이 아니라서 공장이전에 따른 혜택을 받을 수 없었다. 1967년 제정된 기계공업진흥법과 1970년 제정된 지방공업개발법 적용대상 기업은 '수출산업공업단지개발조성법'에서 제외되었기 때문이다.

기계공업부문의 자본규모의 취약성은 시간이 지날수록 기업의 공장입주를 어렵게 했다. 국가가 재정부담을 피하기 위한 수단으로 공단조성비용을 지역에 떠넘기면서 자금확보가 어려운 공장들이 입주를 늦추거나 포기하기 시작했다. 기계공업 제1단지의 경우 1968년 처음 입주를 희망한 업체가 51개에 달했지만 시간이 지나면서 입주 시기를 늦추거나 포기하여 다른 업체에 되파는 방식으로 비용 부담을 피했다.

1968년에 계획된 기계공단이 1971년이 되어서도 공단조성의 어려움이 쉽게 해결되지 않은 것은 첫째, 입지환경이었다. 입주자가 부담해야 하는 도로, 배수로 등 공공시설은 수년이 지나도 정비되지 않아 비만 오면 범람하여 사실상 생산활동을 중지하거나 공장입주를 포기하도록 했다. 둘째는 수출공단과 달리 기계공단은 정부의 각종 행, 재정적 지원대상에서 제외되었다는 점이다.

기계공단 조성과정에서 발생한 재원확보의 어려움을 해결하기 위해 ㈜인천기계공업공단은 1971년 7월 상공부장관과 지방공업과장 등 행정부처에 공문을 발송하여 행, 재정적 지원을 촉구했다.[147] 지원요구는 공단조성 사무에 필요한 자금의 일부를 정부예산 범위 내에서 보조할 수 있는 방법과 공공시설에 대한 보조금 지원 등이었

---

147 ㈜인천기계공업공단, 「수신 공문서」, 1971.7.14.

다. ㈜인천기계공업공단이 촉구한 공문 내용은 ① 입주공장 건설과 운영에 필요한 융자 특혜, ② 전체 공단 부지를 공단명의로 매입하여 입주가 이루어지고 있어 향후 소유권이 이전될 경우 동 부지의 각 입주자에게 부과되는 취득세 및 등록세 면제, ③ 사업세와 소득세 감면, ④ 단지 조성을 위해 공유재산 또는 귀속재산에 대해 토지의 매도 또는 대부를 신청할 경우 공익상 특별한 이유가 없는 한 수의매각 또는 수의대부할 수 있도록 간소한 특별규정 마련, ⑤ 전기, 통신, 공업용수 및 도로포장 등 시설을 국비 또는 지방비에서 여타 시설보다 우선하여 예산을 배정해 줄 것 등을 요청했다. 이 요구사항들은 「지방공업개발법」이 규정하고 있는 내용이지만 받아들여지지 않았다. 기계공단은 이 법의 적용 대상이 되지 않았기 때문이었다.

우선 주안지구에 조성된 기계공단은 「도시계획법」에 근거해 추진된 사업으로 국가의 조세감면과 재정지원을 받을 수 없도록 되어 있었다. 도시계획법의 한계를 보완하기 위해 정부는 1970년 1월 1일 「지방공업개발법」을 제정하고, 이 법 제3조에 근거하여 「지방공업개발장려지구」[148]를 지정하여 지원받을 수 있는 근거를 마련했다.

---

[148] 공업개발장려지구(이하 개발지구)란 건설부 장관이 공업의 개발을 장려할 필요가 있다고 인정하여 직권 또는 도시자의 신청을 받아 지정한 지구를 말한다.(법 제2조제1항) 개발지구는 공해방지 등의 견지에서 도시로부터 상당히 떨어진 낙후지역에 지정되었다. 다만, 공장 기타 건축물의 건축을 입주자들의 임의대로 맡기면 미관, 화재, 위생 등의 문제가 있으므로 건축을 할 때 도시계획구역 내에 있어서의 건축과 같이 취급하여 건축허가 등을 받도록 하였다.(법 제2조제4항) 지정요건은 1)공장과 주책용지의 확보가 용이하여야 하고 2) 용수와 전력 확보와 수송 기타 공공시설의 정비가 용이해야하며 3) 도시와의 적정거리 유지로 노동력 공급과 시장조건이 유리하고 공해의 위험이 적어야하며 4) 산업의 계열이 용이한 곳으로서 이러한 조건을 갖춘 지역에

청주, 원주, 구미, 이리, 대전, 여수, 광주, 전남, 전주, 목포, 광주 (경기도) 등 11개 지구가 공업개발장려지구로 지정되었지만 인천은 이에 해당되지 않았다.[149] 지방공업개발장려지구로 지정된 공단에 입주하는 업체는 각종 조세감면 혜택을 받는 것은 물론 국가가 개발 지구의 진입도로, 철도, 공업용수와 항만건설비 전액을 부담하고, 지방정부가 부담할 상하수도, 보건 및 의료 시설 등 비용의 절반을 국가가 부담하도록 했다.

업종제한을 두지 않는 조세혜택과 너무 긴 감면혜택 등 불균형 발생에 대한 지적이 일면서 1971년 10월 12일 국무회의는 조세감면 대상 및 감면혜택 기간을 줄이는 개정안을 마련했다. 서울에서 지방 의 공업개발지구로 옮길 경우 법인세와 소득세의 처음 3년간 전액 면제하고 나머지는 2년간 50% 감면, 등록세와 재산세, 취득세는 5 년간 전액 면제토록 하였다. 수도권에서 개발지구가 아닌 지역으로 옮길 경우 부동산 투기 억제세, 등록세, 취득세는 전액 면제, 법인 세 및 소득세는 투자세액을 공제하되 수도권 내에 신설되는 공장에 는 등록세와 취득세를 현행 세율의 5배를 가중 부과하기로 하는 등 지방으로 공장을 분산시켜 수도권 밀집을 방지하고자 했다. 대신 제 철, 제강, 석유화학처럼 국가차원의 산업정책으로 중요성을 갖는 산업, 석유정제 등 독과점 업종, 시멘트, 조선업 등 특수한 입지를

지정하도록 하였다.

149 매일경제, 1971.6.19. 공업개발장려지구는 공업개발이 낙후된 지역으로서 공장 및 주택용지의 확보가 용이할 것, 용수 및 전력의 확보와 수송 기타 공공시설의 정비가 용이할 것, 도시와의 적정거리유지로 노동력 공급과 지상조건이 유리하며 공해의 위험이 적을 것, 산업의 계열화가 용이할 것을 지정요건으로 규정하고 있다.

필요로 하는 산업은 감면혜택에서 제외했다. 이에 대해 동아일보는 "국가산업정책상 개발지구 공장에 대한 지나친 특혜가 상대적으로 지구 외 대다수 공장의 위축을 초래할 지도 모른다는 우려에서 나온 배려인 듯"[150] 이라고 지적했다. 하지만 이 개정안은 조세혜택을 신규업체만을 대상으로 할 것인지 아니면 기존 공업단지를 포함할 것인지, 그리고 조세혜택의 대상 업종을 어떻게 선정할 것인지 불분명했다. 개정안에 따른 정부의 지원 방침은 다음과 같은 이유로 인천 기계공단 조성과정에 부정적 영향을 미쳤다.

첫째, 정부가 인천을 지방공업개발장려지구에서 제외시켰다는 문제다.[151] 지방공업개발장려지구 지정을 둘러싸고 정부부처가 일치된 입장을 보인 것은 아니었다. 건설부는 국토종합개발계획에 의해 장기적으로 적정지역을 검토한 결과 기존의 공단 중 6개 지역을 선정하였고, 상공부는 지정 대상 지역을 확대할 필요가 있다고 지적했다. 왜냐하면 이미 입주한 업체와 지정 후 입주한 업체가 동일지역에서 입주시기의 문제로 혜택을 받지 못하는 것은 모순이라고 판단했기 때문이었다. 반면에 재정부는 법 제정 취지에 맞게 이미 조성된 공단을 지정하는 것은 비합리적이라고 주장했다. 정부가 기존에 조성된 공단 모두 감면 혜택을 줄 경우 세수 확보에 차질을 빚게 될 것을 우려한 것이다. 건설부 역시 부평, 울산, 구로 등 입주 실적인 높은 단지와 지방자치단

150 동아일보, 사설, 1971.10.13.

151 매일경제, 1971.1.5; 6.19. 청주, 원주, 구미, 이리, 대전, 여수, 광주(전남), 전주, 목포, 광주(경기도) 등 10개 지구를 지정했다.

〈그림 37〉 인천기계공단의 지방공업장려지구
제외(좌)와 지정촉구 건의서 제출(우)[152]

체는 대상에서 제외하고 신
규단지만을 지정할 것을 주
장했다. 부처 간 조세 감면
대상을 둘러싼 이견은 1970
년 이후에 설립된 공단과 지
방자치단체를 제외하는 것
으로 결정되었다. ㈜인천기
계공업공단은 1968년 조성
계획을 수립하고, 1969년 4
월 사단법인으로 상공부의
허가를 받아 설립되어 법의
혜택을 받지 못하게 되었
다. 조세감면 혜택을 받지 못하게 된 ㈜인천기계공업공단과 경기도
김태경 지사 등이 정부에 수차례 지방공업개발장려지구로 지정해
줄 것을 관계부처에 건의 하지만 실질적인 혜택을 받는 데는 수년이
지난 후에 이루어졌다.

둘째, 정부의 각종 감면혜택은 공장을 수도권을 제외한 지방으로
이전할 때만 적용되었다. 인천은 지방공업개발장려지구로 지정되
지 않아 수도권 이외 지역으로 공장을 이전할 가능성은 희박했다.
130여개 기계공업체 중 51개 업체가 이미 기계공단에 입주 예정임
에도 이들 중 많은 업체들은 공장 이전에 필요한 재원을 확보하기

152 인천상의보, 1971.1.15.; 1971.2.25.

못해 입주를 하지 못하고 있는 실정이었다. 그 외 기업들 역시 생산 규모도 작고, 지방이전에 필요한 비용을 감당할 만큼 자본규모가 크지 않은 영세한 업체들이 대부분이었다. 때문에 기업들이 공장을 지방으로 이전할 경우 부담해야 하는 비용은 늘어날 수밖에 없었다. 실제 대기업을 제외하면 감면혜택을 받기 위해 이전을 고려할 기업은 사실상 전무한 셈이다.

셋째, 항만과 철도, 고속도로 등 운송수단의 입지, 노동 및 상품 시장의 잠재력 등 지경학적 요인이 공장 이전 결정에 영향을 미쳤다. 대부분의 공장들은 다소 비용이 들더라도 노동력 공급이 용이하고 소비시장이 보장되는 수도권에 남기를 원했다. 지방으로 이전할 경우 새로운 시장을 개척해야하는 부담과 그 동안 구축해 놓은 네트워크를 포기해야하기 때문이다.

정부의 각종 감면 혜택은 지방공업육성과 균형적 발전을 기하겠다는 강한 의지를 담고 있었다. 그럼에도 위 세 가지 요인이 기계공단 조성과정에 부정적 영향을 미쳤다는 점에서 기계공업육성을 위한 국가의 역할은 실효성을 의심받을 수밖에 없었다. 1971~1972년까지 공단 내에 공장을 착공하거나 입주를 완료하기로 한 51개 입주 예정업체 중 계약을 이행한 곳은 손에 꼽을 정도였다. 공단 내 상하수도 및 전기, 전화시설과 도로포장 등 기반시설 조차 제대로 갖추어지지 않아 공장 가동은 물론 공장건설 조차 어려운 실정이었다. 자본규모가 작고 생산력이 취약한 중소규모 공장들은 다른 지역으로의 이전은 고사하고 자금난으로 공단 입주를 연기하거나 포기할 수밖에 없었다. 지역개발을 통한 공단 조성이 국가의 수출주도공업

화 전략을 실현시키기 위한 수단으로 추진되었지만 국가의 지원을
끌어내는 데는 실패한 셈이다.

오히려 공단 건설은 국가로부터 국가경제부흥에 기여할 것을 요
구받는 방식으로 추진되었다. 지역 공단개발은 '선분양 후개발' 방
식으로 지방정부로 하여금 부지 매입비용을 자체 조달하여 개발에
나서도록 했다.[153] 기계공단 조성과정에서 경기도는 공단조성비의
일부(경기도 시설설계용역비 300만원, 공동시설건설자금 300만원)를 지
원하고, 인천시는 염전매립비를 공단 입주예정업체의 채비지 매각
대금으로 충당하였다. 공단 내 기반시설 공급도 인천시의 재원으로
충당해야 했다.

경영의 어려움을 겪고 있는 기업들이 제때 매각대금을 지불하지
못하자 공단조성 및 관리를 책임지고 있는 ㈜인천기계공업공단은
자금 압박에 시달렸다. 매립비를 조달하기 위한 방법은 입주업체에
채비지 매각대금을 독촉하거나 은행으로부터 대출을 받아 일괄 지
불하는 것뿐이었다. 애초 지방공단 조성사업을 도시 토지개발을 관
장하는 '도시계획법'에 근거한 일단의 공업용지 조성 방식으로 시행
하여 재원조달 방안을 심각하게 고려하지 않은 탓이었다.[154]

결과적으로 공단 조성 계획에 영향력을 행사한 지역의 행위자들
이 특정 공간을 기계공업의 '집단화'를 달성하기 위해 자신들의 요
구를 반영하는 데는 성공했지만 계열화, 분업화, 전문화를 위한 재
생산 공간으로 만들어내는 데는 한계를 가질 수밖에 없었다.

153 한국경제60년사 편찬위원회, 『한국경제60년사; 산업편』, 2010, pp.151~152.
154 박배균 외, 2014, p.73.

국가나 지방정부의 지원이 취약한 상황에서 기계공단 내 공장 건설 지연 및 입주 포기 등 조성과정의 어려움은 정부의 통제와 지배력을 강화하는 움직임으로 나타났다. 인천수출산업공단이 한국수출산업공단에 강제로 흡수·통합된 사례처럼 정부는 전국의 지방공단 관리를 일원화하기 위해 정부조직을 개편했다. 정부가 지방공단을 흡수·통합하기 위해 공단관리청을 신설하여 전국의 지방공단을 통합, 관리하겠다고 발표한 것이다.[155] 국가가 경영의 합리화를 명분으로 관리 및 운영을 일원화한 것은 공단의 낮은 기업 유치 실적에 있었다.

공단 조성은 이 연구 전반적인 흐름에서 알 수 있듯이 국가/지역 단위 다양한 행위자들 간 발생하는 갈등을 조정하기 위해 절충, 합의를 이끌어내고, 각각의 행위자들의 이해와 요구를 반영하는 '과정'이라는 점을 강조하였다. 주안지구의 기계공단은 지역의 토착세력을 중심으로 추진되었지만 조성과정을 들여다보면 토지이용 방식, 재원확보 방안 등을 둘러싸고 다양한 이해세력들의 행위가 영향을 미쳤음을 알 수 있었다.

다음 절에서는 기계공단조성 과정에서 지역개발에 대한 지역 사회세력들의 요구와 문제인식을 분석하고, 갈등과 위기 발생 요인, 그리고 이를 어떻게 조정, 중재해 나가는지 공간적 변화와 특징을 살펴본다.

---

155 매일경제, 1971.11.22.

3) 기계공단 조성과정의 공간적 변화

(1) 기계공단 조성에 대한 문제인식

1969년 대한염업㈜과 ㈔인천기계공업공단의 주안염전 부지 매매 계약은 1907년 일본에 의해 조성되어 전국에 소금을 공급해온 염 생산 공간이 60여년 만에 새로운 공간으로 재편되는 획기적인 사건 이었다. 염 생산 공간이 특정 산업으로 재편된 근본 요인은 대한염 업㈜의 염수급 정책의 실패로 인한 과잉생산의 문제를 해소하고, 자 본축적이 가능한 재생산 공간을 만드는 것이었다. 이를 실현하기 위 해서는 공장의 집단화, 계열화, 협업화, 전문화하는 것이고, 매개 수단은 특화된 기계공단을 조성하는 것이었다. 여기서는 기계공단 조성을 위해 연합한 인천의 사회세력들의 인식과 요구는 무엇이었 는지 살펴본다.

㈔인천기계공업공단은 인천상공회의소와 경기도기계공업협동조 합, 행정관료, 정치인 등이 연합하여 구성한 조직이다. ㈔인천기계 공업공단은 1969년 기계공단조성계획서를 작성하고, 이 계획을 토 대로 1970년에 제2, 제3단지를 추가하여 인천과 수도권에 입지해 있는 공장을 집단화하는 것을 목표로 조성하였다. ㈔인천기계공업 공단은 제1단지 조성 목적을 다음과 같이 정리하였다.[156]

　가) 공업입지 조성으로 기계공업의 집단화
　나) 산업의 방위체제 구축

---

[156] ㈔인천기계공업공단, 「인천기계공업단지 조성계획서」, 1969.

다) 기계공업의 합리적 운영체제 확립

라) 각종 로스(손실) 방지 및 원가 절감

마) 기계공업의 협업화, 계열화, 분업화, 전문화

바) 기술 기능 향상으로 상품의 고급화

사) 수출 및 대체 산업 장려

아) 고용증대 및 기능공 양성

자) 공해 방지로 국민보건 향상

차) 도시의 균형적 발전 도모

사업계획서는 "동종 제조업체를 일단에 집약시키고, 공동시설을 갖춤으로써 협업화, 계열화, 분업화를 기하여 국가가 시도하고 있는 수입기계류의 국산화 대체를 확립한다."고 하고 "…… 나아가 기술향상 및 원가절감 등으로 기계의 해외수출증대…… 아울러 공해 방지로 인한 국민건강 향상을 기하는 등 일석이조의 효과"를 얻는 것을 강조했다. 목적을 달성하기 위해 ㈜인천기계공업공단은 1969년 60개 업체를 모집하고, 1970년 20개 업체를 추가로 모집하여 총 80개 업체가 수출목표 50만 달러, 수입대체 300만 달러 달성을 계획했다. 그리고 75개의 조합원에 2천59명의 고용증대로 20%의 생산증가 및 10%의 원가절감, 기술 및 정보교환으로 생산성 향상에 기여하며, 종업원 재교육을 통해 기술향상과 생산비 절감을 기대한다고 했다.

㈜인천기계공업공단의 조성계획서에 나타난 내용을 토대로 이해한다면 기계공단은 수출주도공업화라는 국가의 전략을 이행하기 위한 지역의 기계공업계 의지를 담고 있다. 기계공단을 조성하기 위해 ㈜인천기계공업공단은 대통령의 관심(그는 기계공단 조성 계획서에 직

접을 의견을 달아 행정부처가 협의할 것을 지시했다.)과 정부 부처의 실무 간담회를 이끌어내는 등 중앙정부의 의사결정 과정에 자신들의 요구를 전달하기 위한 활동을 활발하게 전개해 나갔다. 그러나 초기 조성과정을 들여다보면 인천 지역의 사회세력들에게 국가의 '수출주도공업화 전략'은 우선적으로 이행해야하는 목표가 아니라 부차적인 문제로 인식하고 있었던 것으로 이해된다. 도시화 과정에서 기계공업의 현실적인 문제를 시급히 해결할 것을 요구받고 있었기 때문이다.

기계공업은 체계적인 도시계획이 부재한 상태에서 주거지와 상업지구에 혼재되어 있었다. 사회적으로 소음과 매연, 가스 등 환경적인 문제는 주민 건강을 위협하는 민원의 대상이었다. 무계획적으로 들어선 공장의 입지는 생산활동을 용이하게 하기 위한 정보교환 및 원료의 공동구매 등을 어렵게 했다. 이러한 문제의식이 염전을 재생산공간으로써 기계공업의 집단화에 영향을 미쳤다. 지역개발은 국가의 수출주도공업화 전략을 수행하는데 있어 우선적으로 충족되어야 하는 요인이며, 국가전략을 뛰어넘을 수 있어야 하는 조건인 셈이다. 이를 충족하기 위해 지역 단위 스케일의 행위자들, 즉 인천상공회의소, 경기도기계공업협동조합 또는 인천기계공업 제조업자, 인천시, 경기도, 대한염업㈜, 정치인이 각각의 요구를 조정하고 합의의 과정을 거쳤던 것이다.

따라서 기계공단은 단순히 국가의 전략적 산물로 나타난 것이 아니라 지역단위 행위자들의 연대 속에서 현실적으로 해결해야하는 도시화 과정의 문제인식을 드러내고, 실현해 나가는 과정의 산물로 이해해야 할 것이다.

새로운 자본축적 공간을 구축하기 위한 ㈜인천기계공업공단의 문제인식은 지역의 관점에서 볼 때 환경적인 문제, 지리적 입지로 발생하는 경제적 거래비용의 문제, 그리고 생산성을 높이기 위한 생산체계의 문제 등을 반영한 것으로 정리할 수 있다. 그렇다면 이 같은 문제인식이 공업화, 도시화 과정에서 구체적으로 어떻게 표출되었는지 살펴보자.

첫째, 환경문제에 대한 인식이다.

경제성장을 제일의 목표로 하고 있는 국가 경제정책을 고려할 때 소음·분진으로 인한 환경문제는 국가가 고려해야하는 일차적인 문제이기 보다 부차적인 문제로 인식되었던 시기였다. 때문에 공단조성으로 공해산업을 집단화함으로써 동종기업의 집적으로 환경피해를 최소화할 수 있을 것이라는 주장은 공업화 단계에서 시급히 해결해야한다는 문제인식은 떨어질 수밖에 없다. 1960년대 이전에는 도시기본계획이라는 것이 존재하지 않아, 주거와 상업지역에 공장이 혼재되어 있었다. 주거지역과 상업지구의 혼재는 지리적으로 공장을 격리시키는 요인이기도 하고, 소음으로 인해 주민의 불편을 초래하였지만 먹고 사는 문제만 해결되면 충분히 희생을 감내할 수 있다고 생각했다.

환경문제는 당시 민원에 따른 불편이나 부담을 줄여 부수적으로 해결될 수는 이차적인 문제였다. 지역개발사업에서 지역의 사회세력들이 기계공단 조성을 정당화하는 우선순위로 환경문제를 다루었다고 보기 어려운 요인은 두 가지 측면에서 설명이 가능하다. 하나는 공단 조성은 1962년부터 추진된 제1차경제개발사업 중 서울을

비롯한 수도권 지역의 효율적인 토지이용과 관리를 위한 도시계획
의 의도를 반영한다. 그리고 1965년 인천이 도시계획법에 근거하여
부평과 주안지역을 공업지역으로 지정한 것은 인천이 갖고 있는 자
원동원의 용이함과 지역경제의 특성을 고려한 측면도 있지만 서울
의 인구와 공장밀집 문제 해결의 탈출구 기능이 더 유효했다. 서울
에 밀집한 공장을 분산시켜 지역 중소제조업체가 토지 사용권한을
우선적으로 확보할 필요가 컸던 것이다.

다른 하나는 1960~1970년대 공단 조성 과정에서 입주기업의 요
건은 깨끗한 환경을 크게 요구하지 않는 경공업과 중화학공업체를
대상으로 하였다.[157] 심지어 '공해산업'을 공단에 집단화하는 것을
목표로 한다고 밝히고, 수도권 지역의 기계공업체를 모집했다. 국
가산업정책이 환경보호 차원에서 법적, 제도적 장치를 마련하고,
사회적으로 관심을 갖게 된 것은 도시규모가 팽창하고, 중화학공업
에서 첨단서비스산업으로 산업구조가 고도화하는 1980년대 후반에
가서 나타났다. 때문에 1960~1970년대 공단조성이 도시의 환경문
제에 대한 국가/지역의 사회세력들의 높은 인식수준을 반영하였다
고 보기 어렵다.

둘째, 네트워크를 통해 경제적 거래비용을 줄이고 토지이용의 효율
성을 높이기 위한 공장집적의 필요성을 시급한 문제로 인식하였다.
영세한 중소규모 제조업체들의 분업과 협력, 정보교류 등 집단의
이해와 요구를 지속적으로 반영하기 위해서는 동종 업종 간 네트워

---

157 김대환, 「한국의 공업입지결정요인에 관한 연구」, 서울대 석사논문, 1989, p.9.

크가 중요했다. 특히 가족형 공장경영의 영세한 중소기계 제조업은 집단 내부의 동질성이 강한 편이라 다른 업종에 비해 협력적 관계를 형성하여 상호 거래비용을 줄일 필요가 있었다. 때문에 특정 공간의 공장집적은 원료 및 원자재 등 재료의 공동구매, 수많은 부품생산과 조립 및 가공으로 완성재를 생산하는 대기업과 중소기업간 수직적·수평적 생산관계를 유지함으로써 외부경제효과를 높이는 기반이었다.

기계공업 업종은 생산성 효율 측면에서 설비시설 확장을 위해 넓은 부지를 필요로 한다. 그러나 주변지역의 토지사용의 한계와 지가상승이 개별적인 공장용지 취득을 어렵게 했다. 때문에 동종업종의 집단화는 중·대형 규모의 토지를 값싸게 공동으로 구입하고, 정보를 교류함으로써 계열화를 이루어 비용을 최소화할 수 있다는 이해집단의 공감대 형성을 우선으로 하였다.

셋째, 생산시설과 제품의 고급화, 부품소재 및 기계류의 국산화 등 기술적 문제해결에 대한 인식이다.

1967년 정부의 기계공업육성책은 기계공업의 고도화를 위해 열악한 기계설비의 교체와 국산화 등 구조개선의 시급함을 촉구해온 기계공업계 요구를 반영한 결과였다. 초기 기계공업 종사자 대부분은 일본으로부터 중고품을 수입하거나 일본인들이 사용한 설비를 그대로 사용하고 있었다. 금속의 조립, 가공형 부품소재공업의 수입기계 의존도가 높을수록 자본재 및 중간재의 수입은 증가하여 중소제조업체의 비용부담을 크게 하였다. 1968년부터 자본재 및 중간재 수입이 급증하자 정부는 국제수지악화에 대처하기 위해 단편적으로나마 생산설비를 국산화하기 위한 조치를 취했지만 개별기업의 노력으로 해결하는 데는 한계가 있었다.

이러한 때「기계공업육성법」제정은 중소제조업이 처한 생산설비시설의 국산화 대체와 기계공업의 제품 고급화에 대한 기대를 크게 했다. 생산설비시설의 국산화와 부품소재산업 육성은 기계공업 중소제조업의 하청생산구조를 강화하여 기술적 분업과 전문성 제고를 목적으로 했다. 하지만 하청계열화 정책은 중화학공업의 수출채산을 맞추기 위해 모기업과 부품공급 제조업간의 계열관계를 의무화하는 방향으로 추진되었다. 대기업과 중소기업, 중화학공업과 경공업 간 실질적인 계열화는 1980년대 이후에나 이루어졌다.

정부의 하청계열화 정책이 본격화하자 기계공업분야 중소규모 제조업의 '집단화를 통한 계열화'는 독점자본에 의한 중소규모 제조업 지배를 확대, 강화하는 결과로 이어지게 된다. 기계공단이 '집단화를 통한 계열화' 달성에서 '하청계열 제조업의 집단화'로 전환되는 공간구조의 특성은 대기업과 중소제조업의 관계를 의무화하는 국가정책에 의해 더욱 공고화되었다. 때문에 초기 기계공단 조성과정은 '집단화를 통한 하청계열화'를 통해 자본을 축적할 수 있는 생산구조로 인식되었고,[158] 특정 공간의 집단화를 우선하는 것을 시급한 문제로 삼았다.

이상 공단 조성을 둘러싼 사회세력들의 세 가지 문제인식은 비단

---

[158] 정부는 1975년 계열촉진법을 제정하고, 1978년 이를 개정하여 1979년 지정계열화 형태로 부품공급 의존도가 높은 업종 중에서 품목을 지정하여 모기업, 특히 중화학공업계열의 공급을 의무화하였다.

인천의 기계공단에만 제한된 것은 아니었다. 1960~1970년대 공업화 과정의 산업전반에서 요구되는 현상들이었다. 환경오염, 효율적인 토지이용, 기계류 국산화 등의 문제인식은 지역경제에 착근된 장소 의존적 행위자들로 하여금 연합세력을 형성하도록 했다. 국가는 인천시 등 지방자치단체에 수출주도공업화 목표를 달성할 것을 요구했다. 결국 지역의 연합세력과 국가의 수출주도공업화 전략, 그리고 지방자치단체의 성과에 대한 압박 등이 결합하면서 지역개발은 정당화되었고, 지역균형발전을 위한 공단개발이 일차적 목표가 되었다.

그러나 서울의 인구와 공장을 분산시켜 지역균형을 달성하겠다는 목적은 공장유치 어려움으로 나타났고, 효율적 토지이용을 기대했던 애초 전략은 위기를 맞게 된다. 공장 이전의 문제가 해결되기는커녕 충분한 유인책조차 되지 못한 것이다.[159] 아래 〈표 28〉에 나타난 바와 같이 지방 대도시에 조성된 공단의 공장 유치실적은 미미하여 기대에 미치지 못했다. 총 20개 공단에 유치하기로 한 960여 개 업체 중 실제 가동 중인 공장은 30%가 채 되지 않았다.

〈표 28〉 공업단지 현황(1971.9월말 현재)[160]

(단위: 천 평, 개)

단지명	계획면적	계획공장수	준공	건설 중	가동 중
★ 여수공단	1100	미정	1	2	1
★ 이리공단	400	30	–	1	–

---

159 동아일보, 1971.10.13.

160 동아일보, 1971.10.13.
  ★표는 1970년 8월 건설부의 공업개발장려지구 지정 후보지

★ 구미공단	1180	9	3	3	3
★ 대전공단	145	36	6	13	–
★ 청주공단	365	25	3	3	2
★ 원주공단	120	14	1	3	–
경기광조공단	240	72	6	29	6
광주공단	720	43	39	–	22
전주공단	500	42	25	9	25
춘천공단	150	21	7	4	7
목포공단	135	12	–	–	–
울산공단	8000	미정	19	14	19
포항공단	3540	미정	2	5	2
마산수출장지역	200	100	2	1	2
진해수출자유지역	840	미정	2	–	2
인천수출산업공단	415	100	50	2	36
인천기계공단	506	104	6	10	6
인천비철금속공단	79	50	–	–	–
대구공단	388	145	68	14	61
구로수출공단	620	157	66	14	66
	22961	960	306	127	260

1971년 무역협회가 인천과 구로공단의 의류, 섬유, 전자, 합성수지 등 110여개 업체를 대상으로 산업연관성 등 공단 실태조사 결과를 발표했다.[161] 보고서 결과에 따르면 기업 상호 간 기술적 연관성이 지역적 특수성을 살리지 못하고 단순히 외형적인 집단화에 그쳐 공업단지의 효율성이나 이점을 누리지 못하였다. 이 같은 지적은 국가가 지역 특성에 기반을 둔 기업 간, 산업 간, 더 나아가 지역 간 상호 연계효과를 고려하기보다 수출주도공업화 실적을 높이기 위해 지방공단 조성 붐을 일으키며 나타난 예상된 결과였다. 실태 조사결

---

161 매일경제, 1971.11.6.

과는 1970년대 초반까지 공단 조성과정이 '공장의 집단화'에는 성공하였지만 '집단화를 통한 계열화, 협업화'로 이어지지 못했음을 의미한다.

1960~1970년대 초기 인천의 공단 조성과 공장유치 실적은 전국의 상황과 크게 다르지 않지만 타 지역에 비해 유난히 많은 공단이 조성되었다. 1969년 준공된 부평공단을 비롯해 총 8개의 공단이 지정되어 주안지구와 서곶지구의 총 154만8천여 평에 424개의 공장을 유치한다는 계획을 세워 추진 중에 있었다.(〈표 29〉)

인천에는 자본규모가 큰 대기업들이 상당수 입지해 있고, 주변에 중소규모 제조업체들이 밀집해 있어 산업 간, 기업 간 연계효과를 크게 할 수 있는 이점을 갖고 있었다. 대한중공업, 조선기계제작소, 인천제철, 한국기계, 이천전기, 경성공작소, 대한전선, 대동공업, 새나라자동차 등 금속 및 기계공업관련업체와 동양방직, 흥한방직, 경인직물, 동양화학, 한국농약, 한국화약, 대한제분, 삼화제분, 동아제분, 경인음료, 동일산업, 와룡주조, 한국유리, 대한도기, 중앙도자기, 대성목재, 한일목재 등 대기업들이 입지하여 전국에서 몰려드는 노동자들에게 일자리를 제공했다.[162] 한국의 대기업과 중소규모기업 간 수직적, 수평적 하청관계가 체계적이고 밀접하게 형성된 구조는 아니지만[163] 인천의 지리적 입지조건과 값싼 노동시장 형

---

162 1947년 인천의 인구 25만1천3백여 명이던 것이 20년이 지난 1969년에는 57만 7천여 명으로 2.6배 급증하였다.

163 부품소재산업의 고도화를 위한 국산화정책이 본격적으로 추진된 것은 1985년 이후로 자본재 및 중간재의 과도한 대일 의존이 결국 대일 적자와 대미 흑자로 표출되면서 통상 마찰의 주요 요인으로 나타났다. 이는 대일 의존의 폐해를 증폭시키는 동시에 국산화의 경제적 유인을 강화시키는데 상당정도 기인한 것으로 해석되고 있다.

성 등 지역적 특성이 결합할 때 연관효과가 클 것으로 기대되었다.
특히 기계금속공업은 지역 내 강한 결속력을 기반으로 '집단화를 통
한 계열화'가 실현될 경우 지역경제에 미칠 파급효과는 상당할 것
으로 보았다.

〈표 29〉 1970년 인천공업단지조성계획(1973년까지 추진사업분)[164]

(단위: ㎡, 평)

구분		업체수(개)	공업부지	업종	비고
수출 단지	제1단지	45	697,520	섬유, 기계, 식품 등	부평지구
	부평		211,000		
	제2단지	50	677,690	정지작업공사 30%	주안지구
	북가좌		205,000		
기계 단지	제1단지	51	327,470	주물, 선반용기계,	주안지구
	주안염전		99,060	산업용기계, 정밀기계	
	제2단지	100	691,000	정지작업공사 30%	주안지구
	북가좌염전		209,026		
	제3단지		654,900		
	도화동염전		198,109		
비철금속공단 (남구주안동)		48	321,210	신입업체 48개 100%	
			97,167	매립공사작업 80%	
한국제재공단 (북구가좌동164-1)		30	692,470	나왕제재 18개(준공8개)	주안지구
			209,470	미송제재12개(준공2개) 기초공사10%	

그러나 1980년대 산업구조의 변화에 따른 고부가가치 생산체계로의 전환이 부품소
재산업의 육성에 힘을 실은 것으로 파악하고, 이를 위해서는 수직적 계열화가 긴밀
히 이루어지는, 즉 대기업과 중소기업의 하청계열화를 통한 분업을 강화시키는 것으
로 귀결된다. (김견, 「1980년대 한국자본주의와 산업구조조정」, 『사회경제평론』 제
3집, 한울, p.27)

164 인천시, 「인천시종합개발계획보고서」, 1970.8, 인천시; ㈜인천기계공업공단, 단지
조성사업관계철 제2단지 입주입체공고공문, 1970.6.1.

경인에너지 (북구, 원창, 석남동)		1,057,860	화력 18%	서곳지구
		320,000	정유 38%	
계	424	5,120,120㎡		
		1,548,832평		

(2) 기계공단 조성과정의 갈등과 충돌

기계공단 조성과정의 갈등은 재원부족과 지방공업개발장려지구
로 지정되지 않아 국가의 지원을 받지 못한 요인이 가장 크게 작용
했다. ㈜인천기계공업공단과 인천시는 충분한 재원을 확보한 상태
에서 공단 개발을 추진한 것이 아니었기 때문에 초기부터 염전 매립
비 및 공장부지 매입, 공단 내 기반시설 구축 등을 둘러싸고 갈등을
빚었다. 그 결과 기업 유치 실적은 기대에 미치지 못했으며, 입주예
정업체 중 공장 건설은 지연되고, 입주를 포기하는 기업들이 점차
늘어났다.

지역 내 사회세력들의 강한 결속력을 보이며 구성된 ㈜인천기계
공업공단은 4년여에 걸쳐 주안염전 부지 약 50여만 평에 제1단지(9
만9천 평, 1969~1971), 제2단지(약 20만평, 1970~1971), 제3단지(약 19
만8천 평, 1970~1972)를 조성했다. 제1단지 입주업체는 인천에 주소
지를 두고 생산활동을 하는 기계공업부문의 중소제조업체로 자격을
제한하였으며, 제2단지는 인천과 서울에 입지해 있는 제조업체를,
제3단지는 지역과 업종의 제한 없이 입주업체를 모집했다. 제1단지
는 초기 80개 공장을 입주시킬 예정이었다. 9만9천여 평 규모에 80
여개 공장이 들어선다는 것은 인천 기계공업의 생산규모가 크지 않
은 공업구조를 띠고 있었음을 보여준다. 1968년 51개 업체가 공단

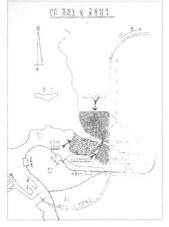

〈그림 38〉 주안지구 기계공업단지 위치도(좌)와 제1기 계단지 조감도(하)[165]

입주 신청을 했다.

제1단지 부지 분양이 완료되자 제2단지와 제3단지의 공단 조성도 탄력을 받아 기업 유치는 무난할 것으로 예상했다. 제2단지는 인천과 서울에 입지해 있는 기업을 유치하여 조성될 예정이었지만 ㈜인천기계공업공단은 신청자가 많아 부지를 약 20여만 평으로 확대하여 50여개 업체를 유치하기로 결정했다.[166] 입주신청 모집 결과 10개 기업이 결정되었다. 제3단지는 제1단지, 2단지와 달리 업종을 구분하지 않은 제조업 복합단지로 조성될 예정이었다. ㈜인천기계공업공단은 전국의 21개 제조업 협동조합에 공문을 보내 인천의 경제 발전에 기여할 수 있는 희망업체를 모집하는 등 공장유치에 큰 어려움이 없을 것으로 판단했다. 주안염전지구는 3개의 기계단지 외에

---

165 ㈜인천기계공업공단, 「단지조성사업관계철」(1970.1.16~11.27), 공문, 1970.6.1.; 인천상공회의소, 『인천상공명람』, 1971.

166 인천상공회의소, 『인천상의보』, 축쇄판, 1970.9.10.

〈그림 39〉 1970년 4월 제2기계단지 발주(좌) 및 5월 제3기계단지 조성계획(우)[168]

주안수출공단(20만5천여 평)과 비철금속공단(약 9만7천여 평)이 조성
될 예정으로[167] 상호 유기적으로 연계할 경우 상당한 파급효과가 기
대되는 공간이었다.

　(사)인천기계공업공단이 모집한 입주예정 업종의 조건은 대체로 동
일하다. 수출 및 수출전환업체, 공해 해당업체로 공업지구로 이전
계획인 업체, 도시계획에 저촉되는 업체 등을 대상으로 했다. 입주
업체 선정은 제1, 2단지의 경우 이사회가 심의하고, 제3단지는 인천

167 총 80여만 평의 주안염전은 1972년 7월 현재 98%의 공정을 완료하였다.(매일경제,
　　1972.7.18)

168 인천상의보, 1970.4.10.; 1970.5.10.

시와 협의하여 결정했다. 제1, 2단지와 달리 제3단지 입주업체를 (사)
인천기계공업공단 이사회가 결정하지 않은 이유는 분명하지 않다.
공단조성 붐의 확산으로 지방정부들이 업체 유치를 위해 경쟁에 뛰
어들면서 (사)인천기계공업공단의 힘만으로 해결하는 것이 어려워졌
기 때문인 것으로 추측된다. 뿐만 아니라 정부가 수도권 이외 지역
으로 이전하는 기업체에 조세감면 등 각종 특혜를 부여하면서 인천
으로 이전하려는 기업이 줄어드는 등 기업유치 환경의 변화 요인도
영향을 미쳤을 것이다.

정부의 중소기업육성책과 기계공업진흥책에 따른 각종 감면정책
이 인천에 적용되지 않으면서 기계공단의 공장입주를 더디게 했
다. 1968년 51개 입주희망업체로 출발한 제1단지는 기대했던 만큼
분양신청이 늘어나지 않았다. 제1단지 입주예정업체는 1968년 51
개, 1972년 53개, 1976년 47개로 정체 상태에 있었다. 뿐만 아니
라 공장건설을 연기하거나 입주를 포기하는 업체도 발생했다. 제1
단지는 1971년 14개, 1972년 6개 업체가 입주를 취소하고, 신규업
체가 진출하였지만 실제 가동 중인 공장은 1973년 19개에 불과했
다.[169] 공장 착공이 일정대로 추진되었다면 1972년 대부분 공장이
입주했어야 함에도 절반 이상이 입주를 하지 못한 것이다.(〈표 30〉)

---

[169] (사)인천기계공업공단, 「입주업체보고 및 알선조회」, 1969; 1972년 사무인계서; 1973
년 사업보고서.

〈표 30〉 인천기계공업공단 제1단지 입주예정 업체명(1971)[170]

업체명	생산품목	공장건설 시기	업체명	생산품목	공장건설 시기
건설모형공작소	각종모형	1971.10	선미사	라이타	1971.8
경인조선철공소	선박수리기계	1971.9	세기주철㈜	각종주물	1971.10
경일신철공업㈜	평철, 환철	1970.11	신성공작소	각종철도레루 부속	1972.2
공신낫트제작소	철판낫트	1973.4	여흥주물공장	화구부속물	1973.3
금성신철㈜	각종압연	1970.8	영신철공소	탱크및 화학기구	1971.5
금성공작소	각종제관	1971.10	영진금속공업사	각종주물	1970.2
대창주물공장	각종주물	1971.5	영창금속공업사	압연	1970.4
대동공작소	요업용볼밀	1971.2	오르강미싱제조상사	재봉기	1970.9
대륙기공사	각종기계부속	1972.5	용일공작소	각종기계및 금형	1971.8
대영공작소	각종보도낫트	1971.8	이화철공소	화학공업용기계	1971.10
대인기계제작소	각종기어	1971.6	인일공작소	도량형기 제작수리	1971.8
대한열공업사	저압오일바나	1971.5	인천강업합자회사	각종신철	1971.3
대한제침공업㈜	봉침	1970.6	인천기계제작소	무반변속, 각종기계	1970.10
대흥볼트공업사	각종본도낫트	1971.9	인천전기제작소	변압기 모터	1971.8
대흥주물공장	선박주물	1971.3	인천정밀사	재봉기부속	1971.10
동양신철공장	각종주물	1973.5	인천제침공장	봉침	1970.8
동인신철㈜	각종신철	1971.5	일신화학기계제작소	철도기계부속	1971.9
동일공업사	샷수제작	1971.10	제물포조기조성공사	선박엔진수리	1971.3
동일공업사	각종기계바킹	1970.5	제일신철합자회사	각종주물	1971.3
동화기공사	후로아힌 지도아체크	1972.4	창덕기공사	각종주물	1970.9

---

170 ㈔인천기계공업공단, 사무인계서, 1971.2.12.
    1969년 입주신청업체 중 14개 공장이 입주를 취소하고, 1972년에는 6개 공장이
입주 취소하였다.

만화주물㈜	각종주물	1969.10	칠복기계제작소	선박기계수리	1974.3
삼성주물공업사	각종주물	1971.3	태흥공업사	볼트, 너트	1971.10
삼양공업사	곤로및 난로부속	1971.8	포항공작소	각종기계부속	1971.10
삼양기계제작소	각종노즐가스켓트	1971.7	해안정밀기계제작소	연탄기제작, 윤전기	1970.9
삼우철공소	선박기계수리	1972.3	홍진공업사	각종체인	1974.5
삼정철공소	각종기계수리	1971.8			
삼화제정공장	양침	1975.8	총 52개 업체		

　　제2단지의 입주예정 업체들은 경영상 어려움으로 재원을 확보하지 못해 신청 부지를 축소하거나 대출금을 제때 납부하지 못했다. 제2단지가 애초 계획했던 5만평보다 4배인 20만평의 염전부지를 매립한 것은 입주업체가 더 많을 것으로 예상했기 때문이지만 입주신청업체는 1/5에 불과한 10개 업체에 불과했고, 최종 9개 업체가 입주를 결정했다.(〈표 31〉)

〈표 31〉 인천기계공업공단 제2단지 입주예정 업체명 (1973)[171]

업체명	대표자	생산품목	주소	공장건설시기
일신산업주식회사	주창균	강괴, 신철	서울	1971.8
영창악기제조주식회사	김재섭	파아노, 각종악기	서울	1971.9
신한공기주식회사	정경모	수도, 가스미터	서울	–
주식회사협신볼트공장	이상익	볼트, 넛트	서울	–
미아산업주식회사	장수근	직버회로	인천	1971.10

---

171 ㈔인천기계공업공단, 「제2단지관계철」, 1973.
　　아주신철이 입주를 취소하여 총 9개 업체가 입주결정

영진실업주식회사	임희순	상수도배관	서울	1971.9
남강공업사	양승철	양정, 효순선	인천	1972.8
대인철공소	정규원	석판, 강판	인천	1973.3
동양석판공업주식회사	손열호	석판, 강판	서울	1971.7
주식회사 아주신철	-	샤슈바, 앵글평철	서울	1971.8
총 10개 업체				

　공단의 낮은 기업유치 실적은 이미 예견된 것이었다. 하나는 실업자 구제 문제를 해결하기 위해 무리하게 추진한 결과였다. 인천시와 ㈜인천기계공업공단이 주안염전 매립 면적을 확대하여 추가로 제2, 제3단지를 조성하고, 비철금속공단과 제2수출공단(주안공단)을 조성하게 된 배경에는 주안염전이 사라지면서 실업 위기에 처한 염 생산 노동자를 구제할 목적도 있었다. 주안 지구에 7개 공단이 모두 들어서면 염 생산 노동자가 공장노동자로 고용될 경우 저렴한 임금으로 고용할 수 있는 효과를 기대할 수 있었기 때문이다.

　또 다른 요인은 1970년대 초 제조업의 심각한 불황이 기업유치를 어렵게 했다. 국내시장을 고려하지 않은 특정 산업부문의 과잉 설비 투자가 축적위기를 초래하고, 상당수 기업들이 조업단축과 휴업, 업종전환 등 경영악화로 어려움을 겪고 있었다. 1971년 철강업계 가동률은 평균 30~40% 수준에 그쳤다. 방적업과 제분업계는 재고가 쌓여 소비시장을 찾지 못해 심각한 경영난을 겪고 있었다. 1972년 인천상공회의소가 1971년 하반기 중 인천시내 휴폐업 실태를 조사한 결과에 따르면 개인 및 법인체 1천501개소가 휴폐업 상태로 전체 등록업체수의 10%에 달했다.[172] 그 중 소매업이 270개소, 제조업이 199개소, 운송보관업 191개소, 기타 서비스업이 130개로 기타 31개소가 휴폐업 중이었다.

제조업 부문의 휴폐업은 노동자 실직과 수개월의 임금체불 등 노동자를 고통에 빠뜨렸다. 1974년 인천의 수출업체 중 폐업 11개소, 휴업 11개소로 1천5백여 명이 실직했고, 조업단축으로 감원된 노동자는 약 2천5백여 명에 달했다.[173] ㈜인천기계공업공단이 입주희망 업체 모집 지역을 인천에서 서울 등 수도권으로 확대한 것은 당시 경제불황 요인이 작용하였을 것이다.

경기불황에도 불구하고 기계공업부문 133개 업체 중 51개 업체가 공단입주신청을 한 것은 다른 업체에 비해 경영여건이나 규모면에서 그나마 나은 편이었다. 그럼에도 입주 지연 및 포기 업체가 늘어난 것은 부지매입 및 공장건설비 부담요인이 크게 작용한 때문이다. 개별업체의 평당 분양가는 제1단지 3천2백 원, 제2단지 3천4백 원, 제3단지 4천5십 원으로 부지매입비가 지속적으로 상승하고 있었다.[174] 입주 업체 대부분은 자기자금보다는 외부자금에 의존하여 입주를 준비하고 있었다. 그러나 융자금을 제때 갚지 못해 은행융자금을 관리하고 있던 ㈜인천기계공업공단과 인천시로부터 독촉을 받는 등 자금 압박에 시달렸다. 심지어 인천시와 입주업체가 각각 분담해

---

172 매일경제, 1972.6.1.

173 매일경제, 1974.11.26.

174 1973년 구로수출공단은 평당 6천원, 인천비철금속공단 5천원, 구미공단 4천5백원, 대구공단 3천7백 원, 진해 3천5백 원, 인천 3천5백 원, 울산 2천9백8십 원, 광주 2천6백 원, 춘천 2천3백 원, 여수 2천원, 전주 1천 2백7십 원으로 땅값이 오르면서 공단 주변의 땅값도 급등하였다. (경향신문, 1973. 6.12)

추진한 공단 내 인도포장 공사비조차 확보하지 못해 어려움을 겪었다. ㈜인천기계공업공단은 "자금 확보가 불가능한 상황을 고려하여 부담액 1천6백만 원 중 3백만 원을 감액하여 줄 것"을 인천시에 요청할 정도였다.[175]

애초 재원확보가 되지 않은 상태에서 추진된 사업은 기업의 생산활동에 직접적인 영향을 끼쳤다. 개별업체와 인천시가 공단조성비를 고스란히 부담해야 하는 문제는 염전매립지의 불안정한 토질 문제와 공단 내 기반시설 구축을 어렵게 했다. 염전매립지의 특성상 지반이 약하고 낮아 비만 오면 공단 전체가 상습적인 침수피해에 노출되었고, 소금기로 인한 기계 손상, 배수로 미비 등으로 공장 입주를 꺼렸다.[176] 기계공단 내 배수로 공사는 1973년이 되어서야 시작되었다.[177] 공단 내 도로포장 역시 1976년에 시행되었다.[178] 뒤늦게 시작한 기반시설공사는 민간공단의 부대시설 미비로 입주를 꺼리고 있다는 상공부의 지적이 있은 연후에야 부랴부랴 추진한 것이었다.

공장 가동을 위해 가장 우선하여야 할 기반시설 공사가 늦어지고

---

175 ㈜인천기계공업공단, 「1979, 인도포장관계철」, 공문 1979.10.10.

176 ㈜인천기계공업공단, 「단시조성사업관계철(70.1.16~70.11.27」, 인기공제265호. 19708.31; 인기공제329호, 1970.11.26.

177 인천상공회의소, 『인천상의보』, 축쇄판, 1973.7.25.

178 매일경제, 1976.7.14; 인천상의보, 1976.7.20. 기계공단 내 정화사업으로 4월부터 3개월간 공사비 3천276만원을 투입하여 공단도로 포장 5천3백91평, 총 길이 2천60m을 완공하여 7월 16일 개통식을 가졌다. 이 사업은 단지 내 정화사업의 일환으로 개통식에는 최정환 인천상공회의소회장, 유승원 국회건설분과 위원장, 김재연 인천시장 등 50여명이 참석하였다. 이 사업은 시비 1천만 원, 나머지는 공단 자체자금을 들여 공사를 했다.

있는데 대해 ㈜인천기계공업공단은 1972년 이사회에서 ① 제2단지 배수로 시설예산확보, ② 지방공업개발장려지구 지정, ③ 제1단지 환지예정지를 소유권 이전 할 수 있도록 확정 환지작업 촉구, ④ 본 공간 제1단지의 행정구역 통합문제, ⑤ 제2단지 상수도(공업용수) 간선시설 구축, ⑥ 제2단지 간선전력시설 구축, ⑦ 제2단지 수로시설 구축, ⑧ 제2단지 전화간선 케이블 시설 등을 시급한 현안으로 보고했다.[179] 공장입주 및 원활한 생산활동을 위해 기반시설이 우선적으로 고려되어야 했으나 인천시의 예산부족과 입주업체의 채비지 대금 미지급 등으로 인천시와 입주업체, 그리고 ㈜인천기계공업공단 간의 갈등은 불가피해졌다.

갈등을 불러일으키는 계기는 두 가지로 정리될 수 있다. 첫째는 공단 내 기반시설(전기, 전력, 상하수도, 도로 등) 미비, 둘째는 매립부지의 소유권 이전 문제를 둘러싸고 불거졌다.

첫째, 공단 내 기반시설 미비로 인한 입주기업과 ㈜인천기계공업공단 간의 갈등이다. 제1단지의 입주업체들은 전화나 전력공급이 제대로 이루어지지 않아 관계기관과 갈등을 빚었다.[180] 제2단지는 제1단지 보다 2배 이상 넓은 부지에 자본규모가 비교적 큰 기업들이 입주할 예정이었고, 개별 기업의 신청 부지면적도 커 기반시설 구축에 대한 자금압박이 더 심했다. 문제해결을 위한 조정은 ㈜인천기계공업공단과 인천시가 담당하여야 하지만 그들의 업무란 자금 납부 독촉 이외에는 달리 방법이 없었다. 인천시는 관련 행정기관을 상대

---

179 ㈜인천기계공업공단, 「1972.5.31. 사무인계서」.

180 ㈜인천기계공업공단, 「FY.73. 단지조성관계철」, 1973.10.20.

로 건의서를 제출하여 지방공단에 대한 과감한 지원을 우선해 줄 것을 강하게 요청하는 것 외에 할 수 있는 권한이 없었다.[181]

입주업체는 부지매입비와 융자금 지급을 완료해야 ㈜인천기계공업공단으로부터 토지소유권을 이전받아 전기 등 기반시설을 구축할 수 있다는 '이행각서'를 부지매매계약 단계에서 행정기관과 ㈜인천기계공업공단에 제출했다.[182] 그러나 자금 압박으로 채비지 대금 및 은행융자금 지급을 이행하지 못하면서 갈등이 발생했다. 대표적인 예가 제2단지에 입주예정인 영창악기(대표 김재섭)였다. 영창악기는 ㈜인천기계공업공단과 인천시의 협조로 경기은행에서 2천6백만 원을 융자받았다. 그러나 영창악기가 인천시의 전기 및 상수도 공사 지연을 이유로 융자금 중 토지대금 잔액 4백만 원 정산을 거부하면서 갈등이 불거졌다. ㈜인천기계공업공단은 "……오직 원만하게 일을 종결코자 협조와 노력을 경주하였으나 귀사를 위해서는 더 이상 대금불입을 연기할 명분도 없고……시(市)의 의사대로 제3자에게 처분할 것을(4백만 원에 해당하는 토지) 승인하였으니 양지하시기 바랍니다."[183]고 영창악기의 처사를 비판하며 충돌하였다.

둘째는 매립부지 소유권 및 부지 매각권한을 둘러싼 행정기관과의 갈등이다. 부지계약은 인천시와 ㈜인천기계공업공단이 전체 면적에 대해 매매 가계약을 체결하고, 공단 측이 입주자를 선정하는

181 매일경제, 1973.12.21.

182 ㈜인천기계공업공단, 「FY72, 제2단지 관계철」, 공문 1972.7.26; 1972.8.26; 1972.1972.9.13; 「FY.73. 단지조성관계철」, 공문 1973.9.28.

183 ㈜인천기계공업공단, 「FY72, 제2단지 관계철」, 인기공 제267호, 1972.12.6.

방식이었다. 기계공업부문에 특화하여 민간단지로 조성된 기계공단이 '공단입주규정'에 따라 부지 매매 계약 및 입주승인을 하도록 되어 있었다. 이는 특정 업체가 지나치게 넓은 부지를 소유하는 것을 방지하기 위한 내부 규정이었다.

1973년 입주희망업체 중 일부가 입주 포기로 인해 제2단지 약 5만2천여 평의 미분양 및 잔금 지연이 발생하자 인천시가 일방적으로 공개경쟁 입찰 공고를 내고 업체를 선정하려 한 것과 관련해 ㈜인천기계공업공단이 제동을 걸면서 충돌하였다.[184] ㈜인천기계공업공단은 일반 주택지처럼 입찰 공고를 하는 것이 아니라 공단 또는 공단관리청의 입주지정을 받은 자만이 입찰에 참가하도록 하는 것이 타당하다고 주장하고, 공단관리청에 질의서를 발송하는 등 인천시의 일방 행정을 견제했다. ㈜인천기계공업공단의 질의에 공단관리청은 인천시에 조성된 공장부지의 대부분 ㈜인천기계공업공단 소속임을 분명히 하고, 협조하여 운영할 것, 그리고 단일 업체의 지나친 면적 소유나 과다한 분양은 지양하고 다수 업체가 입주할 수 있도록 주의 조치했다. 이 같은 조정과정은 공단 조성 초기 민간공단의 의사결정을 존중하는 것으로 이해될 수도 있지만 정부의 관리 및 책임을 지역에 떠넘기려는 의도로도 해석될 수 있다.

지방공업장려지구로 지정되면 조세감면은 물론 도로포장, 상하수도, 전력, 전화 등 부대시설의 정부보조를 받을 수 있었다. 이와 관련해 인천시와 인천상공회의소가 주안지구의 기계공단, 비철금

---

184 ㈜인천기계공업공단, 「FY.73. 제2단지 관계철」, 인기공 제117호, 1973.8.2; 공단관리청 지도 1320-2465호, 1973.8.13; 인기공 제127호, 1973.8.13.

속공단을 지방공업장려지구로 지정해 줄 것을 정부에 수차례 건의
했지만[185] 부평과 주안공단을 제외한 기계공단은 적용 대상이 아니
라는 답변만 받았다. 오히려 서울 등 수도권 내 인구 및 공장 분산을
유도하기 위한 지방세법 개정으로 난데없는 세금폭탄까지 맞았다.
인천시가 도시계획세 3년 치 180만5천507원을 납부하라는 공문을
발송한 것이다. ㈜인천기계공업공단 발족으로 공단조성을 본격화
한 1969년 이후 3년 치에 해당하는 세금이었다. 인천상공회의소 등
지역 상공계가 공업개발진흥 정책과 상치되는 것이라 반발하며 인
천시에 공단 조성을 위한 모든 여건이 원활해질 때까지 유보해 줄
것을 요청하기도 했다.[186] 도시계획세(都市稅)는 1971년 내무부가 지
방세법을 손질하는 과정에서 도시의 지나친 팽창과 소비의 도시집
중을 막고, 농촌을 지원하여 소득의 재분배 효과를 높인다는 명분으
로 신설한 조세였다. 그러나 본질은 정부의 부족한 재원을 지방에

---

185 인천상공회의소, 『인천상의보』, 축쇄판, 1971.7.10; 1972.10.10; 1973.1.31. 인천시
는 인천상공회의소와 협조하여 내무부와 건설부에 8개 항목의 건의서를 제출했다.
1) 지방공업장려지구 지정에 현행 시행령을 보완, 개정할 것(도심지에서 12km를 6km
로), 2) 지방재정관계법개정(감정가격이하 매각 처분), 3) 토지대금 년 부 장기분납의
경우 조성자금을 지원, 4) 현 기채가 단기성 고율 일반금융자금으로 이자부담이 과중
하여 장기연리재정자금으로 전환, 5) 도시 기존공장의 단지 내 이설에 따른 이전비
보조, 6) 단지조성비 중 환경시설비를 국고보조 또는 장기저리자금으로 지원, 7) 공장
이 입주하기 전에 전기, 전화 간선시설을 우선하여 입주여건을 조성해 줄 것, 8) 인천
시의 구획정리사업법에 의거해 조성된 공업단지 중 채비지로 책정된 토지는 채권보존
상 금융담보로 제공할 수 없는 바 이를 신용대출담보가 가능할 수 있도록 조치해
줄 것 등을 요구하였다.

186 매일경제, 1972.8.4; 인천상의보, 1972.8.10, 비철금속공단 90만1천664원, 제재
단지 237만8천594원, 대한제분 237만8천594원, 동양화학 448만2천726원, 제일제
당 1천53원 등 3년치 총 1천14만여 원의 도시계획세를 한꺼번에 납부해야하는 상황
이었다.

떠넘기기 위한 것이었다.

(3) 공단관리 일원화와 기계공단의 위기

주안지구의 3개 기계단지의 공장 건설이 지연되고 입주를 포기하는 업체가 늘어나고 있는 문제를 해결하기 위해 정부가 운영개선방안을 마련하기 시작했다. 공단의 낮은 기업유치 실적은 사실 인천에만 국한된 것이 아니었다. 1960~1970년대 전국에 걸쳐 조성된 공단 붐은 기업 유치 경쟁을 불러 왔고, 지방자치단체 간 경쟁은 공단 운영의 부실로 이어졌다. 공장을 건설하거나 가동 중인 공장은 절반에 불과했다.(〈표 28〉) 전국의 공단 내 기업 유치 실적이 기대만큼 늘어나지 않자 상공부는 대통령의 특별지시에 따라 공단운영개선방안으로 지방공단을 일원화하기 위한 공업단지관리청(이하 공단관리청)을 신설하고, 제4수출공단(부평공단), 제5수출공단(주안공단)에 이어 비철금속공단을 제6수출공단으로 흡수하는 방안을 마련하게 된다.

공단관리청의 운영개선방안[187]은 지방공업단지 관리업무체제 확립, 지방공단 재정지원, 공업단지 입주환경 개선, 구미전자공업단지 관리주체 일원화를 목적으로 했다. 공단청의 업무와 역할은 입주업종 선정 및 제한, 입주허가기준, 대지분양기준, 입주계약의 기본여건 등 운영기본지침 마련, 공업단지 관리기능 강화, 공업단지 운영평가회 개최, 계획적 입주유치 및 입주홍보활동 등을 담당하는 것으로 했다. 공단을 일원화함으로써 공단관리청은 구체적으로 시(市)

---

187 인천상공회의소, 『인천상의보』, 축쇄판, 1973.5.10.

재정 압박 해소, 공단의 운영 및 관리를 위한 자체 투자 촉진, 공단 내 시설의 정부 보조, 입주환경 개선, 8개 개발장려지구의 산업시설 보완과 수출공단의 장기적 발전 모색, 중화학공업단지의 전문화·계열화와 상호보완성을 살린 공업화 등을 추진하게 된다.

1973년 정부의 공단관리 일원화는 부평공단 유치와 조성을 주도한 인천수출산업공단이 1971년 한국수출산업공단에 강제로 흡수·통합된 사건과 유사한 방식으로 추진되었다. 정부는 비철금속공단을 제6수출공단으로 흡수하고, 인천기계공단을 제7수출공단으로 흡수할 계획을 세웠다. 이 절에서는 수출공단으로 흡수되는 과정을 살펴보고, 인천의 사회세력들이 어떻게 대응하였는지 분석한다.

주안 염전지구에는 제5수출공단(주안공단), 3개의 기계단지, 비철금속공단 등 5개 공단에 약 250여개 공장을 유치할 계획이었지만 1972년 공장 입주상황은 기대에 훨씬 미치지 못했다. 3개의 기계단지는 14개 업체만이 입주한 상태였고, 주안공단은 1개 업체, 비철금속공단은 입주한 업체가 하나도 없었다.[188] 민간주도로 조성된 기계공단은 공단조성에 필요한 사업비를 각 공단별로 부담하고, 인천시가 부지조성과 행정지원만을 담당하고 있는 상황에서 80여만 평에 달하는 주안지구의 공단 현실은 실망스러웠다. 기업 유치가 제대로 이루어지지 않자 인천시가 공단 부지 중 분양되지 않은 유휴지를 골라 대두, 밭벼, 소채류 등을 경작하여 농가소득을 높이기 위한 대체 사업을 추진할 정도였다. 결과적으로 정부의 공단조

---

188 매일경제, 1971.11.22; 1972.3.7; 인천상공회의소, 『인천상의보』, 축쇄판, 1973. 4.25; 1973.5.10.

성과 관련한 조직개편은 공단운영을 지방정부나 민간이 주도하는 개발방식에서 직접 통제, 관리하는 방식으로 전환하겠다는 것을 의미했다. 하지만 상공계와 언론은 새로운 기구의 신설만이 최선이 아니며, 공단의 조성 및 관리, 기업의 입주방법 등 전면적인 재검토가 필요하다고 지적했다.[189]

1973년 정부는 상공부 산하에 공단관리청을 신설하고, 공단관리청이 수출공단을 비롯해 지방공단 조성과 운영 및 관리 등 전반을 통제하는 기구 개편을 단행했다.[190] 공단관리청 신설 후 지방공단의 흡수·통합은 경영 합리화 및 효율적 운영을 내세워 추진되었다. 1973년 공단관리청은 마산에 사무소를 두어 수출공단과 지방공단으로 구분하여 관리하는 방식으로 전국의 공단을 총괄하는 업무를 담당하고, 이를 일원화하여 지휘 감독하는 방안을 대통령에게 보고하고 확정하였다.[191] 그간 공단을 조성하는 주체와 지방정부의 관리, 운영 기능이 이원화되어 있는 운영방식을 일원화하여 상공부가 공단청을 통해 직접 관리하겠다는 것이었다. 그러나 공단관리청이 마산자유지역과 수출공단을 제외한 다른 공단을 일원화하는 것은 법적 근거가 없었다. 이를 의식해서인지 공단관리청은 지방공업단지의 독립성은 유지하되 일차적으로 관리운영은 관할시 시장(市長)을 위원장으로 하는 '단지운영심의회'를 설치하여 지방공단의 관리운영을 대폭 강화할 것을 결정했다. 그리고 영등포기계공단, 인천

189 매일경제, 1971.11.24.
190 동아일보, 1973.1.13.
191 경향신문, 1973.5.8; 동아일보, 1973.5.8.

기계공단, 제재공단, 포항연관단지 등 4개 민간공단을 흡수하기 위한 '공업단지관리법'을 서둘러 마련한다.[192]

공단 일원화 방침에 대해 공단관리청은 정부의 지원으로부터 소외되어 기반시설 확충에 어려움을 겪고, 공장입주 실적이 저조한 민간공업단지를 국가가 나서서 주도할 경우 경영의 효율화를 기할 수 있다고 강조했다. 이 같은 결정 배경에는 수출공단 부지가 거의 분양되어 더 이상 공업단지 확장이 불가능한 상태에서 정부가 민간공단을 흡수할 경우 재정 부담을 줄일 수 있다는 유리함이 더 크게 작용하였다.[193] 민간공단을 흡수하여 수출공단으로 전환할 경우 정부의 수출주도공업화의 실적을 빠른 기간에 홍보할 수 있는 이점을 누릴 수 있기 때문이었다.

공단관리청의 공단 일원화는 주안지구를 첫 대상으로 했다. 기업유치 실적이 낮은 공단을 우선적으로 통합대상에 포함시킨 것이다. 공장 입주 및 유치실적이 낮은 3개 기계단지와 비철금속공단 등 민간공단이 그 대상이었다. 제5수출공단(주안공단) 인근에 조성 중인 비철금속공단을 흡수하여 제6수출공단으로 조성하는 것이 그 첫 사업이었다.[194] 비철금속입주업체들이 1969년 인천상공회의소에서 창립한 비철금속공단[195]은 공장건물조차 제대로 건립하지 못한 채 임

---

192 매일경제, 1973.10.4. 매일경제, 1974.2.2.

193 인천상공회의소, 『인천상의보』, 축쇄판, 1973.1.25. 1973년 주안지구에 조성된 총 80여만 평 부지 중 94.7%, 공장부지는 49.2%가 조성 중이었다. 5개 단지에 입주예정 기업이 135개, 미정 70개, 가동 19개, 건설 중 11개, 입주계약 105개로 총 205개 공장이 입주를 희망하고 있었다.

194 매일경제, 1973.5.12; 인천상공회의소, 『인천상의보』, 축쇄판, 1973.6.25.

195 인천비철금속공단은 1965년 1월 주안지구가 특정지구로 지정 공고된 후 1969년

시총회에서 평당 5천6백 원씩 9만7천여 평을 총 4억5천83여만 원
에 한국수출산업공단에 넘겨 매매계약을 체결하고, 동 공단에 입주
예정인 12개 업체는 제3단지를 대토하는 것으로 결정했다.[196] 비철
금속공단은 1974년 2월 28일 인천 화선장에서 마지막 총회를 개최
하고 창립 4년 만에 해산된다.[197]

비철금속공단이 해산되기 전 1973년 4월 상공부는 인천 등 11개
지방공단을 관리하고 있는 시장(市長)과 ㈔인천기계공업공단 등 민
간공단 대표들이 참석한 가운데 공단 일원화와 관련한 회의를 개최
했다.[198] 현재 회의 기록은 남아 있지 않지만 민간공단 등 지방공단
의 기업유치 실패 요인과 한국수출산업공단에 흡수·통합하는 방안
을 논의하였을 것이다. 이후 상공부가 1973년 10월 8일 인천기계공
단을 제7수출공단으로 흡수할 계획임을 밝힌다.[199] 이와 관련해 상
공부는 영등포기계공단과 인천기계공단 등 4개 민간공단 등이 공단
일원화를 위한 공단관리법 제정을 촉구했고, 상공부의 지원이 이루
어지지 않아 공단관리청 산하에 들어가길 원하고 있다고 전했다.[200]
그 결과 공단관리 일원화 첫 사례로 비철금속공단이 제6수출공단으
로 전환되었다. 정부의 입장에서 보면 공단 일원화에 대해 민간공단

7월 2일 창립하였으며, 12월 상공부 제5615호 공고 설치되어 민간주도로 조성 중
에 있었다.

196 매일경제, 1973.9.20; 인천상공회의소, 『인천상의보』, 축쇄판, 1973.9.25, 12.25.

197 인천상공회의소, 『인천상의보』, 축쇄판, 1974.2.28.

198 인천상공회의소, 『인천상의보』, 축쇄판, 1973.4.25.

199 매일경제, 1973.10.8.

200 매일경제, 1974.2.2.

〈그림 40〉 1969년 7월 인천비철금속공단(이사장 신흥선)의 창립총회(좌)와 해산(우)[201]

이 긍정적인 입장을 밝힌 것으로 해석하고 있다. 당시 인천의 사회
세력들은 인천이 지방공업장려지구로 지정되지 못해 정부의 지원으
로부터 소외되어 어려움을 겪고 있다는 생각이 넓게 확산되어 있었
다. 때문에 인천시와 인천상공회의소는 민간단지를 자체 관리 및 운
영하는 것보다 공단관리청 관할 하에 두는 것이 유리할 수 있다고
판단하였을 것이다.

  그러나 공단관리청이 수출공단, 지방공단, 민간공단 등을 지도,
관리할 아무런 근거가 없다는 지적이 제기됐다. 공단관리청은 문제
해결을 위해 급하게 「공업단지관리법」[202] 제정을 서둘렀다. 그리고

---

201 인천상의보, 1969.7.10.; 1974.2.28.

창원기계공단을 비롯해 여천, 성남, 춘천, 원주, 대전, 청주, 대구, 전주, 광주, 폭포 등 10개 지방공단과 영등포, 인천, 포항 등 모두 14개 공단을 관리하는 공업단지관리법 시행령을 마련해 경제 각의에 회부했다. 그리하여 공단 통합이 속도를 내는 듯했지만 변수가 발생했다.

인천기계공단을 한국수출산업공단의 제7수출공단으로 흡수·통합하려던 계획이 행정개혁위원회(위원장 서정순)가 국무총리(최규하)

---

202 공업단지관리법은 공업입지의 지방 분산과 지방공업의 육성을 위해 조성된 지방공업단지와 민간공업단지가 관리 이용에 관한 법적 근거 없이 단순한 도시계획사업으로 추진되고 있어 이에 관한 기본 근거를 마련하기 위해 제정된 법률이다. 1975년 12월 31일 공포되어 1976년 3월2일부터 시행되었다. 「수출공업단지개발조성법」에 의해 조성된 수출산업공업단지와 「수출자유지역설치법」에 의해 조성된 수출자유지역의 공업단지, 그리고 그 외의 지방공업단지와 민간공업단지로서 이 법의 적용을 받는 24개 공업단지로 구분하게 되었다. 24개 공업단지는 인천 지방공업단지와 인천기계공업단지, 영등포기계공업단지를 비롯해 각 시도에 조성된 공업단지다. 정부는 지방정부나 관리공단 등은 공단 내 용지매각 또는 임대의 실태, 입주계약 체결과 해지 상황, 입주기업체의 가동 상황, 입주기업체의 생산과 수출입 상황 등을 공단관리청장에게 보고하도록 하였으며, 관리공단이 법령에 위반하는 행위 등을 할 때는 설립허가를 취소할 수 있도록 하는 등 지도, 감독에 관한 규정을 두었다.(법 제19조에서 22조까지) 또한 공장 시설물 및 공장 작업장의 안전관리와 경비, 공해예방시설의 설치와 점검, 관리, 근로자의 복지증진을 위한 의료시설 및 근로자 수용시설 등 복지시설, 녹지의 조성 등 공장의 미화 및 환경개선에 관한 상황에 대해 공업단지관리청장이 입주기업체에 대해 직접 지시를 할 수 있도록 했다. (시행령 제16조) 「공업단지관리법」의 시행으로 공업단지는 「수출산업공업단지개발조성법」에 의해 조성된 수출산업공업단지, 「수출자유지역설치법」에 의해 조성된 수출자유지역의 공업단지, 그리고 「공업단지관리법」의 적용을 받는 공업단지의 3개 유형의 공업단지로 구분하여 운영되었다. 1964년 제정된 「수출산업공업단지개발조성법」은 경제성장의 제반 여건이 변하면서 독립된 공업단지법으로 존립할 의의를 상실하고, 「공업단지관리법」과 중복되어 사문화되었다. 이에 1977년 12월 31일 「공업단지관리법」이 개정되면서 「수출산업공업단지개발조성법」은 폐지되고, 공업단지 관리기능에 수해방지시설의 의무를 추가 규정하였다.

에게 정부 조직개편을 건의하면서 더 이상 진전되지 못한 것이다.

정부의 조직개편은 상공부 소속 공단관리청을 폐지하고, 상공부가 직접 업무를 수행하도록 하되 지방공단의 관리를 지방정부에 이양하도록 하는 것이었다.[203] 공단관리청이 한국수출산업공단에 기계공단을 흡수하기 전 설립 3년 6개월 만에 해체된 것이다. 공단관리청의 해체 배경에는 경제 환경의 변화요인도 있지만 건설부와 산업기지개발공사 등 부처 간 공단관리 업무가 중복되고, 비대해진 조직의 비효율성 등의 지적이 영향을 미쳤을 것으로 보인다.

인천기계공단의 제1단지는 제7수출공단으로 전환하기 위한 논의가 중단된 후 공업단지개발법에 따라 지방공단으로 지정되고, 1978년 5월 「공업배치법」[204]에 근거하여 10년 만에 상공부로부터 '인천기계공업단지관리공단'으로 설립허가를 받아 조세 및 금융혜택을 받게 된다. 제2단지와 제3단지는 지방산업단지로 전환되어 기계공단으로써 초기 조성 목적은 약화되었으며, 제1단지가 실질적인 기계공단의 초기 조성 목적과 기능을 유지하여 현재에 이르고 있다. ㈜인천기계공업공단은 '인천기계산업단지관리공단'으로 바뀌어 인천시의 관리 및 감독을 받아 현재에 이른다.

---

203 동아일보, 1976.7.2; 10.1.

204 「공업배치법」은 정부가 의도적으로 추진했던 공업입지의 분산정책이 실효성 측면에서 실패하자 종합적인 시각에서 공업을 합리적으로 배치하여 적정한 공장용지를 조성하고, 합리적인 공장의 재배치를 촉진함으로써 과도한 공업의 집중을 방지하여 균형 있는 국민경제 발전과 국민복지 증진에 기여함으로 목적으로 제정되었다. 이 법은 1977년 12월 31일 제정, 공포되고, 1979년 1월 1일 시행되었다.

4장 —

결론

이상 1960~1970년대 한국의 발전주의 시기 부평지구의 부평공단과 주안지구의 기계공단 초기 조성 과정에서 지역 단위 스케일의 행위자들이 국가 차원의 전략적 정책이나 개발 사업에 수동적 위치에서 역할을 수행한 것이 아니라 네트워크와 자원을 동원하여 도시공간 재편에 영향력을 행사하는 등 적극적으로 대응하였음을 정치경제학적으로 분석하였다.

국가의 수출주도공업화 전략은 국가의 강한 의지와 정부관료 및 정치인 등 특정계급의 합리적 판단에 의해 실현될 수 있었다고 알려져 왔다. 특히 수출공단이 국민을 빈곤으로부터 해방시키고, 수출을 통해 자립경제를 달성하는데 있어 국가의 의지가 없었다면 실현 가능하지 않았다는 것이다.

그러나 이 시기 지역의 행위자들은 글로벌, 국가, 지역 차원에서 정치적, 경제적, 사회적으로 상호 밀접하게 영향을 끼치며 자신들의 이해와 요구를 반영하기 위해 공간 선택을 유리한 방향으로 이끌어나가고자 하였다. 부평공단과 기계공단의 초기 조성과정을 보면 국가/지역 차원에서 어느 일방의 정치적 힘과 자원동원 능력이 우월한 위치에 있었다기보다 상호 밀접하게 영향을 주고받으며 진행되었다. 공간 선택을 둘러싸고 중앙정부/지방정부, 지방정부/상공계·지역주민, 주민/주민, 상공계/주민 간 권력관계가 형성되었고, 국가·지역·계급 간에 차별화되어 나타났다. 경로의존적 특성과 인과관계에 따라 상호작용 방식과 권력관계가 변하면 공간 선택에 대한 이해와 요구도 달라졌다. 공단 예정지 선정, 기업유치 문제, 공장부지 위치, 토지이용 방식, 부지매립비 및 분양가격, 기반시설 건설, 재원확보 방안 등을 둘러싸고 갈등이 발생하였으며, 이해관계가 다른 세력 간에 연합/연대가 이루어지고, 이 과정에서 발생한 갈등을 중재, 조정, 협상 또는 배제의 방식으로 이익을 유지하고자 하였다.

부평공단과 기계공단 조성 과정을 다중스케일적 관점에서 연구한 결과는 다음과 같다.

첫째, 1960~1970년대 조성된 부평공단과 기계공단은 설비규모의 과잉투자로 축적위기를 초래한 수입대체공업화가 수출주도공업화로 전략적 전환이 이루어지는 과정에서 자본의 재생산을 위해 수단화된 산물이다.

국가가 수출주도공업화 정책을 실현하기 위해서는 투자재원을 확보하는 것이 시급했다. 그러나 국가는 부정축재자로 지목된 재벌기업에 의존해야 할 정도로 국내 축적기반이 취약하여 투자재원 확보가 사실상 불가능한 상황이었다. 이러한 때 한국나일론 이원만 회장이 박정희 의장에게 제안한 수출공단 조성사업이 적극적으로 검토, 추진된 것은 결코 우연이 아니었다.

수출공단은 자본의 과잉투자로 축적 위기에 처한 수입대체공업 부문의 시장 지배를 회복하여 새로운 축적기반을 마련하려는 재벌기업, 일본 경제상황의 변화로 새로운 투자처를 찾아야 했던 재일교포와 도시에 산재하여 새로운 공업용지를 필요로 하는 인천상공회의소와 경기도기계공업협동조합 등 경공업 중심의 중소규모업체 회원사, 그리고 자기자본 없이 서울 등 대도시에 밀집한 공장의 분산효과와 수출주도공업화 성과를 단기간에 얻고자 했던 국가 등 3자의 이해와 요구가 맞아떨어지면서 추진된 전략적 산물이었다.

그 결과 구로지구의 군용지, 부평지구의 농경지, 주안지구의 주안염전 등 저렴한 부지와 값싼 노동력을 동원할 있는 지역이 공업지구로 지정되어 구로공단(제1,2,3수출공단), 부평공단(제4수출공단), 주안공단(제5수출공단) 제1,2,3기계공단, 비철금속공단(제6수출공단) 등이 조성되었다.

부평공단과 기계공단 조성은 애초 국가가 자기자본 없이 추진한 사업으로 인천시도시개발계획을 통해 지방정부와 민간에 조성비용을 떠넘겨 추진한 사업이었다. 특히 기계공단은 염 수급 정책의 실패로 경영위기에 처한 대한염업㈜이 주안염전 부지를 매각하여 경영적자를 해소하고, 인천시는 지역개발 붐에 편승하여 염전 부지를 분양해 충당하는 '선분양, 후개발' 방식으로 재원을 확보하였다. 국회 국정감사에서 강한 질타가 있었듯이 염 생산과 관련한 정부의 지원은 '밑 빠진 독에 물 붓기 식'이었다. 정부의 주안염전 매각은 언제, 어떤 방식으로 추진할 것인가의 문제일 뿐 더 이상 염 생산을 관리, 유지해야할 당위성을 상실한 상태였다. 주안지구를 성장축으로 하는 새로운 도시건설과 공단 조성은 정부의 염 생산 정책 변화와 밀접하게 연관되어 염 생산 공간을 공업지구로 새롭게 재편하는 계기를 마련하였다.

이처럼 부평공단과 기계공단은 과잉축적 위기를 맞은 수입대체공업이 수출주도공업화와 공존하는 형태의 전략적 수단으로 특정 공간의 재편을 촉진시켰다. 재일교포 중소기업과 국내 기업 투자 유치를 목표로 조성된 공단은 자본과 노동의 이동을 가속화하였으며, 1980년대 중반까지 주변에 주택, 학교, 상하수도, 고속도로, 공원, 공항 등 집합적 소비 공급이 가능한 배후지구 형성에 영향을 미치는 등 지역경제의 성장 동력으로 역할을 하였다.

둘째, 부평공단과 기계공단은 조성과정에서 다양한 사회세력들이 권력관계를 형성하고, 정치적, 경제적, 사회적으로 자신들에게 유리한 방향으로 이익을 유지하려는 계급적 이해관계를 반영하였다.

공단은 지역 단위 스케일의 행위자들의 기대와 요구가 막연하게 표출된 것이 아니라 인천상공회의소, 국회의원, 지역주민(부평진흥회, 서곶주민), 경기도기계공업협동조합, 언론, 대한염업㈜ 등이 지역에 구축해 놓은 네트워크를 동원하여 중앙정부와 지방정부의 의사결정 과정에 적극적으로 영향력을 행사한 결과 재편된 산물이다.

부평공단 조성과정에서 지역 토착세력인 인천상공회의소, 부평진흥회 등은 단순히 공단을 유치하는 수준에 머문 것이 아니라 국가적 차원의 개발 사업으로 정당화하는 역할을 수행하였다. 유승원, 오학진 의원은 국회에서 지역의 이해를 대변하는 행위자로 자신의 정치적 입지를 강화하기 위해 국가 단위 스케일과 지역 단위 스케일을 오가며 공단 조성의 당위성을 강조하였다.

지역 토착세력인 부평진흥회는 부족한 농지매입비를 모금하여 수출공단 예정 부지를 서곶지구에서 부평지구로 변경하도록 압력을 행사하는 정치적 힘을 과시하였다.

군부 엘리트인 유승원, 오학진 의원은 국가 단위 스케일의 행위자이면서 지역 단위 스케일의 행위자로 국가와 지역을 연결하는 다리 역할을 하였다. 유승원 의원은 5·16 군사쿠데타의 핵심인물로 인천시장을 역임하고 육군준장으로 예편한 뒤 청와대 민정수석비서관, 공화당 당기위원장 등 4선 국회의원을 지낸 인물이다.[205] 그는 국회의원으로 당선되어 경인지구종합개발준비위원회와 추진위원회 위원장을 역임하며 수출공단을 인천에 유치하는데 힘을 실었다. 오학진 의원 역시 군사쿠데타에 참여한 인물로 4선의 국회의원, 공화당 당무위원, 국회 상공위원장으로 수출공단 유치에 영향력을 행사하였다.[206] 두 국회의원은 국가단위 스케일의 행위자이지만 유권자의 표를 의식하여 지역의 다양한 사회세력의 요구와 이해를 대변하였다.

기계공단은 지역 기계공업을 특정 공간에 '집단화'하여 분업화, 협업화, 전문화를 목적으로 조성되었지만 그 뿌리는 장소의존적 행위자들, 즉 인천상공회의소와 경기도기계공업협동조합 등 오랫동안 지역에 착근해 동종업종 간 강한 결속력을 기반으로 구축된 네트워크를 동원하여 시장을 영역화, 세력화하는데 있었다. 토지이용방식, 업체 선정, 공장부지 위치, 국가지원 및 은행융자, 기반시설 구축 등 관리 및 운영 전반을 이사회와 총회를 거쳐 결정하고, 중앙정부와 지방정부의 의사결정과정에 영향력을 행사하며 자신들의 요구를 반영하였다. 이 같은 특성은 인천시와 국가의 과도한 개입을 자율성을 침해하는 것으로 인식하도록 함으로써 행정관료의 일방적 행위나 판단을 견제하도록 하였다.

하지만 부평공단과 기계공단이 인천의 다양한 사회세력의 이해와 열망을 담아 민주적이고 독립적으로 조성 또는 운영되었다고 보는 것은 성급한 해석이다. 공단 조성과정에서 토지소유주 및 농민,

205 한국학중앙연구원, 한국민족문화대백과사전.

206 인천일보, 2008.8.13; 위키백과, '대한민국 제9대 국회'.

염 생산 노동자들의 의견을 반영하기 위한 민주적 절차가 사실상 배제되었다고 보기 때문이다. 권력관계에서 우월한 지위에 있는 세력들은 지역 개발을 국가적 차원의 자립경제, 수출주도공업화 전략의 스케일로 높여 토지소유주 및 농민들을 설득하고, 토지에 대한 권리 행사를 포기하도록 했다. 공단이 지역경제 성장에 기여하고, 그 성과가 균등하게 분배되는 만큼 특정 계급의 희생을 감수할 만한 가치가 있다는 것을 우선한 것이다. 하지만 자신의 삶의 터로부터 쫓겨난 부평지구 주민과 주안염전 매립으로 일자리를 빼앗긴 염 생산 노동자의 생존권은 제대로 고려되지 않았으며, 농지의 강제수용으로 '농토는 농민에게, 공장부지는 공유수면매립지에'를 외치는 주민의 저항과 청원 등은 보호받지 못했다.

이렇게 국가/지역 단위 공간적 스케일에서 토지이용을 둘러싼 충돌과 갈등은 장소의존적 행위자들의 계급적 특성을 잘 반영하고 있다. 공단이 농민이나 주민들의 저항을 "국가(지역)의 합리적 결정을 방해하는 지역이기주의의 결과"라는 프레임으로 접근하면 안 되며 다양한 사회세력이 형성하는 권력관계에서 계급적 이해를 대변하는 사회적 행위가 반영된 것[207]으로 이해해야 근거다. 결과적으로 거리로 쫓겨날 위기에 처한 농민 및 주민, 그리고 염 생산 노동자는 매립 공사장 노무자로 동원되거나 공장노동자로 흡수되었을 것이다.

특정 계급의 이해를 반영하거나 배제하는 스케일의 행위자로 권력관계에서 정치적으로 우위에 있는 군부엘리트와 정부관료의 역할을 언급하지 않을 수 없다. 군부엘리트와 정부관료들은 국가 단위

---

[207] 박배균 외, 2014, p.45.

스케일의 행위자로 한국수출산업공단이 인천수출산업공단을 강제로 흡수·통합하는 과정(제4수출공단)과 비철금속공단을 흡수·통합하는 과정(제6수출공단), 그리고 기계공단을 제7수출공단으로 흡수·통합을 시도하는 과정에서 지역단위 스케일의 행위자들을 배제하고, 지배적 위치에서 공단 조성 과정에 영향력을 행사한 행위자로 규정할 수 있다.

이상 다중스케일적 관점에서 분석한 1960~1970년대 부평공단과 기계공단 연구는 국가와 지역 단위 스케일의 다양한 사회세력들이 권력관계를 형성하고, 네트워크에 기반을 둔 결집력과 정치적 힘, 군사정권의 이데올로기의 동원 등 계급적 열망과 이해가 정치적, 경제적, 사회적으로 상호 밀접하게 연관되어 조정, 합의, 배제 등의 행위를 통해 형성된 산물임을 규명하고자 하였다는 점에서 기존의 연구와 차별화된다.

인천은 현재 부평공단과 기계공단 등을 포함해 13개의 공단이 입지하여 이와 관련한 연구가 상당 부분 이루어졌다. 그러나 공단이 왜, 어떻게 조성되었는지 관심을 갖고 정치경제학적으로 분석한 연구는 미흡하다. 더구나 1960년대 발전주의 시기 공단의 초기 조성 과정에 대한 연구는 전무한 편이다. 따라서 글로벌, 국가, 지역, 더 나아가 마을 단위 공간적 스케일에서 활동하는 행위자들의 복합적인 상호작용과 갈등의 조정, 합의에 이르는 다중스케일적 이해와 분석은 좀 더 정밀하게, 그리고 여타 공단의 범위로 확대하여 분석되어야 할 것이다.

21세기 인천의 산업공간이 해방 후 공업화 단계에서 나타나는 도시공간 재편의 정치적, 경제적 배경이나 요인, 국가/지역 단위 개발 정책에 대한 인식 등과 크게 다르지 않기 때문이다. 이를 세 가지 관점에서 보면 하나는 글로벌 차원의 인천경제자유구역 등 전략적 개발 사업이 자본의 과잉투자로 인한 축적 위기를 해소하기 위해 수단화되고 있다는 점, 다른 하나는 각종 개발 사업이 특정 세력의 합리적 판단이나 결정에 의해 구상, 실현되는 것이 아니라 다양한 사회세력들의 행위가 정치경제적으로 상호밀접하게 연계되어 자본의 이동을 촉진하고, 도시공간 재편에 영향을 미친다는 점이다. 마지막으로 지역문제를 접근하는데 있어 특정 계급의 이기주의적 행위가 지역개발을 방해한다는 식의 접근보다 다양한 사회세력들의 이해와 요구를 반영하기 위해 통합적인 방식으로 해결해야한다는 사회적 합의를 기대하는데 있다.

부록

1. ㈜인천기계공업공단 연혁(1960～1970년대)

沿 革

萘興 仁川機械工業公園

社團
法人 仁川 機械工業公團

仁川市 中區 松鶴洞 參街 參番地

目　　　的

公團은 機械工業에 供用되는 工業團地를
造成하며 機械工業의 合理的 運營体制 確立
으로 機械工業의 育成發展에 寄與함을 目的
으로 하며 다음에 揭記 하는 事業의 全部
또는 一部를 行한다

一. 機械工業에 供用되는 工業團地의 造成과 運營

二. 機械工業의 工業團地에의 誘致

三. 工業團地內의 共同 特別 써-비스 施設 設置
運營

四. 工業團地 入住企業体에 對한 融資및 原資材
購入, 販路의 斡旋

五. 工業團地 入住企業体 技能工 및 雇傭될 技能
工의 養成

六. 前記 各號 事業遂行에 必要한 附帶事業

主　　管　仁川 機械工業公團

後 援	京畿道. 仁川市. 仁川商工會議所
	京畿道 機械工業 協同組合
1968. 11. 18	仁川 商工會議所 金在吉 專務局長의 命에 依하여 李漢三 振興課長이 仁川序에서 埋立中인 宋峴埋田을 團地化할 境遇 在仁 機械工業人에 對한 與論 調査 實施 約 10万 坪의 埋田垈地를 機械工業團地로 設定 하이 좋겠다는 衆論을 얻음
1968. 11. 19	仁川市 区劃 整理 事業所에서 商工會議所 李漢三 振興課長과 大韓埴業 株式會社 顧問 韓瑞洙氏 線措部長과 會合 團地設定에 對한 可能性 與否를 打診한 結果 大端히 좋다는 結論을 얻음
1968. 11. 26	仁川 商工會議所 金在吉 事務局長 京畿道 機械工業 協同組合 張要燮 理事長 又人이 金解斗 仁川市長을 訪問 工業團地 設置 意思를 打診한바 即席에서 建設局長 産業局長 水道局長에게 公團推進에 關한 積極 協調를 指示 支援할것을 約束함

3

1968. 12. 2	蔡 浩 商工會議所 會長 張愛淳 京畿道機械工業協同
	組合 理事長 金在吉 商工會議所 事務局長 3人
	會合에서 公團發起人團을 構成하기로 하고
	또 入住希望者를 召集 할것에 合意
1968. 12. 5	金辦斗 仁川市長 蔡浩 商工會議所 會長을 모시고
	入住希望者 가담키로 갖고 公團設立 期成會를
	發起하고 發起人 代表로 蔡浩 會長를 選出함
1968. 12. 10	仁川商工會議所 會議室에서
	假稱 有用法人 仁川機械工業公團 設立期成
	會 結成 總會을 가임
	1. 規約審議
	2. 任員選出
	顧　　　　問에
	(京畿) 京仁地區 綜合同發推進委員會 委員長
	柳 永 禄
	京畿道知事 　　　南 凱 振
	仁川市長 　　　　金 辦 斗
	大韓煉業會社社長 　朴 色 午
	會　　長에

仁川 商工會議所 會長　蔡浩俊

　　副 會長

京畿道 機械工業協同組合 理事長 張要淳

　　常任 理事

仁川 商工會議所 事務局長

　　　　　　金在吉

　　理 事

仁川 商工會議所 綜合開發分科委員會

　　委員長　　신　흥　선

　　委員　　　김　명　배

　　〃　　　　김　응　해

　　〃　　　　김　두　명

　　〃　　　　심　준　성

　　〃　　　　강　응　수

　　〃　　　　심　영　섭

　　〃　　　　이　봉　운

京畿道機械工業協同組合理事　홍　승　기

　　〃　　　　임　홍　욱

　　〃　　　　김　동　욱

　　〃　　　　구　자　호

　　〃　　　　김　재　수

仁川市 建設局長　　　　민 찬 식

　" 産業局長　　　　리 ? 호

　" 水道局長　　　　이 후 진

　　監事

　　　　　　　　박 동 순

　　　　　　　　안 희 섭

任員이 選出됨으로서 金在吉 常任理事
副會長 張愛淳 相互協議下에 本格的인
團地 造成에 關한 事務推進으로 大韓鑛業團
과 數次 埋立團地
(朱安洞, 道禾洞, 住佐洞, 約 110,000坪 14筆地)
의 價格 절충, 當初 坪当 1,800원 要求額을
1,000원으로 合意를 봄

1969. 1. 17 仁川商工會議室에서 機械組合主管으로 入住者
會議를 가진 자리에서 期成會를 發展的 解散을
하고 正式 社團法人 仁川機械工業公團으로 發足
할것을 決議함.
(埋立登地를 매수함에있어 埋地代 支拂方法도 論議 四
回分割 拂込할것을 大韓鑛業과 協定기로함) 43業体

1969. 1. 27 鄭愛譚 副會長 金在吉 常任理事 李漢三
仁商議 振興部長은 京畿道知事 및 殖産局長
에게 團地 造成 計劃에 対한 브리핑을 하고
道補助金과 支援策을 要請함

1969. 2. 6 朴 大統領 京畿道廳 年頭初度 巡視次 來廳時
南鳳振 知事로 부터 機械公團 造成에 따르는
國庫補助를 建議한바 商工部와 協議 할것을
指示

1969. 2. 8 仁川 機械工業公團 期成會를 解散 하고 아울러
正式 社團法人 仁川機械工業公團으로 創立總
會를 開催하다

(定款審議 收支予算案 通過 任員選出)

顧問

京仁地区 綜合開發 推進委員會

　　　　委員長　　柳　秉　珠

　　　京畿道知事　南　鳳　振

　　　仁川市長　　金　鮒　印

仁川商工會議所會長　蔡　浩

　　　　理事長　　山

金 在 吉

理事

海岸精密 機械工作所	代表	金 在 順
仁川 機械製作所	〃	張 要 淳
第一伸鉄 合資會社	〃	崔 興 業
二和 鉄工所	〃	崔 祠 身
?? 製造商社	〃	金 誠 聲
再建 工業社	〃	李 照 英
三星 鑄物工業社	〃	吳 滋 浩
嘉和鑄物 株式會社	〃	金 炳 覺
仁川 鋼業 合資會社	〃	張 範 鐵
京仁 造船 鉄工所	〃	朴 準 埋

監事

| 舞物浦 鉄工所 | 代表 | 李 鳳 雲 |
| 仁川 車身製作所 | 〃 | 吳 大 均 |

1969. 2. 12. 京畿道 機械工業 協同組合 張要淳 理事長
와 大韓鑛業 株式會社 朴 현우 社長間에
埋立垈地 約 136,540坪 15筆地에 對한
?? 納을 捕給하고 1次 捕出金 25,000,010원을
支拂하다.

1969. 2. 20 商工會議所 振興部에서 公團推進 事情을 보아
오던中 創立을 보아 機械公團 維持 事務室을
仁川 商工會議所 內 圖書室로 決定하다
（仁川市 中區 松鶴洞 參街 參番地）

1969. 2. 26 金在吉 理事長 商工會議所 李漢三 振興部
長 朴仁緒 運營部長은 商工部 第二工業局
長에게 團地造成에 對한 브리핑 政府補助
를 要請結果 기 예산이 이미 策定된 년후가 되기
때문에 補助는 不可能하다는 答辯을

1969. 3. 21 當公團地 造成을 爲하여 大統領 閣下께 國庫
補助 ￦71,087,800원을 要請 建議 함.
融資 83 ㅇㅇ만원 要請

1969. 4. 3 仁川 商工會議室에서 金在吉 理事長 金○斗
仁川市長. 産業局長. 고劇整理事業課長. 等 爲
會議에서 5月末日 까지（兩期를 期築）塵芥
로 急處理를 올려 埋立을 終了 하였다는
市長 言明과 融資를 비롯한 其他 問題等도
積極支援하겠다고 다짐하다.

1969. 4. 21	1969. 3. 21字 大統領께 建議한 內容에서 機械工業團地 造成은 매우 좋은 事業인 관계 經濟, 財務, 商工, 建設 內務部 5部貴에 積極 支援 할수 있는 方案을 모색하여 報告 하라는 비서실의 指示가 있었음.
1969. 4. 28	民法 第32條에 依하여 主務部인 商工部長官 으로 부터 正式 社團法人 仁川機械工業公團 으로 許可를 얻음 (第120号)
1969. 5. 12	仁川 機械工業公團 金正吉 理事長 大韓鹽業 株式會社 母현수 社長과의 借用垈地 100,321坪 에 對하여 契約을 締結하고 그間 押入金 24,107,000원을 支拂하다
1969. 5. 23	서울 民事地方法院 仁川 支院에 登記完畢하다 (145号)
1969. 6. 7	社團法人 仁川機械工業公團 設立公告 京畿每日, 京畿日報 (地方紙)
1969. 6. 26	第1次 臨時 總會를 開催 入住工場 個別 位置

	를 推籤에 依해 決定 (51個業体)
1969. 7. 9	國庫融資 30,000,000弗 원이 商工部에서 追更에 반영 國會通過
1969. 7. 22	第9次 理事會에서 國庫融資 30,000,000 원 起債 發行을 承認하고 大韓煤業 株式會社에 納付 해야 할 3, 4月分 (9月末과 11月末分) 空地代 拂込金 5千万원을 一括해서 (産業銀行起債 5千万원임) 賃付 받도록 承認하다
1969. 9. 18	1. 韓國産業銀行으로 부터 施設資金으로 5억万,천을 融資 받음 2. 土地 買入費 殘額 3, 4 月分 68,899,000원을 大韓煤業 株式會社에 完拂하고 土地所有權 移轉 書類 一切를 引受함
1969. 9. 23	適費補助金 (技術用役費) 3,000,000 천 適産으로 부터 第一銀行 仁川支店에 送金 入金되다
1969. 9. 24	1. 買入 土地에 對한 所有權 移轉登記畢

	(14筆地 99,060坪 確定)
	2. 政府 第1次 追更에 策定된 財政資金 3阡萬원을 産業銀行으로 부터 融資받고
	3. 土地 埋立費中 一部分 4阡萬원을 仁川市에 拂込하다
1969. 10. 18	團地入住業体인 秀和鑄物株式會社 起工
1969. 12. 12	仁川市와 替費地(團地內) 埋立工事費 賣買契約을 締結. 28,769.5坪 15,090,600원
1969. 12. 23	仁川 商工會議所 (仁川市中区 松鶴洞 [illegible]番地)로 부터 仁川 銀行 5層 (仁川市 中区 沙洞 貳番地)으로 事務所를 移轉하다.
1969. 12. 31	政府로 부터 機械工業 育成資金 (1次分中) 5阡万원을 韓國産業銀行 仁川支店으로 부터 기표 融資받음으로서 仁川市에 埋立費로 支拂하다.
1970. 1. 15	仁川 支院으로 부터 事務所 移轉登記를 畢함

1970. 1. 20　機械工業 育成資金 69年度 追加分 5阡万원이

産業銀行 仁川 支店으로 부터 기고 融資받음

1970. 1. 26　第2 團地 入住希望業体 募集公告

仁川市와 機械公團과의 共同으로 (유병덕)(김재길)

仁川市 北區 佳佐洞 地区 約 20万坪

1970. 2. 19　第2 團地 入住希望業休 會議를 開催 自己資金

에 依해 造成하겠다는 確約을 個人別로 받음

으로서 造成 推進함.

掘되 埋立工事는 仁川市의 足側 整理事業 地区로서

담당키로 決定하다.

1970. 3. 16　永進金属工業社 連操着工

1970. 4. 3　仁川市로 부터 團地내 道路工事着工 (宋1團地) 水공으로 (2620m)

1970. 4. 12　二和鉄工所 建築着工

1970. 4. 18　第2團地 約 21万坪을 仁川市区側 整理 事業으로서

着工 槻건보 및 신설건보 지재 업자참을 (國際建設 만이)

着工함. (仁川市 佳佐洞 地区의 一部)

(1차분 2만 5천경 공사착공)

4. 25　新星工業株式会社에서 第二團地 埋立工事 着工

70. 5. 1	第二團地入住 希望業体 募集公告 (綜合團地로)
70. 5. 4	東一工業社 (趾榮玲) 第4順位로 工場建築着工.
70. 5. 12	第1團地 水道工事着工
70. 6. 4	大韓製針 株式會社 第5順位로 工場建築着工
70. 6. 5	第1團地 衛路築造및 給水施設 仁川市로 부터 받음 (단 관리사는 9억) (1천 2백만원 仁川市 공사 6억 가로등포) (3백75십2만원 〃 6億시설)
70. 6. 15	第2團地 第二團地 埋立地에 대한 替賃地매매 가계약체결 95001천
70. 6. 20	韓電 朱城支店에 의해 電氣幹線工事 完了
70. 6. 20	第3團地 埋立工事着工 극도공영. 청해건설. 영락산업.
70. 9. 12	第二団地 ^{평전}209,026평에 대한 인천시와 매매가계약 체결하고 계약금 122,125,000원을 지출하다. (평400원)
70. 10. 10	公團倉事 起工着工
70. 12. 20	公團倉庫 준공. 70.12.31. 第二團地 209,026坪증 140,281 ^분
71. 2. 12	金在吉 理事長 辭任 第30次理事會에서 受理

을 근계약 체결함.

71. 2. 12	張曼淳 理事長 署理로 第3次 理事會에서 任命
71. 2. 18	第3次 定期 總會에서 理事및 監事 改選으로 就任 承諾
	理事 金烔覺 沈永免
	金咸聲 任興業
	安炳文 金在興 監事
	金東旭 李鳳載 李鳳雲
	朱弘鉐 徐廷英 張範錞
71. 2. 18	第1次 理事會에서 理事長 選任 理事長 (2代) 張曼淳
71. 6. 2	事務所 移轉 (仁州市 中區 沙洞 2番地에서) (仁川市 南區 朱安洞 21의 53으로)
71. 12. 28	第二團地 垈地 132,911.33坪에 對한 持分 登記을 南國工業社 (梁承喆)을 除外한 8個 入住業體 各義로 各各 申請에 依하여 登記을 畢함. (換地代金完納함)
72. 3. 4	第二團地 垈地 (旧地積) 持分登記 漏落業體 南國工業社 (梁承喆) 登記 畢함.
72. 3. 20	第4次 定期 總会에서 理事및 監事 改選

	2로. 選任 承諾
	理事: 張爰淳. 朱弘麟. 朴甚善
	金文燾 金戊聲 金泉培
	具牡會 金柬旭 金鳳科
	金在順
	監事: 宋辰亮. 金盛煥
72. 3. 30	第一次 理事会 에서 理事長 選任
	理事長 (3代) 李 鳳雲
72. 6. 2	李鳳雲 理事長. 第三次 理事会 에서 辭表
	受理 하고
	張爰淳 理事長을 選任
72. 7. 18	上水道 追加工事 (D = 75 m/m). ''' 增設
	(仁川市 豫算 1,000,000원).
72. 12. 14	商工部 에서 地方長官 에게 監督権 移讓
73. 2. 15	第五次 定期総会 에서 理事及 監事 改選
	理事: 張爰淳. 朱弘麟. 朴甚善
	金文燾 金戊聲. 金在順
	具牡會 金束旭. 安鳳載

	張泰鎭　千鼎浩
	監事：洪承晃、李世欽
73. 2. 16	第一次 理事会에서 張曼淳 理事를 理事長에 選任
74. 6. 4	地方長官에서 工業團地 管理庁長에게 監督权 移讓
75. 2. 21	第七次 定期総会에서 理事及監事 改選 理事：張曼淳, 金成鑾, 金文林 　　金東旭, 裵鳳載, 朱弘麟 　　具社會, 千鼎浩, 朴若熹 　　黄鎭圭, 李鍾琪
	監事：洪承晃, 李世欽
75. 2. 21	第一次 理事会에서 張曼淳 理事長이 四代 理事長이 됨
75. 8. 12	公団内 排水路 工事着工 豫算 28,000千원 (市費 21,000千원 自体負担 7,000千원) (334m)
75. 11. 5	排水路 工事 完了

76. 5. 10	公団内 道路鋪裝工事 着工
	面積 182a (5,460坪)
	市費 10,000千才
	自体負担 22,760千才
76. 5. 12	公団 事務室 (倉庫) 200坪 (建坪) 賣却
76. 6. 7	機械公団 事務室 新築 着工
	(敷地 180坪 建坪 46坪)
76. 7. 13	道路鋪裝工事 完了
76. 9. 1	公団 事務室 新築 建物로 移轉
77. 2. 22	第九期 定期總会 에서 理事及監事 改選
	理事: 張曼淳 金成聲 洪承氣
	朱弘麟 朴楚喜 文貞彬
	金聲煥 洪在雄 金大林
	沈栄洽 崔海圭
	監事: 李世欽 朴慶春
77. 2. 22	第一次 理事会 에서 金成聲氏을 理事長 에 就任

77. 9. 10	機械公團 二層 会議室 竣工
	(建坪 37坪)
78. 3. 13	第10期定期總会 及 管理公團 創立總会開催
	(工業團地 管理法에 依據 社團法人体인
	仁川機械工業公團을 法에 따라 管理公團으로
	創立)
	創立總会에서 理事及 監事 選任
	理事長 : 金 成 聲
	理事 : 張愛淳, 元鍾善, 李 德 根
	朴甚善, 洪在雄, 金文林 千鼎浩
	沈栄洽 朴慶春, 鄭 德和
	監事 : 李 世 欽 文真㮣
78. 5. 1	商工部長官으로 부터 管理公團許可 투감
	(工業團地 管理法 才6條에 依據) (第25P3)
78. 12. 15	産銀융자금 錢額 一時투 융감
78. 12. 31	公團所有敷地를 入住業体別로 所有権 分割
	登記畢 東林機械株式会社외)
79. 3. 23	公團所有敷地를 入住業体別 2次所有権 分割

	登記簿 ((株)仁川機械製作所 외
1979. 10. 4	公团敷地内 道路 人道鋪裝工事着工
	面積 : 66.36a
	市費 : 13,000,000원
	自体負担 : 13,000,000원
1979. 12. 12	人道鋪裝工事完工.
1980. 2. 4	第二期 定期總会에서 理事長 及 理事 監事 改選
	理事長 : 安点夫 (青甫産業株式会社代表理事)
	理事 : 李昌遠、洪在雄、元鍾喜
	李瑞錫、李德根、朴基喜
	洪承冕、張萬鎭
	監事 : 張柱完
1980. 12. 31	公团自体整備制度廃止.
1981. 3. 19	第2次 緊急理事會에서 予豫備軍大隊本部를 新築 決議. (10.12坪)

1981. 6. 25 竣工

工事費 2,216,430원

1982. 11. 19 公園事務室 3層 增築 登記

    1982. 8. 20 第4次 理事會 增築 決議

    " 10. 4 着工

    " 11. 5 竣工

    建坪 22坪

    工事費 5,568,000원

1983. 2. 2 第5期 定期 總會 에서 任員 改選

    理事長 安熙濬 重任

    理 事 李鍾根. 元鍾善. 池在雄

        斗鼎浩. 朴慶春. 雜永諄

        李勇九. 李鐘珩

    ※ 朴喆善 理事 改選 就任承諾拒否

    臨事 張柱達. 沈榮淪 1982. 2. 10 選任(殘期中)

2. 인천기계공단 조성계획 건의문(대통령 비서실, 1969)

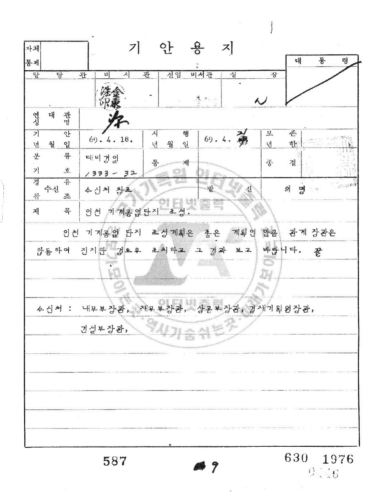

587   9   630 1976

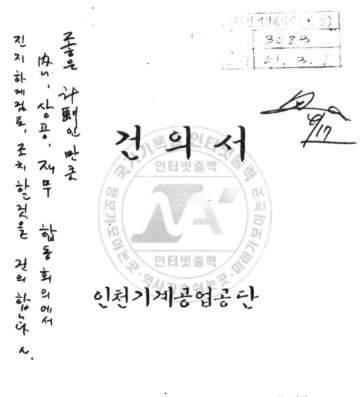

건의서

인천기계공업공단

588

631 1977

인 천 기 계 공 업 공 단

인기공 제   호   1969. 3. 21.
수 신 대통령 각하
참 조 민원 비서실
제 목 건의서

　　　　싸우며 건설하는 민족의 영도자이신 대통령 각하의 옥체 더욱 건승하심을 기원하오며 아래와 같은 건의를 올립니다.

아 래

　　　　모든 산업 건설의 기초가 기계 공업에서 비롯하였으며 더욱 최근에 와서 지속적인 고도 성장을 위한 정책중 농업 근대화의 여건 조성, 기계류 수입 대체, 중공경업 제품의 수출 촉진, 그리고 산업 구조 개선과 산업 연관 효과의 극대화등을 위하여 기계 공업 육성은 매우 중요하고 시급을 요하는 바입니다.

　　　　이와같은 국제 정세하에서 우리 정부는 올해를 "기계 공업 육성의 해"로 정하고 강력한 육성 시책과 지원 정책을 추진 중인 것은 우리나라 기계 공업의 획기적인 발전과 공업 입국의 기틀을 경고히 할것으로 우리 기계 공업인으로서는 사회적 책임과 국가적 사명감에 입각하여 더욱 보람과 책임을 느끼는 바입니다.　　현하 인천시 관내 중소 기계류 생산 기업체수는 133개소에 달하고 있으나 대부분의 기업이 주거지 또는 상업 지구에 위치하여 도시 계획에 저촉됨은 물론 공해에 해당되어 국민 보건에 크게 위협을 주고 있어 시급히 타지역으로의 이전이 불가피 할 뿐아니라 각종 시설의 노후로 인하여 생산 수단의 제해와 재해의 위협을 강어와 이에 방지와 국제 경쟁력 강화를 위한 시설

589

대체 및 확장이 필연적인 요소로 되고 있읍니다.

그리하여 당지 인천 기계 공업인 일동은 자율적으로 별첨 계획서와 같이 기계 공업 단지를 조성하여 동일 업종을 일단에 집약시킴으로서 기계 공업의 계열화, 협업화, 분업화, 전문화를 기하는등 합리적인 운영 형태를 조성하여 상호 기술 교류와 품질 향상으로 상품의 고급화를 기하고 원가 절감으로 국제 경쟁력을 강화하여 기계류의 수입 대체는 물론 나아가서는 수출 증대를 기하는등 일석이조의 효과적 사업으로 이미 자기 자금으로 토지 매수에 착수하여 오는 5월초 부터는 공장을 건립할 계획하에 있읍니다.

이와같은 방대한 사업은 우리 영세 기계 공업인들로서는 도저히 의욕과 투지만 가지고는 소기의 목적을 달성하기 힘든 것으로 부득이 정부의 지원을 건의하는 바이오니 본 단지 조성비중 일부를 국고에서 보조하여 주심과 아울러 융자하여 주시기 바라는 바입니다.

위의 건의는 각하께서 금년도 경기도청 년도 순시차 왕림하였을시 남봉친 지사로 부터 건의를 받으신바 있는 사업입니다. 각하의 만수 무강을 기원합니다.

" 부자비 구분 "

총조성비 394,317,500.- 원   자기자금 140,000,000.- 원
융 자 금 83,260,000.- 원   보조금 171,057,500.- 원

유 첨 기계 공업 단지 조성 계획서 1부
단지내 입주자 명단 1부

인 천 기 계 공 업 공 단

이 사 장   김   재   길

591

634

0.50

1980

인 천 기 계 공 업 단지

조 성 계 획 서

(1969 ~ 1970)

인 천 기 계 공 업 공 단

592

635　1981

단 지 조 성 계 획

1. 기계 공업 현황

　가. 관내 기계류 제조 공장수는 대기업을 제외한
　　　중소기업수는 133개소에 달함

　나. 대부분 주거지 상업지구에 위치하여 도시 발전
　　　에 저해하고 있음

　다. 소음 매연 진애 개스등으로 시민 보건 위협

　라. 부지 확보가 어려워 시설 확장 불가

　마. 각사 격리되어 있어 공동 제휴 불가

　바. 정보 교환 부족으로 분업화 계열화 협업화
　　　불가

　사. 기술 낙후로 제품의 고급화를 기하지 못함

　아. 시설의 노후로 생산비 제고

　자. 원자재 및 제품 반출 불편으로 생산수단 저해

2. 단지 조성 목적

~/~

1983

594　-2-　　0 3 3

가 공업 입지 조성으로: 기계공업의 집단화

나 산업의 방위 체제 구축

다 기계공업의 합리적 운영 체제 확립

라 각종 로-스 방지 및 원가 절감

마 기계공업의 협업화, 계열화 분업화 전문화

바 기술 기능 향상으로 상품의 고급화

사 수출 및 대체 산업 장려

아 고용 증대 및 기능공 양성

자 공해 방지로 국민 보건 향상

차 도시의 균형적 발전 도모

3 주관처

　주관 : 사단법인 인천기계공업공단

　후원 : 인천상공회의소 경기도기계공업협동조합

　　　　경기도　인천시

4 단지 개요

　인천시가 "구안 공업 단지"로 책정한 염전지구

637

염 업 주 식 회 사 　　염 전　　/ / 0 0 0 0 평

공 유 수 면　　　　　　/ 8,8 0 0 평

　　　　　　　　계　　/ 2 8,8 0 0 평

가 위 치

　　인 천 시　북 구　가 좌 동　　9 필 지

　　인 천 시　남 구　주 안 동　　3 필 지

　　인 천 시　남 구　도 화 동　　3 필 지

나 면 적

　　총 면 적　　/ 2 8 8 0 0 평

　　공 장 부 지　/ 0 8 8 0 0 평　(8 4 5 %)

　　공 동 부 지　2 0 0 0 0 평　(/ 5 5 %)

　　도 로 부 지　　8. 6 9 3 평

　　하 천 부 지　　3 4 8 2 평

　　제 방 부 지　　/. 4 4 5 평

　　공 동 시 설 부 지　6. 3 8 0 평

~3~

596 ~4~ 1985

다. 입주 기업체수

구분 \ 년도	1969	1970	합계
입주 업체수	60 개업체	20개업체	80개 업체
업체당 평균면적	1.522평	873평	1.360평

라. 시설

구분		내용		비고
기간시설	도로시설	전장	2.395	미터
		면적	8.895	평
		로폭	12	미터
		포장폭	6	미터
	배수시설	전장	7.665	미터
		면적	3.482	평
	급수시설	D 200㎜ ~ 300 ㎜		
		전장	2.215	미터
	제방	전장	956	미터
		면적	1.445	평
	수문	개폐식	2	문

639

	교 량	전장 50미터, 폭 4미터	
		면적 · 66평	
	전력시설	월 300.000 ^{K㹴} 수배전시설	
	통신시설	외선 30선 내선 150선	
		교환시설	
중앙건물	중앙건물	관리사무실	100평
	(연 250평)	공동회의실	40평
		상품진열실	30평
		시험 및 검사실	10평
		설계 및 디자인실	10평
		도서실	5평
		법률 및 경영상담실	5평
		변소 및 복도	50평
창고시설	창고시설	공동보관 창고	100평
	(연 300평)	공구 및 원자재 보급창고	150평
		유류저장 보급창고	50평
도장공장	도장공장	건평 50평 (각종 도장시설)	
		* 라인 자본 유치	

~5~

640

597　　　　1956　　　0.

1987

598 ~6~

구 분	시 설	비 고
포장공장	포장공장	건평 50평 (각종 포장시설) " 타인 자본 유치 "
운수써비스쎈타	운수차고	각종차량 주차장 100평 " 타인 자본 유치 "
후생복지시설		" 타인 자본 유치 "
	의 료 실	30 평
	매 점	20 평 2개소
	식 당	50 평
	다 방	30 평
	이 발 소	20 평
	목 욕 탕	40 평
	오 락 실	30 평
	종업원합숙소	합숙실 2 평 100실
		주방 및 식당 100평

5. 입주 대상 및 자격 .

가. 대상

641

경기도 기계공업협동조합 조합원

나 자 격

　1) 수출업체 및 수출 전환 업체

　2) 공해 해당 업체

　3) 도시계획에 저촉되는 업체

　4) 시설 확장을 요하는 업체

　5) 경기도 기계공업협동조합에 신규 가입자로

　　　신설하는 공장

6 효 과

가 외화 획득 (1971 년도 기준)

　1) 년간 수출인폭은 500.000불 (년 10% 성장)

　2) 수입 대체 3.000.000불 (년 20% 성장)

나 고용 증대 (현재 75개 조합원기업체에 2059 명 종사)

　1) 직접고용 800 명 (업체당 10 명)

　2) 간접고용 43.000 명 (조성시 연인원)

　3) 유발고용 200 명

-7-

1989

600 ~8~

다. 생산증대 년 20% 성장

라. 원가 절감 10% 가능

마. 경영 효과

　1) 기계공업의 협업화 계열화 분업화 전문화

　2) 기술 정보 교환으로 생산성향상 및 상품
　　의 고급화

　3) 종업원의 기술 재교육으로 기술 향상

　4) 생산비 절감 및 로-스 제거

　5) 종업원의 보건 향상과 생산 능률 제고

바. 사회 환경 효과

　1) 기능공 양성 및 고용 증대

　2) 방위 체제 구축으로 산업 보호

　3) 공해 방지로 국민 보건 향상

　4) 용도 지역 실시로 도시의 균형 발전

643

7. 단지개발계획

사업별 투자계획

사업명	내용	사업비	비고
토지취득	염전 110,000 평	110,000,000	평당 1,000 원
매립조성	염전 110,000 평 제 128,800평 공유수면 18,800 평	138,200,000	평당 1,000 원 평당 1,500 원
도로축조	연장 2,395M 로폭 12M 면적 8,693 평 (포장면적4,346)	10,865,000	포장폭 6M 평당 2,500원
배수시설	연장 2,665 M 폭 1,5M 면적 3,492 평	3,832,500	M당 500 원
급수시설	D 200%m ~ 300%M 연장 2,215M		인천시도시계획에 따른사업
제방축조	연장 956 M 면적 1,445 평	9,560,000	M당 10,000원
수문공사	개폐식 수문 2개소	2,000,000	1개당 1,000,000원
교량공사	연장 50M 폭 4M 면적 66 평	6,600,000	평당 100,000원
전력시설	월 300,000 KWH 수배전 시설	10,000,000	
통신시설	외선 30 선 내선 150 선 교환시설 (100만원)	4,750,000	외선당 100,000원 내선당 5,000원
중앙건물	연 250 평	12,500,000	평당 50,000원

601   9   644
          1990

602   ~18~   1991   0.61

사업명	내 용	사업비	비고
창고시설	공동보관 창고 100평 공구 및 원자재 보관창고 150평 유류저장 보관 창고 50평	9,000,000	평당 30000원
보안시설	담 장 3,380 M 수위실 2 개소 감시초소 7 " 보안등 120 개 (수은등 200~400W)	14,810,000	서당 2,000원 1개당 500,000원 1 " 150,000원 1 " 50,000원
공동시설	도장공장. 포장공장. 운수서비스센타		타인 자본 유치
후생복지시설	의료실. 매점. 식당 및 더번 이발소 목욕탕. 오락실. 종업원 접수소		
록지조성	가로수 3,000 주 관 목 200 주	3,200,000	주당 1,000원
기술용역	작동 기술 용역	4,000,000	
사업관리	시설 관리	25,000,000	
소 계		364,317,500	
운 영 비	차입금 이자 포함	30,000,000	
합 계		394,317,500	

645

8. 연차별 조성계획

사업명	내용	1969년도 계획	비율	1970년도 계획	비율
토지취득	염전 110,000평	110,000평	100%		
매립조성	염전 110,000평 / 공유수면 18,800평	110,000평	100%	18,800평	100%
도로축조	전장 2,395M / 포장 6,346평	2,100M / 3,795평	87.7% / 91.9%	195M / 351평	12.3% / 8.1%
배수시설	전장 2,665M / 3,482평	2,295M / 2,856평		1,380M / 626평	18%
급수시설	연장 2,215M	1,970M	89%	245M	11.0%
제방축조	전장 956M			956M / 1,446평	100%
수문공사	2개소			2개소	100%
교량공사	전장 50M			50M	100%
전력시설	수배전시설	수배전시설		동력선 연장	
통신시설	외선 30선 / 내선 150선 / 교환대	20선 / 100선 / 교환시설	66.6% / 66%	10선 / 50선	33.4% / 33.6%
공장건립	연 250평	연 250평	100%		
창고시설	연 300평	100평	33.3%	200평	66%

603 · 646

1992

604 ~12~ 1993

사업명	내 용	1969년도		1970년도	
		계 획	비율	계 획	비율
보안시설	담장 3,380M	2,390 M.	70.7%	990M	29.3%
	수위실 2개소	1개소	50.0%	1개소	50.0%
	감시초소 7	5	71.4%	2	28.6%
	보안등 120	110	91.7%	10	8.3%
공동시설	포장, 도장공장 운수 서비스 센터	33.3%	33.3%	66.7%	66.7%
후생복지시설	기숙 복지시설	40%	40%	60%	60.0%
녹지조성	가로수 3,000주	2,000주	66.6%	1,000주	33.4%
	관목 200 주			200주	100%
기술용역	각종 기술용역	75%	95%	25%	5%
사업관리	시설 관리	40%	40%	60%	60.0%

9. 년차별 투자계획

사 업 명	총투자액	1969	1970	비 고
토 지 취 득	110.000.000	110.000.000		
매 립 조 성	138.200.000	110.000.000	28.200.000	
노 로 축 조	10.865.000	9.987.500	877.500	
배 수 시 설	3.832.500	3.142.500	690.000	
급 수 시 설				비 예 산
제 방 축 조	9.560.000		9.560.000	
수 문 공 사	2.000.000		2.000.000	
교 량 공 사	6.600.000		6.600.000	
전 력 시 설	10.000.000	9.000.000	1.000.000	
통 신 시 설	4.750.000	3.500.000	1.250.000	
중 앙 건 물	12.500.000	12.500.000		
창 고 시 설	9.000.000	3.000.000	6.000.000	
보 안 시 설	14.810.000	11.530.000	3.280.000	
공 동 시 설				타인 자본 투척
후 생 복 지 시 설				"
복 지 조 성	3.200.000	2.000.000	1.200.000	
기 술 통 력	4.000.000	3.000.000	1.000.000	
사 업 관 리	25.000.000	10.000.000	15.000.000	
소 계	364.317.500	287.660.000	76.657.500	
운 영 비	30.000.000	10.000.000	20.000.000	
합 계	394.317.500	297.660.000	96.657.500	

-13-

606 ~/4~ 1995

10. 년차별 자금조달 계획

구분 \ 년도	총 투 자 액	1969년도	1970년도
국 고 보 조	171,057,500	123,130,000	47,927,500
융 자 금	83,260,000	54,530,000	28,730,000
자 기 자 금	140,000,000	120,000,000	20,000,000
합 계	394,317,500	297,660,000	96,657,500

11. 자금운영계획 (장기 수지 예상 및 운영계획)

구분	자금별	1969	1970	1971	1972
수	국 고 보 조	123,130,000	47,927,500		
	융 자 금	54,530,000	28,730,000		
	자 기 자 금	120,000,000	20,000,000		
	부 지 분 양		82,800,000		
	사 업 수 입	3,000,000	10,000,000	21,500,000	30,000,000
입	잡 수 입	500,000	1,500,000	3,000,000	4,300,000
	이 월 금	1,318,800	1,318,800	2,369,600	1,367,600
	계	301,160,000	192,276,300	26,869,600	35,667,600
지	단지조성비	289,660,000	76,657,500		
	차입금상환	2,181,200	93,251,200		
	(원금)		(83,260,000)	(	
	(이자년12%)	(2,181,200)	(9,991,200)	)	
출	운 영 비	10,000,000	20,000,000	25,000,000	33,000,000
	교육훈련비		500,000	500,000	1,000,000
	익년도이월금	1,318,800	2,369,600	1,367,600	1,667,600
	계	301,160,000	192,276,300	26,869,600	35,667,600

649

12. 년도별 수입계획

가. 사업수입지부

사 업 명	비 출	1969	1970	1971	1972
공동구매사업	별도추정	300,000	700,000	3,000,000	5,000,000
알선중개사업	〃	300,000	700,000	3,000,000	5,000,000
공동보관사업	〃	400,000	600,000	1,000,000	1,200,000
유료보관수입	〃		300,000	1,200,000	1,500,000
전 화 수 입	〃	400,000	700,000	2,000,000	3,000,000
설계디자인수입	〃	20,000	1,000,000	1,900,000	3,000,000
기업진단및경영지도	〃	100,000	200,000	500,000	600,000
공동회의실사용	〃	10,000	30,000	40,000	50,000
상품진열수수료	〃	20,000	30,000	40,000	50,000
시설검사수수료	〃	10,000	200,000	500,000	1,000,000
도로및복지유지비	투자액10%		1,198,750	1,406,500	1,406,500
배수로유지비	〃		157,125	191,625	191,625
급수시설유지비	〃		500,000	500,000	500,000
제방및수문유지비		300,000	300,000	1,128,000	1,128,000
교량유지비				330,000	330,000
전력시설유지비			450,000	500,000	500,000
보안시설유지비	〃	400,000	576,500	740,500	740,500
중앙건물유지비			625,000	625,000	625,000
오물처리비	별도추정	300,000	600,000	1,000,000	1,000,000
환경유지비	평당10원	300,000	600,000	1,058,000	1,058,000
기 타 수 입		230,000	532,625	810,875	2,090,375
계		3,000,000	10,000,000	21,500,000	30,000,000

608　　　　　　1997

잡 수 입 지 부

비 교	부지사용료			판매우수요비출	1969	1970	1971	1972
	전평	년료	지기년사용료					
도 장 공 장	50	1,000	50,000	0.3%		100,000	250,000	330,000
도 장 공 장	50	1,000	50,000	0.3%		100,000	330,000	400,000
문수서비스센타	100	500	50,000	0.6%	100,000	400,000	600,000	1,000,000
의 료 실	30	1,000	30,000	0.2%	50,000	100,000	150,000	200,000
매 점 (2개소)	40	1,000	40,000	0.2%	30,000	100,000	300,000	500,000
식 당	50	1,000	50,000	0.2%	50,000	150,000	200,000	300,000
다 방	30	1,000	30,000	0.3%	30,000	100,000	150,000	200,000
이 발 소	20	1,000	20,000	0.3%		20,000	50,000	80,000
목 욕 탕	40	500	20,000	0.2%		20,000	40,000	60,000
오 락 실	30	500	15,000	0.3%		10,000	20,000	30,000
종업원합숙소	300	500	150,000	0.2%		100,000	300,000	400,000
오물처리비			별도계산		20,000	100,000	300,000	400,000
기 타 수 입					220,000	200,000	310,000	400,000
계					560,000	1,500,000	3,000,000	4,300,000

651

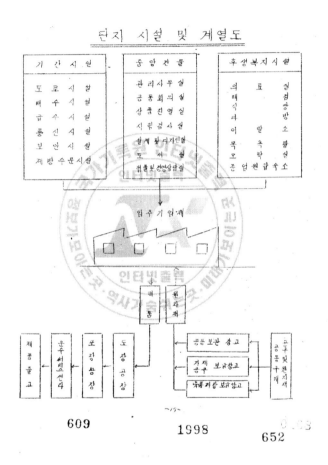

단 지 시 설 및 계 열 도

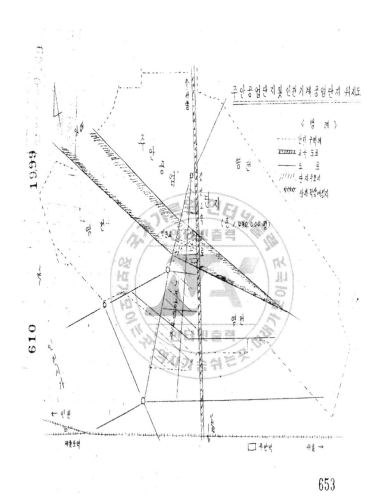

인 천 기 계 공 업 단 지
입 주 신 청 자 명 단

기 업 체 명	소 재 지	대 표 자	비 고
인 일 공 작 소	인 천 시 해 안 동 2가 8	염 성 복	
해 안 정 밀 기 계 공 작 소	" 4가 3	김 재 순	
인 천 기 계 제 작 소	" 북 성 동 1가 2	장 만 순	
제 일 신 철 합 자 회 사	" 만 석 동 9	임 흥 업	
인 천 전 기 제 작 소	" 송 의 동 372	오 대 균	
이 화 철 공 소	" 신 흥 동 2가 33	홍 승 기	
오 트 강 미 싱 제 조 상 사	" 경 동 110	김 성 성	
대 영 공 작 소	" 도 화 동 623	홍 성 일	
대 흥 주 물 공 장	" 만 석 동 65	정 덕 화	
대 인 기 계 제 작 소	" 신 흥 동 3가 4	김 동 욱	
여 흥 주 물 공 장	" 도 화 동 288	지 규 두	
선 미 사	" 송 의 동 121	김 성 섭	
인 천 정 밀 사	" 송 림 동 268	박 희 영	
건 설 모 형 공 작 소	" 화 평 동 527	강 용 우	
기 흥 공 업 사	" 송 의 동 121	송 인 헌	
재 건 공 업 사	" 도 화 동 563	안 적 점	
제 물 포 철 공 소	" 해 안 동 1가 4	이 농 운	
합 성 철 공 소	" 화 평 동 529	이 명 남	
유 신 공 업 사	" 송 의 동 423 의 1	박 종 혁	
대 창 주 물 공 장	" 도 화 동 64 의 6	주 홍 린	
신 성 공 작 소	" 송 의 동 371	김 정 갑	
금 성 산 철 주 식 회 사	" " " 150	안 봉 재	

611   2000   654

금성공작소	인천시 숭의동 309	김 분 혁
인천주물공장	" " 125	이 용 복
대용롭드공작소	" 신흥동 1가 7	이 천 규
삼성주물공작소	" 숭의동 121	구 자 호
일복기계공작소	" 항동 1가 4	김 시 득
만화주물공장	" 숭의동 349	김 명 두
삼양기계제작소	" " 125	김 백 원
인천강업주식회사	" 송림동 332	장 범 진
공신낫드	" 숭의동 126	윤 병 호
경인조선	" 사동 35	박 춘 근
일신화학주식회사	" 도화동 100	김 영 배
인천제침공업사	" 금곡동 5	서 정 안
삼정철공소	" 율복동 1	권 정 오
경일철공소	" 금곡동 21	윤 수 현
신흥신철주식회사	" 신흥동 1가 18	이 기 주
대한제침공면주식회사	" 만석동 23	이 종 고
고려기업주식회사	" 염수동 36	손 태 단
부영주물공장	" 부평동 669	양 재 덕
경일신철공업주식회사	" 숭의동 137	김 성 환
대동공작소	" 우동	이 세 홍
삼우철공소	부천군 덕적면 북리	안 응 호
원일철공소	인천시 경동 4	연 종 선
조남공작소	" 해안동 1가 1	김 구 냅
동양신철합자회사	" 만석동 21	정 부 홍

용일공작소   인천시 송림동 95의5   심 응 득
동일공업사   "   송현동 72   심 영 합
주식회사 대유양행   "   숭의동 349   정 순 용
동일공업사   "   "   361   조 용 욱

계   3월 현재 ✓0개 업체)

3. 인천기계공단 조성 관련 관계부처 협의 결과문(1969)

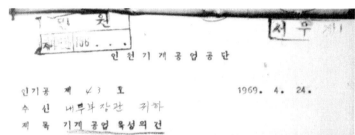

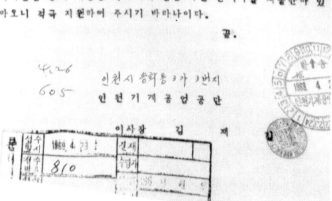

경 제 기 획 원

투 예. 1211 - 232   1969. 4. 29
수 신. 인천 기계 공업 공단 이사장
제 목. 건의에 대한 회보

인천 기계공업 단지 설치에 따른 4월 25일자
귀하의 지원 건의에 대한 회신입니다.
인천지구 기계공업 단지 설치계획은 그 필요성이나 사업
효과면에서 충분히 타당성이 있다고 인정되나 그 투자재
원 조달 계획에 있어 과중하게 국고에 의존하고 있을 뿐
만 아니라 더구나 년도중에 막대한 신규 사업비 보조를
책정함은 곤란한 것이므로 별도 재원을 모색토록 검토하
시기 바랍니다.   끝.

경 제 기 획 원

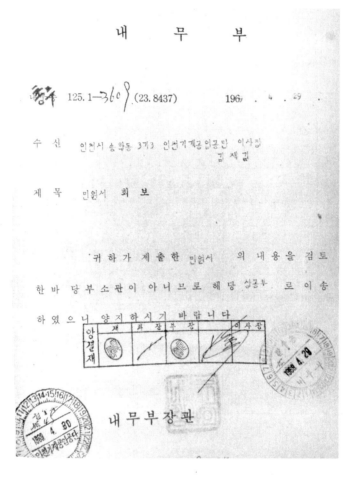

내 무 부

125.1-36○ (23.8437)   196 . 4 . 29

수 신   인천시 송학동 3가3 인천기계공업공단 이사장
                              김 재 길

제 목   민원서 회 보

            귀 하 가 제 출 한 민원서 의 내용을 검토
한 바 당부소판이 아니므로 해당 상공부 로 이송
하였으니 양지하시기 바랍니다

내무부장관

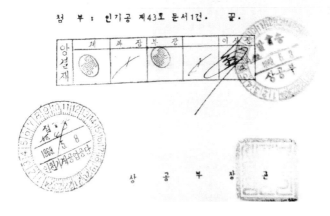

상 공

이 중 1311 - 57

1969. 5. 3.

수 신 · 인천기계공업공단 이사장   이 재 길

제 목   민 원 회 신

1. 인기공 제43호(69.4. 24)에 대한 회신입니다

2. 귀 공단에서 송부한 인기공 제43호(69.4. 24)를 내무
토부터 이송받고 검토하였는바 위 문서의 건에 관하여는 이미
귀 공단에서 당부에 송부한 문서(69.4. 26. 605호)로서 처리중임
으로 내무부로부터 이송한 문서는 반려합니다

첨 부 : 인기공 제43호 문서 1건. 끝.

상 공 부 장 관

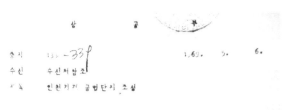

상   공   부

총지   155-33기   1.62.   5.   6.

수신   수신처참조

제목   인천기계 공업단지 조성

　　　6.5.1. 14:00 당부 회의실에서 지회된 인천기계공업단지
조성을 익한 회의 결과를 발참과 같이 청화대에 보고 하였으니 업무
에 참고 하시기 바랍니다.

　　　붙임: 청화대 보고서 사본.   끝.

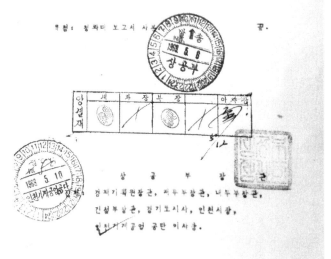

상   공   부   장   관

경제기획원장관, 재무부장관, 나무부장관,
건설부장관, 경기도지사, 인천시장,
인천기계공업 공단 이사장.

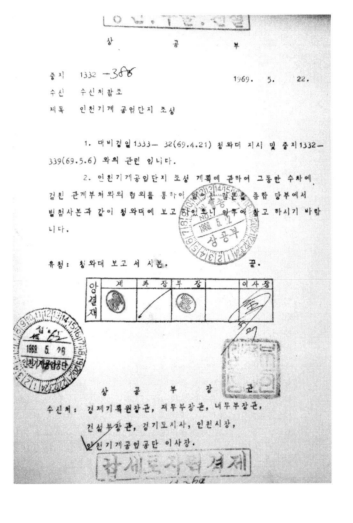

상 공 부

종지 1332 - 388   1969. 5. 22.

수신   수신처참조

제목   인천기계 공업단지 조성

　　　1. 대비겁일1333 - 32(69.4.21) 청와대 지시 및 종지 1332 -
339(69.5.6) 와의 관련 입니다.

　　　2. 인천기계공업단지 조성 계획에 관하여 그동안 수차에
걸친 관계부처와의 협의를 통하여 얻어진 검문을 종합 당부에서
별첨사본과 같이 청와대에 보고 하였으니 마무에 참고 하시기 바랍
니다.

　　유청: 청와대 보고 서 사본.   끝.

앙 결 재	계	과 장	부 장		이 사 장

　　　　　　상 공 부 장   군

수신처: 경제기획원장관, 재무부장관, 내무부장관,

　　　건설부장관, 경기도지사, 인천시장,

　　인천 기계공업공단 이사장.

상　　　　공　　　　부

종지　1332　　　　　　　　　　　　　1969.　5.　22.

수신　청와대 비서실장

제목　인천기계 공업단지 조성

　　　1. 대비김일1333 — 32(69.4.21) 지시 및 종지1332 — 339
(69.5.6) 보고와의 관련 사항입니다.

　　　2. 인천기계공업단지 조성계획에 군하여 관계부처와 합동
하여 별첨과 같이 결정을 보았으므로 결과 보고 합니다.

유첨: 인천기계공업단지 조성계획 검토(종합보고)

　　　　　　　　　　　　　　　　　　　　　끝.

상　　　공　　　부　　　장　　　관

회   의   록

1. 일시 : 6 . . 1.

- . 장소   상공부 회의실

- . 주재 : 상공부 공소기업국장

4. 참석자

　　　　　　　건설부　　　　　　　지역계획과장

　　　　　　　내무부　　　　　　　재정과 2부세계장

　　　　　　　경제기획원　　　　　투자예산과 신사무관

　　　　　　　　 "　　　　　　　투자3과   이사무관

　　　　　　　재무부　　　　　　　이재1과   이사무관

5. 배석자

　　　　　　　인천기계공업공단 이사장

　　　　　　　경기도 식산국장

　　　　　　　인천시장

　　　　　 · 상공부 중공업과장

6. 안건 (별첨유인물)

7. 합의사항

　　　　　　가. 인천기계공업단지 조성계획의 확정을 건설부와 상공부가
합동으로 처리한다.

　　　　　　나. 조성비용에 관하여는 건설부가 검토한다.

　　　　　　다. 조성비용에 있어 중앙지원과 지방부담의 비율 중앙지원중
보조와 융자의 비율에 관하여는 건설부 가 검토하여 중앙협의 기구에
상정심의케 한다(이상가, 나, 다항은 69.2.1 티비강일1530— 7항회비
지시를 준용함)

바. 상기사항(가,나,다항이 해결 되었을경우 부처별 자금
지원 방안은 다음과 같다.

    1) 건설부소관
       공공시설의 경우는 자치단체에 지원할수 있다.

    2) 재무부소관
       없 음

    3) 상공부 소관
       가,나,다항의 해결되면 융자방안으로 우선 또는 기타
가능한 조치를 위한다.

    4) 내무부소관
       지방교부세 재원상 69년도 에는 지원불가능하나 70년도
예산에서는 고려한다.

    5) 경제기획원 소관
       각부처의 예산상의 요구가 있을시는 우선 또는 70년도
예산으로 반영한다.

    마. 동공단이 건설부에 조성계획서를제출한바 있으므로 상공부
의 단지지정 요청은 생략한다.   끝.

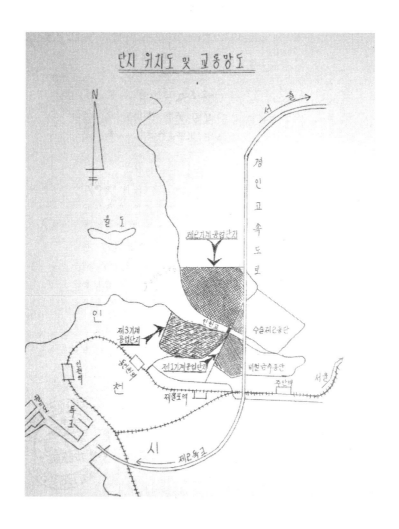

4. 인천기계공단 제1단지 토지매매계약서(1969)

1) 제1기계단지 입주업체 토지취득권한 위임(1969.2.8.)

위 임 장

인천시 중구 사동 2 번지

　　　사단법인 인천기계공업공단 입주자대표 　김　　제　　길

입주자 본인들은 상기자를 대리로 정하고 다음 권한을 위임함

다　　　　　음

동　명	지　번	지　목	평　수
도 화 동	1—27	제 방	672
〃	1—29	잡종지	792
〃	1—44	제 방	2,440
〃	1—45	휴 지	29,677
주 안 동	21—50	구 거	1,134
〃	21—53	염 전	45,880
〃	21—56	제 방	222
가 좌 동	180—13	잡종지	1,985
〃	180—15	잡종지	174
〃	180—50	구 거	26
〃	180—59	잡종지	618
〃	180—58	염 전	14,404
〃	180—52	구 거	55
〃	180—54	구 거	981
계			99,060

1. 상기토지 99,060평의 대한염업 소유 토지를 인천기계공업공단 부지조성지로 일단
　공단에서 천포지를 일괄 매입 조성케 하기위하여 매입 취득에 관한일서의 권한을
　위임함. 단 동토지에서 생하는 세비지 287,69.15평의 매입도 포함함.

　　　　　서 기 19 6 9 년 　2 월 　8 일

　　위 임 자 (공단입주자)

업　　세　명　　　　소　　　지　　　지　　　대　　표　자

만좌주물공업주식회사　　인천시남구송의동 349　　　김　병　두

2) 제1기계단지 토지매매가계약서(1969.2.12)

토 지 매 매 가 계 약 서.

1. 재산의 표시

   별첨 부동산 목록과 같음.

   위 재산의 매매에 관하여 매도인 대한철업주식회사 사장 "박철수"
   (이하 갑이라 칭함)과 매수인 경기도 기계공업협동조합 이사장
   "장만순"(이하 을이라 칭함) 간에 평당가를 1.000원으로 하여 다음
   조항에 의거 매매계약을 체결한다.

2. 조 건

   제1조 갑은 위 표시 부동산을 일금 136.540.000원정으로 을에
          게 매도한다.

   제2조 을은 본조의 매수대금공 계약체결시에 계약보증금으로
          15.654.000원과 입회 불입금으로 11.546.000원을 갑에
          게 지불하고 잔액에 대하여는 아래와 같이 분할지불
          한다.

                        아   래

회분	지불기일	금 액	비 고
1	가계약 체결시	11.546.000.—	
2	본계약시	9.135.000.—	
3	69. 5. 10	34.135.000.—	
4	69. 8. 31	34.135.000.—	
5	69. 11. 30	34.135.000.—	

제 3 조   을은 전조의 구애됨이 없이 언제든지 지불금의 일부
         또는 전부를 선불할 수 있으며 전조의 계약보증금은
         대금 지불 완료시 대체할 수 있다.

제 4 조   을은 본 제한 매수후 기계공업공장 부지도 사용하며
         분양시 매수대금 이상으로 분양하지 못한다.

제 5 조   을은 본계약의 재산의 소유권이 을에게 이전되기 전
         에는 갑의 승인없이 다음 각호의 1에 해당하는 행위
         를 하지 못한다.

         1) 본계약 재산의 임대양도

         2) 본계약 재산의 저당권 기타 제한물의 설정

         3) 본계약 재산의 사용목적의 변경

         4) 기인의 혐미투저

제 6 조   을은 매수대금의 50%이상을 지불하였을 시는 갑의
         승인을 얻어 지상작업을 할 수 있다.

         단, 이럴우 계약보증금을 매도대금으로 간주할 수
         있다.

제 7 조   을이 다음 각호의 1에 해당될 때에는 갑은 본계약을
         해제할 수 있다.

         1) 매매대금 또는 불합금을 지정기일내에 지불하지
            아니한 때

         2) 제4조및 5조에 위반한 때

3) 본건 재산의 매매에 있어서 허위된룰 또는 불실의
   공빌서류를 제시하였거나 기타 부정한 방법으로
   매수한 사실이 발견된 때

4) 매매계약 체결후 실질적으로 외국인이 취득할 목적
   으로 한국인 명의를 가장 매수한 사실이 발견된 때

5) 외국인이 외국인 토지법에 위배하여 본재산을 매수
   하였을 때

제 8 조   건조에 의하여 계약을 해제하였을 때에는 을은 계약
           보증금을 조기하고 즉시 본 재산을 갑에게 반환하여야
           하며 원상복구와 손해배상의 책임을 진다.

제 9 조   을은 제1조의 규정한 매수대금의 완납후가 아니면 소유
           권 이전을 받을 수 없으며 그 소유권 이전의 비용은 을
           이 부담한다.

제 10 조   갑은 본 재산의 토지구획정비사업 시행 이전의 협정
           원형으로 매각함을 원칙으로 한다.

제 11 조   갑은 본계약 체결후에는 본 재산에 대하여 환지 도시
           계획 저촉 여부및 대지상지상권 유무 공부상 평수와
           실제 평수와의 차이 현지상권자에 대한 명도 문제동
           기타 발생하는 권리의무 일체에 대하여 하동의 책임을
           지지아니하며 을은 이에 대한 이의를 갑에게 제기하지
           아니하기로 한다.

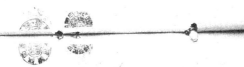

제 12 조 건 제6조에 의하여 갑이 본재산을 을에게 인도한 후에
발생할 일체의 위험부담에 대하여 갑은 그 책임을 지지
아니한다.

제 13 조 본계약에 관한 소송은 갑의 소재지의 각급 법원으로
한다.

제 14 조 본계약은 가계약으로 하되 갑이 소정절차(상공부 승인)
을 취하지 못할 경우엔 본계약을 무료로 하며 을은 하둥
이의를 하지 못한다.

제 15 조 갑은 전조에 의거 원계약을 체결할 수 없을 경우에는
즉시 을이 기납입한 계약보증금및 매도대금을 환불하여
야 한다.

제 16 조 본계약 재산의 표시에 있어 공부(토지대장)상과 착오가
있을 시는 증감할 수 있으며 증감 필수에 대한 가격은
평당 1.000원으로 치미한다.

제 17 조 갑, 을은 계약사항에 대한 이의가 있을 때에는 갑, 을
합의에 의하여 치미키로 한다.

제 18 조 본 가계약이 체결되었음을 증명하기 위하여 본계약서
2통을 작성하고 갑, 을 당사자는 기명날인후 각각 1통
씩 소지 보관한다.

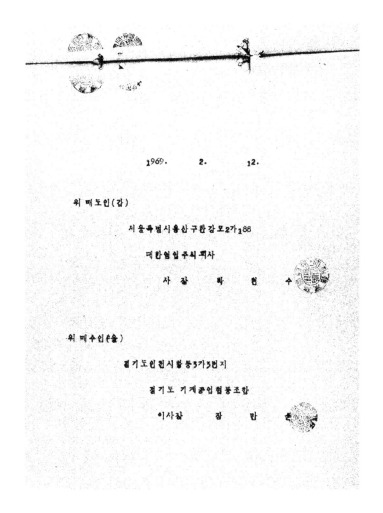

1969. 2. 12.

위 매도인(갑)

서울특별시용산구한강로2가 188

대한염업주식회사

사 장 박 현 수

위 매수인(을)

경기도인천시항동3가3번지

경기도 기계공업협동조합

이사장 장 탁 훈

3) 제1기계단지 채비지매매계약서(1969.4.12)

대한염업주식회사

대염총 112-240   1969.   4. 12.

수 신 경기도 기계합동조합 이사장 귀하

제 목 주안염전 토지 원계약 체결

    1. 69. 2. 12. 귀하와 당사간에 가계약 체결한바 있는
주안염전 일부 매매에 따라서

    2. 다음과 같이 원계약을 체결코저 별첨 계약서를 송
부 하오니 명 4월 20일 까지 날인 송부하시기 바랍니다.

    다   음

1) 매매지와 재산의 표시
   인천시 가좌동 180-13외 13필지 106,401평
   (현존 주안들 및 토파들 경유 고속도로부지 동측
   30,139평 제외)

2) 매도금액 ₩ 106,401,000원

3) 대금불입기간
   1회불입 : 25,000,000원(기불입)
   2회불입 : 69. 5. 10. 까지 27,134,000원
   3회불입 : 69. 8. 31. "   27,134,000원
   4회불입 : 69.11. 30. "   27,133,000원

유첨 : 토지 매매계약서 2부 끝.

(별기)

인천기계공업공단 이사장 김재○

제1조 ...

제2조 ...

제3조 ...

제4조 ...

제5조 ...

제6조 ...

제7조 ...

제8조 ...

제9조 ...

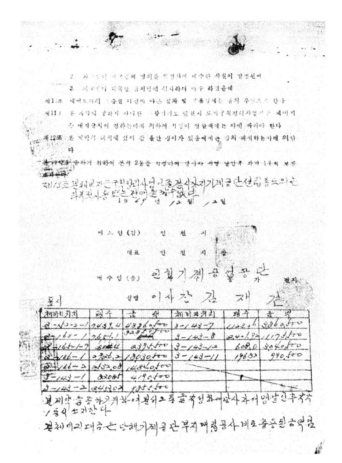

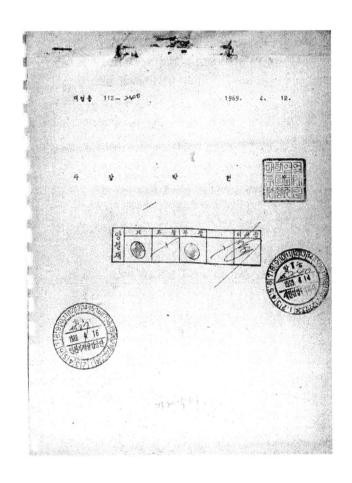

4) 제1기계단지 토지매매계약서(1969.5.12)

제3조 을은 전도에 구애됨이 없이 언제든지 지불금의 일부 또는
전부를 선불할수 있으며 선조의 계약보증금은 대금 완납시 대
제 할수 있다.

제4조 을은 본재산을 매수후 기계공업공장부지로 사용하며 분양
시 매수대금 이상으로 분양하지 못한다.

제5조 을은 본계약 재산의 소유권이 을에게 이전되기 전에는 갑
의 승인없이 다음 행위를 하지 못한다.

1) 본계약 재산의 전대양도

2) 본계약 재산의 저당권 기타 제한물권 설정

3) 본계약 재산의 사용목적의 변경

4) 개인의 명의변경

제6조 을은 매수대금의 50% 이상을 지불하였을시는 갑의 승인을
얻어 지상작업을 할수있다.

단, 이경우 계약보증금은 매모대금으로 간주할수있다.

제7조 을이 다음 각호의 1에 해당될때에는 갑은 본계약을 해제
할수있다.

1) 매매대금 또는 분할금을 지정기일내에 납입하지 아니한때

2) 제4조 및 제5조에 위반한때

3) 본재산의 매매에 있어 허위진술 또는 불실의 증빙서류를
제시 하였거나 부정한 방법으로 매수한 사실이 발견될때

4) 매매계약 체결후 실질적으로 외국인이 취득할 목적으로
한국인 명의를 가장 매수한 사실이 발견될때

5) 외국인이 외국인 토지법에 위배하여 본재산을 매수하였을때

제8조 전조에 쎄마어 계약을 해제하였을때는 을은 보증금을 포기
하고 즉시 본재산을 갑에게 반환하여야 하며 원상복구와 손해배
상 책임을 진다.

제9조 을은 제1조에 규정한 매수대금의 완납후가 아니면 소유권
이전을 받을수 없으며 그 소유권 이전에 비용은 을이 부담한다.

제10조 갑은 본재산의 토지구획정리사업 시행이전의 입선 원형으로
매각함을 원칙으로 한다.

제11조 갑은 본계약 체결후에는 본재산에 대하여 환지 도시계획지
측여부 및 대지상의 지상권 유무 공부상 평수와 실지평수와의 차
이 현지상권자에 대한 법보문제를 기타 발생하는 권리의 채무일체
에 대하여 하등의 책임을 지지 아니하며 을은 이에 대한 이의를
제기하지 아니하기로 한다.

제12조 전 제6조 에 쎄마어 갑이 본재산을 을에게 인도한후에 발생
할 일체의 책임부담에 대하여 갑은 그 책임을 지지 아니한다.

제13조 본계약을 체결함에 있어 갑이 경기도 기계공업협동조합과 체
결산 가계약에 대한 민형사상의 하자가 발생할 경우 일체의 책임을
부담키로 한다.

제14조 본계약에 관한 소송은 갑의 소재지 각급 법원으로 한다.

제15조 본계약 재산의 표시에 있어 공부(토지대상)상과 차오가 있을
시는 증감할수 있으며 증감평수에 대한 가격은 평당 1,000원으로
한다.

제16조 본가계약이 체결되었음을 증하기위하여 본계약서 2통을 작성
하고 갑,을 당사자는 기명날인후 각각 1통씩 소지보관한다.

1969. 5. 12.

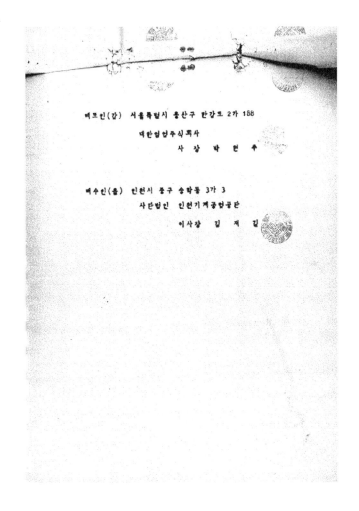

매도인(갑) 서울특별시 용산구 한강로 2가 188

　　　　　대한엄업주식회사

　　　　　　　　사장 박 현 주

매수인(을) 인천시 중구 송학동 3가 3

　　　　　사단법인 인천기계공업공단

　　　　　　　　이사장 김 재 길

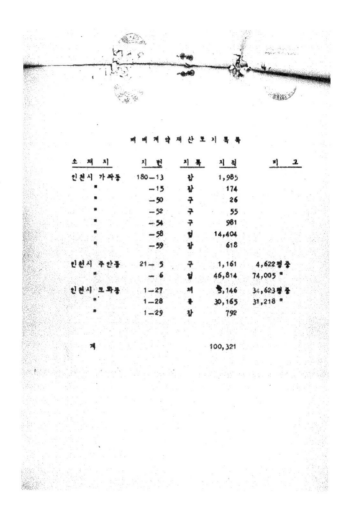

매매계약재산토지목록

소 재 지	지 번	지 목	지 적	비 고
인천시 가좌동	180 — 13	답	1,985	
"	— 15	답	174	
"	— 50	구	26	
"	— 52	구	55	
"	— 54	구	981	
"	— 58	답	14,404	
"	— 59	답	618	
인천시 주안동	21 — 5	구	1,161	4,622평 중
"	— 6	답	46,814	74,005 "
인천시 도화동	1 — 27	제	용,146	34,623평 중
"	1 — 28	용	30,165	31,218 "
"	1 — 29	답	792	
	계		100,321	

5) 제1기계단지 계약갱신통보 및 소유권 이전(1969.9.29.)

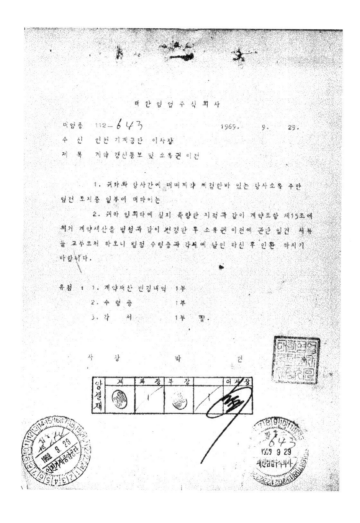

6) 제1기계단지 채비지매입신청(1969.12)

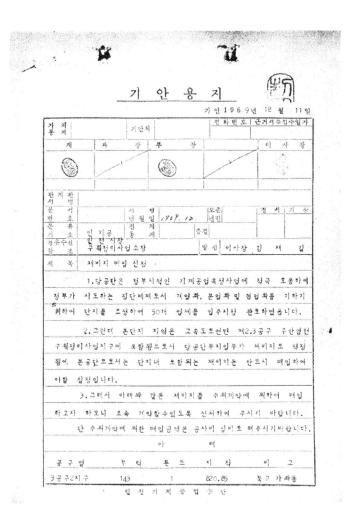

5. 인천기계공업공단 사단법인 설립 허가서(1969)

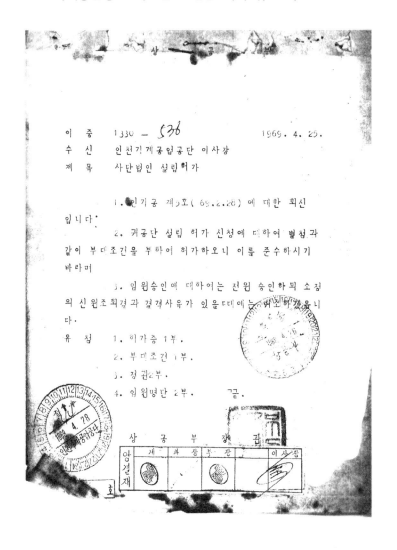

이 중 1330 - 536   1969. 4. 25.

수 신   인천기계공업공단 이사장

제 목   사단법인 설립허가

　　　　1. 인기공 제3호(69.2.28)에 대한 회신
입니다.

　　　　2. 귀공단 설립 허가 신청에 대하여 별첨과
같이 부대조건을 부하여 허가하오니 이를 준수하시기
바라며

　　　　3. 임원승인에 대하여는 전원 승인하되 소정
의 신원조회결과 결격사유가 있을때에는 취소하겠읍니
다.

유 첨 1. 허가증 1부.

　　　　2. 부대조건 1부.

　　　　3. 정관 2부.

　　　　4. 임원명단 2부.   끝.

상 공 부 장 관

제120호

사 단법인설립허가증

주   소 경기도 인천시 중구 송학동 3가 3번지
명   칭 인천기계공업공단
대표자 김 재 길 (金 在 吉)

민법제32조의 규정에 의거
위 단체의 설립을 (별첨 조건을
부하여) 허가 함

서기 1969년 4월 28일

상공부장관 김   정

6. 인천기계공업단지관리공단 설립 허가서(1978)

경인일보, 『인천인물 100인』, 다인아트, 2009.

경제기획원, 「제1차경제개발5개년계획(안)」, 1962.

_____, 「종합부문 보고서」, 1962.12.31.

고광만, 「서울시 공간구조변화의 정치경제학적 해석」, 한양대 석사논문, 2000.

공제욱, 「1950년대 한국자본가의 형성과정」, 서울대 박사논문, 1992.

관세청, 『경제통계연보』, 1990.

국가기록원, 「중소기업육성대책요강」.

국회 상공위원회 국정감사 회의록, 1966, 1968, 1969.

김 견, 「1980년대 한국 자본주의와 산업구조조정」, 『사회경제평론』 제3집, 한울, 1991.

김길동, 「지역개발을 위한 공업입지정책과 공단조성에 관한 연구」, 『대전공업전문대 논문집』 제19집, 대전공업전문학교, 1977.

김대환, 「한국의 공업입지 결정요인에 관한 연구」, 서울대 석사논문, 1989.

대통령비서실, 「중화학공업화정책선언에 따른 공업구조 개편론」 1973.1.30.

대한민국정부, 「관보」, 1968년~1971.

대한상공회의소 공업입지센터, 『공업단지현황』, 1991.

박배균·장세훈·김동완 엮음, 『산업경관의 탄생: 다중스케일 관점에서 본 발전주의 공단』, 알트, 2014.

박배균·김동완 엮음, 『국가와 지역: 다중스케일 관점에서 본 한국의 지역』, 알트, 2013.

박인옥, 「인천의 생산구조와 도시공간의 정치경제학적 연구」, 인천대 박사논문, 2015.

_____, "맑스주의 정치경제학의 도시공간론: D. 하비의 '자본순환과 건조환경'

을 중심으로", 「마르크스주의 정치경제학의 최근동향과 쟁점」, 한국사회
경제학회 2015년 여름학술대회, 2015.8.

상공부고시 제 1987호, 1965.6.25.

상공부고시 제 3598호, 1968.3.9.

㈜인천기계공업공단, 「인천기계공업단지 조성 관련 수신철」, 1969.

_____, 「영구보관, 토지매매계약서철」, 1969.

_____, 「공단설립 후 업무상황보고」, 1969.4.4.

_____, 「단지조성사업관계철(70.1.16~70.11.27)」.

_____, 「인천기계공업공단 연혁철」, 1969.

_____, 「인천기계공업단지 조성계획서」, 1969.

_____, 「입주업체보고 및 알선조회」, 1969; 1972년 사무인계서;
1973년 사업보고서. ㈜인천기계공업공단, 「인천기계공업단지 조성계획
서(1969~1970)」, 1969.

_____, 「사무인계서」. 1971.2.12.

_____, 「수신 공문서」, 1971.7.14.

_____, 「1972.4.20 사무인계서」.

_____, 「FY.72. 공장건설계획서」.

_____, 「FY.72. 입주신청서철」.

_____, 「FY.72. 제2단지 관계철」.

_____, 「이사회 보고서」, 1972.

_____, 「1972.5.31 사무인계서」.

_____, 「72년도 허가관계철」.

_____, 「FY.73. 제2단지 관계철」.

_____, 「FY.73. 단지조성관계철」.

_____, 「FY.76. 인천시관계철.」.

_____, 「1979, 인도포장관계철」.

왕혜숙·김준수, 「한국의 발전국가와 정체성의 정치-박정희 시시 재일교포 기
업인들의 민족주의 담론과 인정투쟁」, 『경제화 사회』, 한울엠플러스,
2015.9.

이강복, 「한국의 자본축적 구조변화에 관한 연구: 해방이후를 중심으로」, 조선
대학교, 박사학위 논문, 2001.

이병천, 「박정희 정권과 발전국 모형의 형성」, 『경제발전연구』 제5권 제2호, 한

국경제발전학회, 1999.

이상철, 「한국 경제관료의 일제 식민지 기원설 검토」, 『민주사회와 정책연구』 통권 21호, 민주사회정책연구원, 2012.

_____, 「1960~70년대 한국 산업정책의 전개: 위계적 자원배분 메카니즘의 형성을 중심으로」, 『경제와 사회』 제56호, 한울, 2002.

_____, 「수출산업단지의 형성과 변모: 구로공단(1963~1987년)」, 『동향과 전망』 85호, 박영률출판사, 2012.

_____, 「한국 화학섬유산업의 전개과정(1961~1979)」, 서울대 박사학위논문, 1997.

이원만, 『나의 정경 50년』, 삼성인쇄주식회사, 1977.

이효영, 「한·미·일간 삼각 가공무역관계 형성의 배경과 행위주체에 관한 연구」, 『경영경제』 제23집, 개명대학교 산업경영연구소, 1991.1.

인천상공회의소, 『인천경제현황』, 1974, 1982.

_____, 『인천상공명람』, 1966.

_____, 『인천상공회의소 110년사』, 1995.

_____, 『인천상공회의소 120년사』, 2005.

_____, 『인천상의보』 축쇄판 제1권: 1969~1974; 제2권:1975~1979.

인천시, 「인천도시기본계획(안)」, 1991.9.

_____, 「인천시도시개발5개년계획」, 1967.

_____, 「인천시종합개발계획보고서」, 1970.8.

_____, 『인천도시계획연혁』, 1985.

_____, 『인천시사』(중), 1993.

_____, 『인천시정백서』, 1970.

_____, 『지역경제백서』, 1990.

임숙신, 「1950년대 한국자본축적에 관한 연구; 섬유공업을 중심으로」, 숙대석사논문, 1992.

전국경제인연합회, 『전경련 20년사』, 1983.

조기준, 『부평사 연구』, 백암문집간행위원회, 1994.

최병두, 『근대적 공간의 한계』, 한울, 2004.

_____, 『자본의 도시』, 한울, 2012.

한국경제60년사 편찬위원회, 『한국경제60년사 편찬위원회』, 2010.

한국기계공업진흥회, 『한국기계공업진흥회 10년사』, 1980.

한국산업은행, 『한국의 산업』, 1984.

한국산업은행조사부, 『한국의 산업』, 1962.

_____, 『한국의 산업』(상), 1966.

_____, 『한국의 산업』(하), 1966.

한국수출산업공단, 『한국수출산업공단 30년사』, 1994.

A. O. 그루거, 전영학 역, 「무역, 外源과 경제개발」, 한국개발연구원, 1980.

Brenner, N., 'Global Cities, "Glocal" States: Global City Formation and State Territorial Restructuring in Contemporary Europe', *Review of International Political Economy* 5 (1), 1998: 1-37.

_____, 'Building "Euro-regions": Locational Politics and the Political Geography of Neoliberalism in Post-unification Germany', *European Urban and Regional Studies* 7 (4), 2000: 317-43.

_____, 'World City Theory, Globalization and the Comparative-historical Method: Reflections on Janet Abu-Lughod's Interpretation of Contemporary Urban Restructuring', *Urban Affairs Review* 36 (6), 2001: 124-47.

_____, '"Glocalization" as a State Spatial Strategy: Urban Entrepreneurialism and the New Politics of Uneven Development in Western Europe', in J. Peck and H. Yeung (eds.) *Remaking the Global Economy: Economic-Geographical Perspectives.* London and Thousand Oaks: Sage, 2003.

Harvey, D., *The limit of Capital,* Oxford University Oress, 1982; 최병두 옮김, 『자본의 한계』, 한울, 1995.

Swyngedouw, E., 'The Mammon Quest:"Glocalisation", Interspatial Competition and the Monetary Order: the Construction of New Scales', in M. Dunford and G. Kafkalas (eds.) *Cities and Regions in the New Europe,* London: Belhaven Press, 1992: 39-68.

_____, 'Reconstructing Citizenship, the Re-scaling of the State and the New Authoritarianism:Closing the Belgian Mines', *Urban Studies* 33 (8), 1996: 1499-521.

_____, 'Neither Global nor Local: "Glocalization" and the Politics of Scale', in K. Cox (ed.) *Spaces of Globalization,* New York: Guilford

Press, 1997: 137–66.

Smith, N., Scale, Ronald J. Johnston, Derek Gregory, Geraldine Pratt and Michael Watts (eds.) *Dictionary of Human Geography 4th Edition*, Blackwell, 2000: 724–727.

Taylor, P. J., *The Way the Modern World Works: World Hehemony to World Impasse*, Wiley, 1996.

_____, Places, Spaces and Macy's: Place–Space Tensions in the Political Geography, of Modernities, *Progress in Human Geography*, 23 (1), 1999: 7–26.

_____, *Political Geography: World–Economy, Nation–State and Locality*, Longman, 2000.

인천신문, 경기매일신문, 경향신문, 동아일보, 매일경제신문, 시사인천.

_ 찾아보기

저자소개

박인옥

1959년 인천에서 태어나 대입 검정고시를 거쳐 숙명여대 경제학과를 졸업하고, 인천대학에서 경제학 석사, 박사 학위를 받았다. 맑스주의 정치경제학적 관점에서 자본주의 도시 및 지역사회 문제와 공간을 분석하는 '공간정치경제학'을 연구하고 있다. 현재 인천대학교 사회적경제연구센터 책임연구원, 인천녹색소비자연대 공동대표, 인천지속가능발전협의회 운영위원 등으로 활동하고 있다. 최근 발표한 연구로「일제강점기 인천의 생산구조와 도시공간의 변화」(2014.2), 「해방 후 인천의 항만중심 생산구조와 도시공간 연구: 1945~1969」(2015.8), 「맑스주의 정치경제학의 도시공간론: D. 하비의 '자본순환과 건조환경'을 중심으로」(2015.8) 등이 있다.

양준호

일본 교토대 경제학부를 졸업하고 동 대학원 경제학연구과에서 제도주의적 정치경제학에 관한 연구로 경제학 박사 학위를 취득했다. 삼성경제연구소 수석연구원을 거쳐, 2006년 이후 인천대학교 경제학과 교수로 재직 중이다. 신자유주의적 글로벌화에 맞서는 지역 차원의 대항 운동을 정치경제학적 관점에 접합시키는 것을 목적으로, '사회적경제' 및 '다중 스케일링'으로 불리는 실천적, 이론적 관점에 초점을 맞춘 연구에 천착해오고 있다. 주요 저서로는『식민지기 인천항의 통상구조에 관한 실증적 연구』(2014) 등이 있으며, 주요 논문으로는「仁川市の経済自由區域プロジェクトに關する考察ー企業主義的地域政策に對する批判的檢討を中心にー」(2016) 등이 있다.

인천학연구총서 36

다중스케일 관점에서 본 인천의 공업단지

2017년 2월 20일 초판 1쇄

기 회 인천대학교 인천학연구원
지은이 박인옥·양준호
발행인 김흥국
발행처 보고사

등록 1990년 12월 13일 제6-0429호
주소 경기도 파주시 회동길 337-15 보고사 2층
전화 031-955-9797(대표)
    02-922-5120~1(편집), 02-922-2246(영업)
팩스 02-922-6990
메일 kanapub3@naver.com / bogosabooks@naver.com
http://www.bogosabooks.co.kr

ISBN 979-11-5516-632-1 94300
    979-11-5516-336-8 (세트)

ⓒ 박인옥·양준호, 2017

정가 23,000원